ERNEST BOYSSE

LE THÉATRE
DES
JÉSUITES

PARIS
HENRI VATON, LIBRAIRE-ÉDITEUR
23, QUAI VOLTAIRE, 25

1880

LE THÉATRE
DES
JÉSUITES

IMPRIMERIE D. BARDIN, A SAINT-GERMAIN.

ERNEST BOYSSE

LE THÉATRE

DES

JÉSUITES

PARIS

HENRI VATON, LIBRAIRE-ÉDITEUR

23, QUAI VOLTAIRE, 25

1880

PRÉFACE

On a quelque droit de s'étonner que les historiens du théâtre aient oublié ou dédaigné celui des Jésuites. Les moindres scènes, les plus obscurs tréteaux ont trouvé des annalistes appliqués et consciencieux. Pourquoi n'avons-nous même pas une légère esquisse du théâtre des Jésuites, qui a duré trois siècles, qui avait des scènes ouvertes dans toute l'Europe et qui nous a légué une bibliothèque de pièces de tout genre ?

Ce théâtre, considérable au point de vue littéraire, ayant des parties très originales, est aussi très important par la place qu'il a tenue dans l'éducation de la jeunesse, de l'élite de la jeunesse, depuis la fin du XVIe siècle jusqu'à celle du XVIIIe. Il nous a paru qu'il ne méritait pas l'oubli dans lequel on l'avait laissé, et nous avons entrepris de le faire connaître au public de nos jours.

Il y a, nous le savons, un préjugé contre la comédie de collège. Les hommes de notre temps la voient sous une forme tout à fait enfantine ; ils se souviennent de Berquin, et ne vont pas au delà.

Tel n'était pas le théâtre des Jésuites. Il avait pour auteurs des hommes qui étaient en même temps des professeurs éminents et des écrivains exercés ; il avait pour acteurs des jeunes gens, élèves de seconde, de rhétorique ou de philosophie, et appartenant aux premières familles du pays ; il avait pour public tout ce que la cour et la ville comptaient de plus distingué ; des prélats, des princes, des rois même. A tous ces titres, il mérite d'avoir sa page dans l'histoire de la littérature et de la société des deux siècles qui ont précédé le nôtre.

La matière est trop vaste pour être contenue dans un seul volume. Toutes les principales villes de l'Europe avaient leur collège et leur théâtre. Il y en avait en Amérique et en Asie. Nous avons commencé par la France, et en France par Paris, où la scène du collège Louis-le-Grand brilla d'un si vif éclat. C'est exclusivement le théâtre de ce collège qui fait l'objet de ce livre.

Nous en donnons une idée générale dans l'introduction où nous exposons les divers genres dont il se compose, tragédies, ballets, comédies, drames comiques, pastorales, etc., ainsi que les conditions matérielles de l'exécution des pièces. Nous passons ensuite en revue, année par année, le répertoire que nous avons pu reconstituer à peu près complètement pendant deux cents ans. Enfin, nous étudions quelques ouvrages qui parurent sur ce théâtre, mais dont nous n'avons pu fixer exactement la date de représentation.

Ce livre, dont la première idée se trouve dans des articles publiés, il y a une dizaine d'années, dans la *Revue contemporaine*, est un livre d'histoire littéraire, tout à fait étranger aux discussions qui se sont élevées récemment à propos de la célèbre compagnie. S'il contient des arguments qui, d'ailleurs, ne pourraient être que rétrospectifs, contre elle ou en sa faveur, c'est qu'ils découleront du sujet en lui-même. C'est au lecteur qu'il appartiendra de les recueillir. L'auteur de cette étude a voulu s'abstenir et s'est abstenu de toute préoccupation de polémique.

INTRODUCTION

I

LE THÉATRE UNIVERSITAIRE AVANT LES JÉSUITES.

Mystère représenté par des écoliers en 1119. — Les quatre grandes fêtes des écoliers au moyen âge. — Les excès dont elles étaient l'occasion. — Premières prohibitions en 1275. — Les écoliers associés aux clercs de la Basoche. — Nouvelles prohibitions en 1315. — Elles sont renouvelées en 1462 et en 1488. — Elles visent principalement les comédies satiriques. — Législation draconienne contre cet abus. — La licence renaît sous Louis XII. — Les écoliers associés aux Enfants sans soucy. — Sévérité de François Ier. — On joue la sœur du Roi au collège de Navarre. — Les acteurs sont emprisonnés. — Les pièces de Jodelle et de Grévin sont jouées sur les théâtres des collèges de Boncourt et de Beauvais. — La tragédie latine. — Sentiment de Montaigne sur cet exercice. — Tableau d'une représentation dans un collège par l'auteur de *Francion*.

Si les Jésuites ont donné aux représentations théâtrales dans les collèges beaucoup de développement et d'éclat, ils ne les ont pas inventées. « A Paris et ailleurs, dit l'historien de Maldonat[1], ils acceptèrent les choses telles que l'expérience des siècles les avait

---

1. Le père J.-M. Prat, *Maldonat et l'université de Paris au XVIe siècle*, Paris, 1856.

établies. Ils ne dédaignèrent même pas de conserver l'usage reçu dans les collèges de l'Université, de faire représenter des drames; car cette coutume, débarrassée de l'abus, leur offrait un nouveau moyen de développer dans le cœur de leurs élèves les sentiments les plus généreux, de leur mettre sous les yeux l'exemple de la constance et du courage qu'exige la vertu, de leur inspirer du dégoût pour les vices, en leur en exposant ou les ridicules ou les horreurs, enfin de fortifier leur éducation religieuse ou sociale. »

C'est ce qu'il nous sera facile de démontrer en jetant un coup d'œil rapide sur le théâtre des collèges, jusqu'à l'époque où les Jésuites commencèrent à instruire la jeunesse. Du Boulay, dans l'*Histoire de l'Université*, et son abréviateur, Crevier, abondent en renseignements à ce sujet.

C'est dans Mathieu Paris, qui écrivait ses *Vies des abbés* vers 1240, que Du Boulay a trouvé la première mention d'un ouvrage ayant un caractère dramatique, représenté par des écoliers. On peut en fixer la date à 1119 ou 1120. Un maître de l'Université de Paris, nommé Geoffrey, ayant passé en Angleterre, y ouvrit une école à Dunstaple où il fit représenter un *Miracle de sainte Catherine*[1]. Le chroniqueur ajoute ce détail que pour donner plus d'éclat à ce jeu, il emprunta les chapes de l'abbaye de Saint-Albans.

Ces débuts dramatiques ne furent pas heureux, si l'on en croit Mathieu Paris. Dans la nuit qui suivit la représentation, la maison de Geoffrey prit feu et fut consumée avec les chapes de l'abbaye. Voyant dans

---

1. « ... Ubi quemdam ludum de S. Katherina (quem miracula vulgariter appellamus) fecit, ad quæ decoranda petiit a sacrista S. Albani ut sibi capæ chorales accommodarentur et obtinuit.

cet incendie un avertissement céleste, Geoffrey se fit moine et devint dans la suite abbé de Saint-Albans.

Le savant auteur de *l'Histoire du théâtre anglais*, M. Collier[1], conjecture que ce *miracle* était écrit en français ; il est difficile de partager ce sentiment. A cette époque, il existait un art dramatique en France. Les travaux de M. E. Du Méril ont beaucoup contribué à nous le faire connaître[2]. Mais c'était un art rudimentaire, renfermé dans l'enceinte de l'église. C'était la mise en scène, sous une forme dialoguée, soit du Nouveau Testament, soit des légendes de la vie des saints. Tous ces drames, purement liturgiques, étaient en latin, et le plus souvent en prose rimée. Ce n'est qu'au XIVe siècle que furent écrits les premiers mystères en langue vulgaire.

Mais notre objet n'est pas d'étudier ces monuments du théâtre primitif, et de rechercher à quelle époque exacte les écoliers, associés d'abord aux petits drames liturgiques représentés dans les églises, commencèrent à avoir un théâtre chez eux. Il nous suffit d'avoir montré la haute antiquité de cette coutume.

Les écoliers avaient dans l'année quatre grandes fêtes qui étaient pour eux des occasions de réjouissances. C'étaient la Saint-Nicolas, la Sainte-Catherine, la Saint-Martin et l'Épiphanie. En outre, chaque province avait ses fêtes locales, ses patrons indigènes, et les écoliers qui en étaient originaires n'avaient garde d'en négliger la célébration. La Faculté des arts sentit le besoin d'en diminuer le nombre et, par des statuts promulgués en 1275, défendit qu'aucune nation eût

---

[1]. *The History of English dramatic Poetry*, by J. Payne Collier, Londres, 1831.
[2]. *Origines latines du théâtre moderne.* Paris 1849.

plus d'une fête qui lui fût propre, non compris celles de saint Nicolas et de sainte Catherine qui étaient de fondation les patron et patronne des écoliers. Ces réjouissances universitaires donnaient lieu à beaucoup d'abus et étaient signalées, dit Crevier, « par des danses, par des débauches, par des jeux de hasard qui s'exerçaient dans l'église même et jusque sur l'autel [1]. »

Il n'est point question dans ces prohibitions de représentations ayant un caractère dramatique. Cependant les écoliers devaient être associés aux offices chantés et aux drames liturgiques qui avaient pour théâtre le chœur même de l'église et où les divers épisodes du Nouveau Testament, la nativité, l'adoration des mages, la passion, etc., étaient représentés par des personnages. Un siècle plus tard, nous voyons les écoliers mêlés aux clercs de la Basoche dans la *Procession du Renart*. C'était une sorte de farce en pantomime que Philippe le Bel inspira ou du moins encouragea pendant ses démêlés avec Boniface VIII. Le principal personnage de cette procession était un homme vêtu d'une peau de renard et coiffé de la tiare pontificale. Il courait après les poules qu'il dévorait ; allusion aux prétentions absorbantes du saint-siège. Ce spectacle se déroulait dans les rues de Paris, et les écoliers, dont il flattait les goûts bruyants et frondeurs, en étaient, avec la jeunesse du palais, les principaux acteurs.

Au commencement du XIVe siècle, les statuts du collège de Navarre, qui sont de 1315, défendent aux écoliers de se livrer à des jeux déshonnêtes à l'occasion des fêtes de saint Nicolas et de sainte Catherine [2]. Le

---

1. *Histoire de l'Université.*
2. « In festis sancti Nicolaï et beatæ Catharinæ nullum ludum in honestum faciant. » (Du Boulay. *Hist. Uni. paris.*)

texte latin porte *ludum inhonestum*. Le mot *ludus* a été souvent employé pour signifier des jeux de théâtre. Nous sommes tenté de lui attribuer ici cette signification, et un document postérieur vient à l'appui de cette opinion. Ce sont les lettres de Charles VI, confirmant les statuts de l'Université d'Angers, en 1398. L'article 47 de ces statuts, applicable en général aux licenciés, aux bacheliers et aux écoliers, leur prescrit de s'abstenir de libations, de chants, de mascarades et de pantomimes, *potationibus, coreis, robis ac mimis quæ tollimus ac removemus*. Ce texte paraît assez explicite, et l'on peut trouver dans ces trois mots, *coreis, robis ac mimis*, toutes les conditions des représentations dramatiques, c'est-à-dire le chant, le déguisement et le geste. Ces prescriptions se retrouvent dans d'autres statuts accordés vers la même époque à d'autres universités.

Au commencement du XVe siècle, le théâtre prend une forme plus régulière. Les confrères de la Passion s'établissent à Paris et sont autorisés, en 1402, à donner des représentations. Un peu plus tard, les moralités viennent se joindre aux mystères. Ainsi, le théâtre, dès son origine, présente ce double caractère de sérieux et de comique qui répond à un double besoin de l'esprit humain. A ce moment, il sort définitivement de l'Eglise, il se sécularise. Les écoliers ne restent pas étrangers à ce mouvement ; ils trouvent de nouveaux modèles dans la compagnie des clercs de la Basoche, et dans celle des Enfants sans soucy que vit naître le règne de Charles VI[1].

1. Le catalogue Soleinne mentionne une « moralité faite au collège de Navarre en 1426 » manuscrite.
En 1492, à Caen, les élèves de l'université de cette ville repré-

Le xve siècle nous offre des témoignages nombreux des désordres causés par les jeux universitaires, et des efforts qu'on fit pour les réprimer. Charles VII, débarrassé des Anglais, et s'occupant de rétablir l'ordre dans son royaume, put remarquer que la discipline s'était singulièrement affaiblie dans l'Université, et que les écoliers avaient profité, pour se donner toute licence, de la période d'anarchie que le pays venait de traverser. Sur sa demande, « la Faculté des arts défendit et abolit les réjouissances folles par lesquelles on déshonorait plutôt qu'on ne célébrait les fêtes des saints patrons des différentes nations. Elle ordonna que ses défenses seraient publiées dans tous les collèges, et dans toutes les pédagogies et pensions[1]. » Il n'est pas douteux que les farces et pièces satiriques ne jouassent un grand rôle dans ces « réjouissances folles. » D'ailleurs, des prohibitions ultérieures ne laissent aucun doute à ce sujet.

Nous les trouvons à la date du 24 novembre 1462. L'Université assemblée proscrivit les comédies et autres représentations théâtrales « peu conformes à la bienséance des mœurs et qui, d'ailleurs, blessaient le respect dû aux puissances.[2] » Elle enjoignit aux maîtres des collèges d'y veiller et les rendit responsables des abus qui pourraient se produire. Cette prohibition montre que la comédie satirique était alors en pleine vigueur sur les théâtres des collèges. Les écoliers ne respectaient ni le souverain, ni leurs propres maîtres.

Nouveau réglement de la Faculté des arts le 4 no-

---

sentèrent une pièce satirique intitulée : *la Farce des Pates Ouaintes.*

1. Crevier. *Histoire de l'Université.*
2. *Ibid.*

vembre 1488. L'historien de l'Université que nous avons déjà cité fait une vive peinture du relachement de la discipline à cette époque. « Les comédies, les danses, les chansons, les vêtements somptueux pour la représentation des grands rôles dans les pièces, l'indécence de l'habillement mondain substitué à la modestie cléricale et académique... on se croyait tout permis, et dans ces jours de dissipation, les collèges, les pédagogies devenaient des lieux de tumulte, de violence et de désordre. Ces jeux licencieux se répétaient plusieurs fois l'année et profanaient les fêtes de saint Martin, de saint Nicolas, de sainte Catherine et de l'Épiphanie. » La Faculté des arts ne crut pas pouvoir supprimer absolument ces fêtes, elle les réglementa, elle composa avec un mal trop enraciné.[1] Les divertissements extraordinaires, au nombre desquels il faut compter la comédie, furent interdits à la Saint-Martin, à la Saint-Nicolas et à la Sainte-Catherine. Ils furent permis à l'Épiphanie, mais sous certaines conditions. Ils ne devaient commencer que la veille au soir, ou, le jour même, seulement après vêpres, pour que l'office divin ne fût pas interrompu. Le lendemain tout devait être terminé et les travaux ordinaires devaient reprendre leur cours.

Quant aux comédies, elles n'étaient pas défendues; mais elles devaient être examinées par le principal, « afin qu'il n'y restât ni trait mordant ni satirique, ni rien de déshonnête qui pût offenser un homme de bien[2]. » Des pénalités barbares étaient décrétées pour les infractions à ces statuts. L'écolier coupable devait être battu de verges dans la cour du collège, par quatre régents, en présence de tous ses camarades agenouillés, au son

---

1. Crevier. *Histoire de l'Université*. — 2. *Idem.*

de la cloche, et sous les yeux du recteur. Si l'écolier se dérobait au châtiment par la fuite, il était rayé de l'Université et déchu à tout jamais de ses droits académiques. Les maîtres, complices du désordre, étaient suspendus pendant deux ans au moins. C'était le régime de la terreur.

Heureusement le règne paternel de Louis XII apporta quelque tempérament à cette législation draconienne. Ce prince traita avec la plus grande indulgence les trois corporations dramatiques qui existaient alors à Paris, les confrères de la Passion, les clercs de la Basoche et les Enfants sans souci. « Grâce à cette haute protection, le théâtre se trouva un moment investi, comme dans l'ancienne Grèce, d'une mission officielle, politique et sociale. Les tréteaux devinrent une sorte de tribunal populaire où se débattaient à la fois les petites querelles et les scandales quotidiens des ménages bourgeois, mêlés aux questions les plus sérieuses, aux scandales les plus retentissants de l'Église et de l'État[1]. » Ce fut pendant cette période de licence autorisée, que Gringore, au *Jeu du prince des sots* (1514), montra sur la scène, dressée un mardi-gras aux piliers des Halles, le pape Jules II, sous l'aspect d'un véritable matamore, l'œil ardent, la face enluminée et s'écriant :

Regardez-moy, je suis l'homme obstiné !

Les membres de l'Université, à côté de ceux du Parlement, assistaient à ce spectacle, et l'on peut croire que parmi les acteurs de Gringore se trouvaient des écoliers. Ceux-ci ne craignaient point alors de faire montre de leurs talents en dehors de l'enceinte des collèges. Il

---

1. Lenient, *La satire en France au moyen âge.*

existe une sottie attribuée à Jean Bouchet, qui a pour titre : *le Nouveau Monde* et qui fut représentée par les écoliers sur la place Saint-Étienne, le 11 juin,

> Mil cinq cent huit, sous la tente
> De l'Université plaisante.

On devine aisément ce qui devait se passer dans l'intérieur des collèges, en ce temps de pleine et entière liberté théâtrale. Les représentations du jour des Rois ne devaient manquer ni de personnalités ni d'allusions politiques.

François Ier fut beaucoup moins accommodant que son prédécesseur. Il n'était pas d'humeur à recevoir des conseils de la muse comique de la Basoche, non plus que ses critiques. On put bientôt s'en apercevoir. En janvier 1516, quelques mois après l'avènement du nouveau roi, le Parlement mandait les principaux de plusieurs collèges et leur intimait la défense de laisser jouer, à l'avenir, dans leurs maisons des comédies ou farces attaquant l'honneur du Roi, des princes et des grands. Il est probable que le souverain avait reçu quelques-unes de ces piqûres dont le bénévole Louis XII s'accommodait volontiers. Son amour pour les lettres n'allait pas jusque-là.

Comme les précédentes, ces prohibitions ne produisirent pas grand effet. En 1524, Noël Beda, syndic de la Faculté de théologie, tourné en ridicule dans une comédie jouée au collège du Plessis, portait plainte à la Faculté des arts. En 1525, le Parlement défendait qu'à la prochaine fête des Rois, il se jouât, dans les collèges de l'Université, « aucunes farces, momeries ou sotties, » et il enjoignait au recteur, au chancelier de l'Université et aux principaux des collèges d'y tenir la main.

En 1528, nouvelle injonction dans le même sens, toujours avec le même insuccès. « L'an 1533, on joua au collège de Navarre une comédie où la reine de Navarre, Marguerite, la sœur chérie de François Ier, accusée d'être favorable aux protestants, était représentée sous les traits classiques d'une furie. Le roi, plein de colère, fit emprisonner auteurs et acteurs. Dès lors les arrêts de suspension, d'abolition, viennent frapper coup sur coup le théâtre et, en 1540, les représentations des Basochiens demeurent complètement suspendues sous peine de *la hart* [1]. »

Les écoliers, protégés par les murs de leurs collèges, se rendirent moins facilement et les autorités universitaires durent renouveler leurs défenses à plusieurs reprises jusqu'en 1559, époque à laquelle, dit Crevier, la fête de l'Épiphanie « fut entièrement rayée des fastes académiques. »

Les mœurs venaient d'ailleurs en aide à ces prohibitions. Une nouvelle forme de théâtre avait vu le jour, précisément sur une scène de collège. En 1553, Jodelle faisait jouer *Cléopâtre captive*, tragédie, et *Eugène ou la Rencontre*, comédie, au collège de Boncourt, « où, dit Pasquier, toutes les fenestres estoient tapissées d'une infinité de personnages d'honneur, et la cour si pleine d'escoliers, que les portes du collège regorgeoient. — Je le dis, continue Pasquier, comme celuy qui y estoit présent avec le grand Turnebus en une mesme chambre ; et les entre parleurs estoient touts hommes de nom, car mesme Remi Belleau et Jean de la Peruse jouoient les principaux rollets, tant estoit en réputation Jodelle. »

---

1. Lenient. *La satire en France au moyen âge.*

Ces pièces sont connues, et il suffira de dire que la comédie d'*Eugène*, qui se distingue par une absence complète de moralité, était un spectacle peu convenable pour la jeunesse. Elle a pour principal personnage un abbé qui marie sa maîtresse, fieffée coquine, à un lourdaud qui ne gênera en rien ses amours.

Ce fut au collège de Beauvais que Grévin fit représenter *la Trésorière*, comédie, en 1558, et *la Mort de César*, tragédie, avec *les Esbahis*, comédie, en 1560. Ces comédies ne sont non plus rien moins qu'édifiantes.

En 1563, on joua au collège d'Harcourt une tragédie intitulée *Achille*, de Nicolas Filleul; en 1576, un *Néron* de Guy de Saint-Paul, recteur de l'Université, au collège du Plessis. Guillaume Le Breton, en 1579, écrivait au principal du collège de Boncourt :

> Maintenant à Boncourt, mon *Adonis* j'envoie
> Afin que sur la scène on l'écoute, on le voie.

La tragédie latine n'apparaît qu'au commencement du XVI° siècle. Si l'on en juge par la date de l'impression des recueils, c'est dans les universités d'Allemagne qu'elle se montre d'abord. Nous la trouvons en France du temps de la jeunesse de Montaigne qui fit ses études au collège de Guienne, à Bordeaux. Montaigne a gardé un agréable souvenir de ses succès de comédien de collège. Chez lui, ce talent s'éveilla de bonne heure, car, dit-il :

« *Alter ab undecimo tum me vix cœperat annus*, j'ay soustenu les premiers personnages ez tragœdies latines de Bucanan, de Guerente et de Muret [1] qui se représentoient en

---

1. Bucanan « ce grand poète écossois » comme l'appelle Montaigne, a fait cinq tragédies latines. L'une, intitulée *Jephté*,

nostre collège de Guienne avec dignité. En cela, Andreas Goveanus, nostre principal, comme en toutes aultres parties de sa charge, feut sans comparaison le plus grand principal de France, et m'en tenoit-on maistre ouvrier. C'est un exercice que je ne mesloue point aux jeunes gens de maison ; et ay veu nos princes s'y addoner depuis en personne, à l'exemple d'aulcuns des anciens, honnestement et louablement. »

Dans le même passage, Montaigne examine la question du théâtre et des comédiens à un point de vue général et, comme on dirait aujourd'hui, dans un sens très libéral. « Il est loisible même, continue-t-il, d'en faire mestier aux gens d'honneur. J'ay toujours accusé d'impertinence ceulx qui condamnent ces esbattements, et d'injustice ceulx qui empêchent l'entrée de nos bonnes villes aux comédiens, et envient au peuple ces plaisirs publicques... Je trouverois raisonnable que le magistrat et le prince, à ses despens, en gratifiast quelquefois la commune, d'une affection et bonté comme paternelles ; et qu'aux villes populeuses il y eust des lieux destinez et disposez pour ces spectacles[1]. » Montaigne approuvait par avance le régime des subventions.

Nous ne pouvons mieux terminer ce tableau rapide des premiers âges du théâtre universitaire que par ce fragment de Montaigne qui semble une justification anticipée de la doctrine des Jésuites en cette matière. Aussi bien, le moment est venu où ceux-ci vont com-

---

qui parut en 1557, a été plusieurs fois traduite. Guerente a commenté Aristote. Nous ne connaissons pas ses ouvrages dramatiques. — Marc-Antoine Muret, « que la France et l'Italie recognoissent pour le meilleur orateur du temps, » a laissé dans ses *Juvenilia* une tragédie intitulée *César*.

1. Essais. L. 1er, ch. XXV.

mencer dans notre pays à prendre part à l'instruction de la jeunesse. Cependant, avant de quitter ce sujet, nous rapporterons une description fort plaisante d'une représentation dans un collège, empruntée à l'*Histoire comique de Francion*, par Sorel. Cette histoire qui est un roman, mêlé sans doute d'un peu d'autobiographie, parut au commencement du XVIIe siècle. L'épisode que nous en extrayons, quoique poussé à la charge, ne doit pas être de pure invention. C'est au collège de Lisieux, à Paris, que se passa la scène :

« Notre régent, dit Francion, avec toutes ses belles qualités, ne laissa pas de nous vouloir faire jouer des jeux en françois de sa façon, car il tranchoit grandement du poëte. Il y eut beaucoup d'écoliers qui prirent des personnages, et le désir que j'avois de me voir une fois prince en ma vie m'en fit aussi prendre un ; car c'étoit une tragédie où il ne venoit que des monarques et des grands seigneurs en la scène, et même j'eus tant d'ambition, que je voulus être aussi le dieu Appollon en une moralité latine, qui se jouoit par intermèdes. Jamais vous ne vîtes rien de si mal ordonné que notre théâtre. Pour représenter une fontaine, on avoit mis celle de la cuisine, sans la cacher de toile ni de branches, et l'on avoit attaché les arbres au ciel parmi les nues. Nos habits étaient très mal assortis ; car il y avoit le sacrificateur d'un temple de païens qui étoit vêtu, comme un prêtre chrétien, d'une aube blanche, et avoit par-dessus la chape dont l'on se servoit à dire la messe en notre chapelle. Au reste, la disposition des actes étoit si admirable, les vers si bien composés, le sujet si beau et les raisons si bonnes, qu'en ayant trouvé parmi des vieux papiers, quelques fragments, il y a deux mois, je pensai vomir tripes et boyaux, tant cela me fit mal au cœur...

« Au reste, il arriva un grand esclandre, que j'avois été tué à la tragédie par mon ennemi, et après cela, je faisois le personnage d'une furie qui venoit tourmenter l'hommicide. Pendant que j'étois sur le théâtre avec celui que je poursuivois, il y eut un acteur qui, ayant aussi à changer d'habit, ne sçavoit où mettre ses premiers; et, parce qu'il étoit familier du régent, le voyant nu tête, il le couvrit d'un turban qu'il avoit, et lui jeta sa casaque dessus les épaules, dont il mit après les manches, quoiqu'il eût sa soutane, à cause qu'il faisoit encore fort froid. En même temps, celui après qui je courois de tous côtés, tenant un flambeau ardent avec des postures étranges, comme s'il eût été saisi d'horreur de me voir, commença d'hésiter en ses plaintes et récita six fois un même vers, sans pouvoir trouver en sa mémoire celui qui devoit suivre. Pensant que je m'en souviendrois mieux que lui, à cause que je l'avois ouï répéter, il me disoit : Comment est-ce qu'il y a après? Francion, souffle-moi. Mais, sans songer à ce qu'il me demandoit, je tournois d'un côté et d'autre.

« Notre régent, extrêmement en colère de voir cette ânerie, sort avec son libelle en la main, sans songer au vêtement qu'il avoit pris, et, le frappant d'un coup de poing, lui dit : va, va, ignorant, je n'acquerrai que du déshonneur avec toi; lis ton personnage. Cet autre prend le papier, et se retire vîtement derrière la tapisserie, pensant que ce fust le vouloir du régent. Moi, voyant mon maître accoutré de même que celui qui venoit de sortir (car nos habits venant des défroques d'un ballet du roi, étoient presque tous pareils), je crus qu'il vînt là, au lieu de lui, pour achever le personnage qu'il n'avoit pu faire. Je le prends donc par une manche, comme il m'avoit été enseigné, et, le faisant tourner et courir d'un côté et de l'autre, je lui passe le flambeau par devant le nez, tellement que je lui brûlai presque toute la barbe. Tandis que mon compagnon, qui avoit manqué, n'oyant point réciter les vers à mon maître, croyoit qu'il les eût oubliés aussi bien que lui, et les lui souffloit si haut, que l'on le pouvoit entendre du bout de la salle. Pensant alors qu'il fût devenu sourd, il rentra en la scène, et les lui vint crier aux oreilles. Cela me confirma davantage dans l'opinion que j'avois conçue que notre pédant vouloit jouer ce personnage de l'hommicide; et, comme j'étois plus fort que lui, je le tourmentai tant qu'à la fin il fut contraint de se laisser choir par terre...

« Je vous assure bien que jamais, en quelque momerie que ce soit, l'on n'a pris autant de contentement que l'on fit en nos jeux où il arriva de si plaisants succès. L'on me donna la gloire d'avoir fait mieux que tous les autres acteurs, qui étaient pour la plupart des caillettes de Parisiens [1], qui, selon les sots enseignements du régent, rempli de civilité comme un porcher, tenoient chacun un beau mouchoir à la main, par faute d'autre contenance, et prononçoient les vers en les chantant, et faisant souvent un éclat de voix plus haut que les autres. Pour bien faire, je faisois tout le contraire de ce que mon maître m'avoit enseigné; et, quand il falloit saluer quelqu'un, ma révérence étoit à la courtisane, non pas à la mode des enfants du Saint-Esprit, qu'il m'avoit voulu contraindre d'imiter. Au reste, je ne faisois des gestes, ni des démarches qu'aux lieux où la raison me montroit qu'il en étoit besoin [2]. »

Il n'était pas inutile que les Jésuites vinssent apporter la régularité, la décence, en même temps que la bonne littérature dans les jeux dramatiques de la jeunesse.

1. Françion, dans le roman, est né en Bretagne.
2. *La vraie histoire comique de Francion,* nouvelle édition avec avant-propos et notes par Emile Colombey. Paris, 1858. Liv. II.

II

LES COMMENCEMENTS DU COLLÈGE DE CLERMONT.

Fondation de Prat, évêque de Clermont, en 1560. — Résistances du Parlement. — Le collège s'ouvre en 1564. — Il prend de suite une grande importance. — Tragédie jouée en 1579. — Fermeture du collège après l'attentat de Jean Chatel en 1594. — Il est ouvert de nouveau en 1618. — Le plan d'études ou *Ratio studiorum*. — Ses prescriptions en matière de théâtre. — Tempéraments apportés à ces prescriptions. — A quelle époque le collège de Clermont prit le nom de collège Louis-le-Grand. — Importance littéraire du collège aux XVIIe et XVIIIe siècle.

Les commencements du collège de Clermont, qui devint plus tard celui de Louis-le-Grand, furent orageux. Les Jésuites eurent beaucoup de peine à se faire envoyer en possession des legs que leur avait fait Guillaume du Prat, évêque de Clermont, en 1560. Le Parlement et l'Université étaient déjà d'accord pour repousser la société naissante, et ce ne fut qu'après des lettres patentes données à plusieurs reprises par Henri II, François II et Charles IX, que le collège put ouvrir ses portes en 1564.

Il prit de suite une grande importance. En 1571, trois mille écoliers suivaient les classes. Un pareil succès inspira une grande jalousie à l'Université qui entama contre la société une guerre de procès dont elle ne sortit pas victorieuse. Pendant cette première période, qui dura trente ans, le théâtre s'installa au collège. Nous en trouvons un témoignage dans une lettre écrite le 11 octobre 1579 par le Père Odon Pigenat, supérieur, au Père Général. « Le cours des études, écrit le Père, s'ouvrit le jour de la fête de saint Rémy avec une solennité inouïe. Outre l'éloquent discours que le Père Castori prononça selon l'usage, il y eut un acte public de théologie et de philosophie, que suivit la représentation d'un drame dont le sujet était *Hérode*. Tout se passa, Dieu merci! à l'édification de tous et à l'admiration du plus grand nombre [1]. »

En 1594, l'attentat de Jean Chatel contre Henri IV interrompit le cours de cette prospérité. L'assassin avait été l'élève des Jésuites. On fit remonter aux maîtres la responsabilité du crime. Jean Guignard, professeur de théologie scolastique, chez lequel on saisit des papiers où l'on crut voir une justification de l'attentat de Jacques Clément contre Henri III, fut pendu et brûlé en place de Grève. Les Jésuites furent expulsés du royaume.

Henri IV autorisa leur rentrée en 1603, malgré les remontrances du Parlement auquel il fit cette verte réponse : « Vous faites les entendus en matière d'État, et vous n'y entendez non plus que moi à rapporter un procès. » Les collèges se rouvrirent dans plusieurs villes du royaume, mais ce ne fut qu'en 1618 que les Pères

---

1. Lettre inédite citée par le P. Prat, *Maldonat et l'Université de Paris au* XVIe *siècle.*

obtinrent de reprendre leur enseignement public à Paris. Ils retrouvèrent la faveur publique et la conservèrent sans interruption jusqu'en 1762.

Le plan d'études, connu sous le nom de *Ratio studiorum*, fut envoyé de Rome en 1583. « Il apporta dans l'éducation de la jeunesse une révolution salutaire dont Bacon parle avec une sorte d'enthousiasme. «Une société « nouvelle, dit le père de la philosophie moderne, a « porté la plus heureuse réforme dans nos écoles. Pour- « quoi de tels hommes ne sont-ils pas de toutes les « nations? Que ne les avons-nous dans nos intérêts[1]? » Nous ne voulons relever dans le *Ratio studiorum* que le passage relatif au Théâtre. Il est bref et net: « Que le sujet des tragédies et des comédies, lesquelles doivent être latines et très rares, soit sacré et pieux ; qu'il n'y ait entre les actes aucun intermède qui ne soit latin et décent; qu'aucun personnage ou costume de femme n'y soit introduit [2]. »

Telle était, pour ainsi dire, la charte des Jésuites en matière de théâtre. Il est certain qu'ils s'en sont écartés et qu'on le leur a souvent reproché. Ils n'étaient pas sans excuse. A côté de leur règle écrite, ils avaient cette règle supérieure de s'accommoder aux temps, aux usages et aux besoins de la société. L'éducation de la jeunesse ne pouvait être au milieu du xviie siècle, lorsque la cour polie de Louis XIV donnait le ton aux mœurs et aux lettres, ce qu'elle était cinquante ans plus tôt, alors que les esprits s'étaient endurcis dans le tumulte des

---

1. Emond, *Histoire du collège Louis-le-Grand*. Paris, 1845.
2. Tragœdiarum et comœdiarum, quas nonnisi latinas ac rarissimas esse oportet, argumentum sacrum sit ac pium; neque quidquam actibus interponatur, quod non latinum sit et decorum; nec persona ulla muliebris vel habitus introducatur.

guerres civiles. Les Jésuites le comprirent et l'on ne doit point s'étonner qu'ils aient apporté quelque tempérament à la rigueur des règles édictées en 1583.

C'est ainsi qu'ils furent amenés à faire quelque place au français dans leurs divertissements dramatiques. Il y eut des intermèdes français aux tragédies; il y eut des parties chantées; il y eut des pièces tout entières en français; il y eut enfin des ballets. Quelques personnages de femmes parurent sur la scène, mais très exceptionnellement. Nous examinerons successivement ces différents genres qui formèrent le répertoire du collège de la rue Saint-Jacques sous son double nom de collège de Clermont et de collège Louis-le-Grand.

A propos de ce changement de nom, il existe une légende que M. Emond, dans son *Histoire du collège Louis le Grand*, rapporte avec beaucoup de détails et de mise en scène. Ce serait à la suite d'une visite du roi, en 1674, qu'aurait eu lieu cet événement considérable qui plaçait le collège directement sous le patronage royal.

« Tout était préparé d'avance, dit M. Emond, pour la réception d'un hôte si vivement désiré. C'était encore une tragédie qui devait en faire les frais : on avait élevé un théâtre dans la cour d'entrée. Dès le matin, le Provincial, avec bon nombre de ses religieux, était en observation sur la plate-forme du bâtiment neuf, d'où se prolonge un horizon à perte de vue. Enfin, à l'aide des lunettes, les yeux découvrent un grand mouvement du côté du Carrousel : le roi sortait des Tuileries! Les RR. PP. descendent précipitamment pour le recevoir. Bientôt, précédés de cavaliers écumants de sueur, les gardes du corps se rangent en haie, sur le haut pavé de la rue, et, incontinent après, arrivent les carrosses du roi, escortés d'un essaim de pages et de jeunes seigneurs. Le roi salua avec cette majesté radieuse qui révélait dans sa personne le premier monarque du monde;

puis il fut conduit sous un dais magnifique, en face de la scène. Au lever du rideau, un élève de rhétorique, avec le costume patricien, récita un prologue où le poète n'oubliait pas de comparer Louis le Grand au soleil. Dans les entr'actes, les élèves exécutèrent des ballets avec leurs maîtres de danse.

« La satisfaction du roi était visible; il causait familièrement avec les personnes de sa suite, et se plaisait à nommer les acteurs dont la plupart avaient leur père auprès de lui; il comparait ce qu'il voyait avec la fête qui lui avait été donnée, vingt-quatre ans auparavant. Dans un moment où l'attention était générale, on entendit cette exclamation: « En vérité, tout ici est admirable! — Je le crois bien, « reprit le roi, c'est mon collège. » Les Jésuites interprétèrent cette parole en donnant à leur collège le nom de Louis le Grand. Après avoir reconduit le prince à sa voiture, on fit venir des ouvriers qui employèrent la nuit à graver sur une table de marbre noir, ces mots : *Collegium Ludovici magni*, et la nouvelle inscription parut avec le jour, au-dessus de la grande porte. »

Ce récit pittoresque soulève beaucoup d'objections. En 1674, le roi, qui avait trente-six ans, fit en personne une campagne en Franche-Comté qui occupa une bonne partie de l'été. Condé, en même temps, faisait la guerre sur la frontière du Nord. Il nous semble donc qu'en 1674, le roi n'était plus d'un âge à aller entendre une tragédie de collège et qu'il n'en avait guère le loisir. Le roi assista plusieurs fois, comme on le verra, au spectacle des Jésuites, mais ce fut vingt ans plus tôt.

Nous ne savons non plus sur quelles autorités se fonde M. Emond pour affirmer que les Pères substituèrent subrepticement, en quelque sorte, et le lendemain même de cette visite royale, le nom de collège Louis-le-Grand à celui de collège de Clermont. Cette plaque de marbre noir que l'on grave pendant la nuit a bien l'air d'une pure invention. Le Père Prat, dans le savant ouvrage que nous avons déjà cité [1], rapporte une lettre inédite du père de La Chaise, confesseur du roi, au Provincial, qui nous paraît mettre à néant la petite supercherie que la légende a prêtée aux Jésuites.

« Sa Majesté, écrit le Père de la Chaise, pour nous mettre en repos pour une bonne fois, et faire subsister honnestement ce grand collège, a bien voulu s'en déclarer non seulement le protecteur, mais aussi le fondateur, et, en cette qualité, nous a confirmés, et en tant que de besoin donné de nouveau et pour toujours, tous les droits et toutes les grâces accordées pour cela ; ce qui a été exécuté, sans que personne ait osé s'y opposer. Et enfin, par son ordre, on a mis sur la porte du collège ce titre : *Collegium Ludovici magni,* et l'on travaille à une belle statue de Sa Majesté qui doit être mise à la grande face de la cour des classes, avec une inscription qui dira que le roi est le fondateur et le protecteur du collège. »

Cette lettre est du 6 janvier 1683.

C'est donc « par ordre du roi » que le changement de nom a été opéré. C'est en 1683 et non en 1674 que l'inscription a été placée sur la porte. Le père de La Chaise n'aurait pas signalé cette circonstance dans les termes qu'on vient de lire, si elle eût été un fait accompli depuis neuf ans.

Pour achever d'éclairer ce point, il suffira de comparer la formule des programmes des représentations d'août 1682 et de mars 1683.

En 1682 : « Polydorus, tragœdia, dabitur in collegio
« Cloromontano Societatis Jesu, ad solennem præmio-
« rum distributionem, Rege Agonotheta, Die V Au-
« gusti, horâ meridianâ. »

En 1683 : « Coriolanus, tragœdiæ, dabitur a secun-
« danis in Regio Ludovici magni collegio Societatis

---

[1]. *Maldonat et l'Université de Paris au* XVIe *siècle.*

« Jesu. Die prima mensis Martii, horâ post meridiem
« prima. »

Cette faveur royale ne pouvait qu'ajouter au crédit de la Société et à la prospérité du collège, trop étroit, malgré ses accroissements successifs, pour recevoir tous les élèves qui demandaient à y entrer. Ce n'est pas ici le lieu de s'étendre sur les maîtres et sur les élèves qui l'illustrèrent pendant plus de deux siècles, et sur l'influence littéraire qu'on se plaisait à lui reconnaître. Nous rappellerons seulement ce qu'en disait l'abbé Maury, faisant à l'Académie l'éloge de l'abbé de Radonvilliers [1], qui avait appartenu à la Compagnie : « A Paris, le grand collège des Jésuites était le point central qui attirait l'attention des meilleurs écrivains et des personnes distinguées de tous les rangs. C'était une espèce de tribunal permanent de littérature que le célèbre Piron, dans son style emphatique, avait coutume d'appeler *la chambre ardente des réputations littéraires*, toujours redoutée par les gens de lettres, comme la source principale et le foyer de l'opinion publique dans la capitale. »

Dans la littérature dramatique des collèges, la maison de la rue Saint-Jacques joue le rôle que remplit la Comédie-Française dans le théâtre profane. A ce titre, il devait tenir la première place dans nos études.

1. L'abbé de Radonvilliers quitta la Société pour occuper un poste diplomatique. Il fut sous-précepteur des Enfants de France et membre de l'Académie française. Il mourut en 1789.

III

LA TRAGÉDIE.

Les tragédies imprimées et les tragédies manuscrites. — Celles-ci sont les plus nombreuses. — Le premier recueil paraît en Italie en 1587. — Idée générale de la tragédie latine des Jésuites. — Les Pères Caussin, Petau et Cellot, au commencement du XVIIe siècle. — Les Pères La Rue, Lejay et Porée portent la tragédie à son plus haut point de perfection. — Préceptes donnés pour la composition de la tragédie, par les Pères Jouvancy et Lejay. — La tragédie en cinq actes et la tragédie en trois actes. — De la tragédie française et des intermèdes français dans les tragédies latines. — Les sujets des tragédies.

L'œuvre tragique des Pères Jésuites est considérable. Pendant près de trois siècles, dans leurs nombreux collèges, répandus sur toute la surface de l'Europe, on donnait chaque année au moins une tragédie; on en donnait souvent deux. Ce n'était que par exception que le même ouvrage était représenté deux ou trois fois. Il fallait qu'une production incessante vînt répondre à cette exigence annuelle. Les recueils de tragédies sont donc nombreux, mais ils ne forment que la moindre partie des ouvrages représentés. La Compagnie, qui était à juste titre jalouse de la réputation de ses membres, ne laissait publier que les pièces qui lui paraissaient mériter cet honneur. En outre, un grand nombre de Pères, peu soucieux d'acquérir une gloire littéraire, ont volontairement condamné à l'oubli les produits de leur muse tragique. Plusieurs de ceux qui se sont fait imprimer, déclarent que ce n'est qu'à leur corps défendant et pour déférer aux désirs de leurs amis et de leurs élèves qu'ils se résignent aux dangers de la publicité. Nous n'avons aucune raison de ne point croire à la sincérité de leurs protestations.

Dès la seconde moitié du XVIe siècle, la tragédie latine est installée dans les collèges de la Compagnie. Le signal partit de l'Italie et la première publication d'un ouvrage dramatique signé d'un Père Jésuite, nous parait avoir eu lieu à Rome en 1587. En France, ce furent les tragédies du Père Pétau qui virent les premières le jour en 1614 à la Flèche. L'Allemagne, les Pays-Bas, l'Espagne et le Portugal ont aussi fourni de nombreux recueils au XVIIe et au XVIIIe siècle.

Il n'entre pas dans notre dessein d'étudier ici ce théâtre dans son ensemble. Ce n'est pas qu'il ne présente un intérêt très vif, mais, comme nous l'avons dit, c'est dans les limites du collège Louis-le-Grand que nous voulons, quant à présent, nous maintenir. Il suffira de dire, au point de vue général, que la tragédie latine des Jésuites a subi, comme toutes les œuvres littéraires, et les œuvres dramatiques plus que toutes les autres, l'influence des pays et des temps qui l'ont vu naître. Bien que les Pères, qui avaient mission d'alimenter les théâtres des collèges, connussent mieux que personne les modèles anciens, cependant ils n'ont pas laissé tout d'abord de s'en éloigner sensiblement. Ils ont pris avec les règles les plus grandes libertés, et certains de leurs ouvrages, sous le rapport de la contexture, ont une allure qui les rapproche beaucoup plus de Shakespeare que de Sophocle ou de Sénèque. Ces poètes, au commencement du xviie siècle, ne craignaient pas de changer plusieurs fois dans un même acte le lieu de la scène. Ils faisaient voyager leurs personnages de l'Inde en Europe, en passant par l'Afrique. Il serait facile aussi de reconnaître dans ces ouvrages l'influence de ce qu'on appelle les milieux. En Allemagne, dans les Pays-Bas, nous trouverions des conceptions bizarres, assombries, ayant quelquefois de la grandeur, mais d'un goût trop souvent peu réglé. Des légendes singulières, des allégories poussées à outrance, tout un monde d'apparitions, d'ombres, de personnages fantastiques, donnent à ce théâtre une physionomie particulière. Dans le Midi, on est plus classique. Les héros de l'antiquité grecque, les martyrs, courant à la mort avec un élan joyeux, remplissent la scène d'antithèses élégantes et de sentences sonores. L'imitation de Sénèque y est beaucoup plus sensible. Le surnaturel ne s'y rencontre que par exception et lorsque la tradition l'autorise.

En France, la tragédie latine ne pouvait échapper à l'influence du génie national, ami de la clarté, de la régularité et se préparant à la discipline sévère que le xviie siècle devait lui imposer. Nous ne pouvons cependant apprécier les œuvres qui parurent sur la scène du collège Louis-le-Grand à la fin du xvie siècle. Les titres mêmes nous sont restés inconnus. Le Père Caussin, qui fut confesseur de Louis XIII, le Père Pétau, qui enseigna la rhétorique à Paris, le Père Cellot, qui fut provincial de France, nous ont laissé des recueils de tragédies, publiées entre 1614 et 1630. Il n'est pas douteux que ces ouvrages, ou du moins la plupart d'entre eux, n'aient été représentés au collège de Clermont, mais nous n'avons pu déterminer la date de ces représentations. A cette époque, encore difficile et tourmentée, de l'existence du collège, le spectacle n'avait pas atteint le degré de splendeur qu'il eut plus tard, lorsque Louis XIV eut donné à la Compagnie des gages évidents de son affection. Les programmes qui nous ont servi de guides, pour établir notre répertoire, n'étaient pas encore en usage; du moins les recueils bibliographiques n'en citent aucun. Le plus ancien qui soit mentionné dans la *Bibliothèque* du Père Baecker, date de 1651.

Le Père Pétau est resté le plus estimé de ces trois auteurs tragiques et, dans son livre : *Ratio docendi et discendi*, publié à la fin du xviie siècle, le Père Jouvancy le propose encore comme un modèle aux professeurs de rhétorique appelés par leur fonction même à composer des tragédies. Nous donnerons dans un chapitre spécial une idée de ces ouvrages, ainsi que de ceux des Pères Caussin et Cellot et de quelques autres qui n'auront pas trouvé place dans le répertoire.

Trois autres recueils paraissent à la fin du xviie et au commencement du xviiie siècle. Ce sont ceux des Pères La Rue, Lejay et Porée qui, tous trois, professèrent la rhétorique au collège Louis-le-Grand. Ils appartiennent à la grande période, à la période classique du théâtre des Jésuites. Tous leurs ouvrages seront analysés à la date de leur représentation.

En dehors de ces recueils, il n'y a point de tragédies imprimées, et c'est seulement par les programmes et les compte rendus des journaux que nous connaissons le titre et le sujet de toutes celles, beaucoup plus nombreuses, qui n'eurent que le fugitif honneur de la représentation.

Le Père Jouvancy et le Père Lejay ont traité l'un et l'autre, au point de vue théorique, de la tragédie de collège. Le premier, surtout, en a posé les règles spéciales dans son livre : *Ratio docendi et discendi*, qui parut en 1685. « La tragédie, dit-il, doit servir à former les mœurs. Aussi le poète doit-il choisir ses sujets dans le vaste et fertile domaine des saintes Écritures et des annales de l'Église, où il trouvera un si grand nombre d'événements admirables et de précieux enseignements. Quelque sujet que l'on choisisse, il faut le traiter de telle façon qu'il ne s'y rencontre rien qui ne soit sérieux, grave et digne d'un poète chrétien. »

Une action représentée sur la scène produit beaucoup plus d'effet sur le spectateur que le discours le plus éloquent. Aussi la pratique du théâtre exige-t-elle des précautions particulières.

« Que l'on s'abstienne donc, continue le Père Jouvancy, de tout amour profane, même chaste, et de tout personnage de femme, de quelque costume qu'on le revête. On ne peut toucher sans danger au feu, même sous la cendre, et les tisons, même éteints, ne laissent pas que de salir. Le maître religieux trouvera, dans cette précaution, cet avantage qu'il n'aura pas besoin de lire certains poètes en langue vulgaire qui ont fait à l'amour la part la plus large dans leurs ouvrages. Rien n'est plus pernicieux qu'une semblable lecture. »

Le Père Jouvancy se prononce contre la tragédie en français. « Dans ce genre, dit-il, nous sommes ordinairement maladroits et ridicules. En outre, nos règles s'y opposent et veulent que nos exercices servent à perfectionner la jeunesse dans la langue latine. Nos spectacles ne doivent pas procurer un plaisir quelconque, mais un plaisir digne d'hommes instruits et de spectateurs d'élite. Les produits merveilleux de l'art s'avilissent quand le poète se préoccupe de flatter le goût de la multitude ignorante. »

Enfin, s'occupant de la mise en scène, le Père recommande que, tout en cherchant à plaire aux yeux et aux oreilles, on se garde de trop de profusion. « Nos jeunes maîtres, ajoute-t-il, n'ont pas toujours assez de réserve à cet égard. Ils croient avoir composé une excellente tragédie, si elle étale un luxe somptueux, si la scène est pompeusement décorée, s'il y a des habits brodés d'or et des concerts exquis. Mais que servent à une haridelle des caparaçons royaux ? »

Le Père Lejay, dans la préface d'une de ses tragédies, préface que nous étudierons un peu plus loin, fait aussi un manifeste en faveur de la tragédie sans amour.

Il n'y a, en effet, point d'amour dans les tragédies qui nous sont restées. La prescription relative aux rôles de femme a été moins complètement observée. Nous trouverons dans quelques pièces des mères, des épouses, des vierges martyres, des marâtres perfides persécutant les enfants du premier lit. Ce ne sont là, toutefois, que des exceptions qui disparaissent presque complètement au XVIIIe siècle.

Il y avait deux sortes de tragédie, la grande en cinq actes, jouée par les élèves de rhétorique, à la distribution des prix et accompagnée du ballet ; la petite, en trois actes, jouée par les élèves de seconde, pendant les vacances du carnaval. Dans la préface de *Joseph vendu par ses frères*, le père Lejay se crut obligé de justifier cette coupe de trois actes « qui, dit-il, ne paraît avoir été employée ni par les anciens ni par les modernes auteurs tragiques. Cependant, ajoute-t-il, elle est conforme à la nature même de la tragédie, qui, selon Aristote, se compose de trois parties, le commencement, le milieu et la fin. Si ces trois parties peuvent être comprises en trois actes, sans que l'action en souffre, qui donc aurait le droit de s'en plaindre? Cette brièveté a cet avantage de supprimer les épisodes et les narrations pris en dehors du sujet, et auxquels il faut quelquefois avoir recours, au grand ennui des spectateurs, pour remplir les cinq actes. » Rien de plus sage que cette théorie.

La tragédie française, quoique bannie par les règles de l'Institut, fit cependant quelques rares apparitions sur la scène de Louis-le-Grand. Nous en connaissons au moins une; encore a-t-elle cette excuse d'être la traduction d'une tragédie latine, de celle précisément que nous venons de citer. Elle fut accompagnée d'un prologue où l'auteur, le Père Lejay, mettait en présence la muse latine et la muse française et s'efforçait de les concilier. Mais ce que nous rencontrerons fréquemment, ce sont des tragédies latines, avec des intermèdes en français, intermèdes composés de récitatifs et de chœurs. On y voyait paraître les personnages même de la tragédie, dans les situations principales de l'ouvrage, développant leurs sentiments dans des monologues et des dialogues chantés auxquels répond le chœur. « Nous devons prévenir le lecteur, dit le Père Porée ou son éditeur dans l'argument de la tragédie de *Sephebus Myrsa*, que les actes de cette tragédie sont séparés par des vers français, écrits pour le chant, et qui rappellent assez exactement les chœurs de l'ancienne tragédie. On ne saura pas mauvais gré au poète d'avoir, dans un spectacle destiné à former la jeunesse française, introduit les muses de ce pays, afin que par leur concours elles apportassent à ces jeux un agrément national. » Les chœurs en latin, comme on les trouve dans Sénèque, ne se rencontrent que dans les auteurs du commencement du xviie siècle.

L'histoire ancienne, l'Ancien Testament, l'histoire de l'Église, telles sont les sources auxquelles ont puisé les poètes de la Compagnie. L'histoire nationale ne leur a fourni que très peu de sujets et ils n'ont guère dépassé les temps de Charlemagne. Encore dans ce prince comme dans Clovis, est-ce surtout le héros religieux que l'on met en scène,

Toutes les tragédies sont écrites en vers ïambiques. C'est le vers de Sénèque, qui se prête si bien au dialogue et non moins bien à la sentence exprimée avec vivacité et concision. Les auteurs tragiques du collège Louis-le-Grand l'ont manié avec la plus grande dextérité, et s'il y a souvent un peu plus de rhétorique que de passion dans les discours de leurs personnages, il est impossible de n'y point admirer beaucoup de littérature et beaucoup d'esprit.

IV

LE BALLET.

Les commencements du ballet au collège de Clermont. — De l'importance de la danse dans l'éducation, au XVIIe siècle, — Les ballets de cour. — L'Académie de danse fondée par le roi. — Les théoriciens du ballet. — Le Père Mambrun. — Le Père Menestrier. — Le Père Lejay. — Le Père Jouvancy. — Préceptes généraux. — Analyse du traité *De Choreis dramaticis* du Père Lejay. — L'allégorie dans le ballet, et des divers genres d'allégorie. — « Il faut mourir, » sujet de ballet. — La mise en scène, les décors, les costumes, les accessoires. — Nombreux personnel nécessaire pour l'exécution des ballets. — De la liaison du ballet avec la tragédie. — Ballets de circonstance. — Des auteurs des ballets. — Les danseurs de l'Opéra dansant sur le théâtre de Louis-le-Grand. — La musique et la déclamation dans les ballets. — Les compositeurs.

Le ballet est le côté vraiment original du théâtre des Jésuites. C'était le ballet qui faisait le principal attrait de leurs spectacles, et c'est là qu'ils ont déployé toutes les ressources de leur imagination. On verra que ce divertissement a soulevé beaucoup de critiques, et si l'on ne tenait pas compte des temps où il a pris naissance, on serait tenté de le trouver au moins singulier.

Nous ne croyons pas que les Jésuites aient eu la pensée de faire danser des ballets sur leur théâtre, pendant les premières années de leur établissement rue Saint-Jacques. Du moins, nous n'en avons trouvé aucune trace. Ce ne fut probablement qu'après leur rentrée en France et leur réinstallation à Paris en 1618, qu'ils joignirent ce divertissement à la tragédie qu'ils jouaient à la fin de chaque année scolaire, à l'occasion de la distribution des prix. Le plus ancien que nous connaissions fut dansé en 1638, dans la cour du collège, éclairée, dit l'abbé de Choisy dans ses *Mémoires*, de plus de deux mille lumières, à l'occasion de la naissance de Louis XIV. Ce prince devait plus tard se montrer reconnaissant de cette démonstration.

A cette époque, le ballet, dansé par les écoliers, loin d'avoir rien de choquant, répondait, au contraire, aux idées dominantes. « Notre noblesse, écrit l'abbé de Pure, dans son livre des *Idées des spectacles anciens et modernes*, a toujours considéré la danse comme un des plus galants et plus honnestes exercices où de tout temps les personnes les plus relevées ont tâché d'exceller et ont fait gloire de réussir. » On sait la passion du roi pour ce plaisir, passion qui nous a valu les charmants poèmes de Benserade. A son exemple, toute la cour étudiait la danse et paraissait dans les ballets, même les seigneurs que leur figure semblait devoir le plus éloigner de cette distraction. Le marquis de Genlis, par exemple, était fort laid, et Benserade, dans ses récits, ne dissimule pas ce côté peu avantageux du personnage. C'est au marquis lui-même que, dans le *Ballet de Cassandre* (1651), le poète fait dire ces vers :

> J'aime Philis pour sa beauté,
> Mais je ne fais pas vanité
> D'estre aimé d'elle pour la mienne.

Dans le *Ballet de la Nuit* (1653), le marquis représente une des douze heures. Benserade lui prête ces stances :

> J'ai beaucoup d'avantage à paroistre masquée,
>   Et dans l'obscurité ;
> Car de tout le cadran, je suis, sans vanité,
>   L'heure la plus marquée.
> Il faut pour mon visage avoir de l'indulgence ;
>   Et l'on doute à ses traits,
> Que l'heure du berger et moy puissions jamais
>   Estre d'intelligence.
> De si peu de beauté Nature m'a pourvue,
>   Qu'en mon plus riche atour
> Je croys, sans me flatter, que je suis pour l'amour
>   Une heure assez indue.

Tout le monde s'en mêlait donc, et comme suprême consécration d'un art si fort à la mode, le roi, en 1661, fonda une Académie de danse. Les *considérants* des lettres patentes qui établirent cette institution donneront une idée de l'importance qu'on y attachait alors :

« Bien que l'art de la danse, dit ce document, ait été toujours reconnu comme l'un des plus honnêtes et des plus nécessaires à former le corps, et à lui donner les premières et les plus naturelles dispositions à toutes sortes d'exercices, et entre autres à ceux des armes, et par conséquent l'un des plus utiles à notre noblesse et autres qui ont l'honneur de nous approcher, non seulement en temps de guerre, dans nos armées, mais encore en temps de paix, dans les divertissements de nos ballets ; néanmoins il s'est, pendant le désordre des dernières guerres, introduit dans ledit art, comme dans tous autres, un grand nombre d'abus capables de le porter à une ruine irréparable...

« Beaucoup d'ignorants ont tâché de la défigurer et de la corrompre en la personne de la plus grande partie des gens de qualité ; ce qui fait que nous en voyons peu dans notre cour et suite, capables d'entrer dans nos ballets, quelque dessein que nous eussions de les y appeler. A quoi étant nécessaire de pourvoir, et désirant rétablir ledit art dans sa perfection et l'augmenter autant que faire se pourra, nous avons jugé à propos d'établir dans notre bonne ville de Paris une Académie royale de danse, composée des treize les plus expérimentés dans ledit art... »

Loret ne manque pas de célébrer cette création si utile : Le roi, dit-il,

> Concevant fort bien que la danse,
> Parmi les gens les plus polis,
> Passe pour un des (arts) plus jolis,
> Pour donner la grâce et l'adresse
> Tant au peuple qu'à la noblesse ;
> Qu'elle est le plus doux passe-temps
> Des rois qui sont dans leur printemps,
> Qu'elle est pour avoir l'art de plaire
> Aux deux sexes très nécessaire...
> En a fait une Académie...

On voit que les Jésuites, en faisant danser des ballets à leurs écoliers, se conformaient au goût du jour et croyaient en réalité donner aux jeunes gens de la noblesse les premiers éléments d'un art nécessaire pour faire leur chemin dans le monde. L'empressement avec lequel on accourut à ces spectacles, les éloges qu'on en fit partout, les confirmèrent dans cet usage et les engagèrent à y persévérer en dépit des critiques qui ne tardèrent pas à se produire.

Plusieurs Pères de la Compagnie ont écrit sur les ballets, et l'on peut dire qu'ils ont les premiers posé les règles de cet art. Le Père Mambrun, dès 1659, dans son poème épique de *Constantin*, a essayé d'en donner un modèle. Il a placé, dans un épisode de son poème, la description d'un ballet qu'il appelle *tripudium*. Le Père Menestrier raconte que l'occasion de ce ballet fut un entretien académique qui se fit chez M. le comte d'Avaux, conseiller d'Etat et surintendant des finances. « Il fut dit dans cet entretien qu'il seroit difficile d'écrire en vers latins l'ordonnance et la conduite d'un ballet, notre latinité présente n'étant pas accoutumée à exprimer tous les passages, les figures, les airs, les cadences, les pas et les mesures de ces actions, non plus que les changements de scène et de décorations, les vols, les habits, les machines et plusieurs autres choses qui font la beauté du ballet[1]. »

Le Père Mambrun ayant soutenu la thèse contraire en homme pour qui le vers latin n'avait point de secrets, fut chargé d'en faire l'essai. Il fit la description d'un ballet et l'inséra dans son poème auquel il travaillait alors. Le sujet de ce ballet est « qu'il est plus aisé de terminer les différends et les querelles de peuples par la religion que par les armes. »

Après avoir donné l'analyse de ce ballet que le poète fait danser devant Constantin, son héros, analyse que nous omettons, le Père Menestrier porte sur l'œuvre de son prédécesseur un jugement sévère : « Ce n'est, dit-il, rien moins qu'un ballet. On void bien qu'il n'a pas entendu l'œconomie des ballets, et qu'il a eu raison de dire en sa lettre à M. d'Avaux qu'il s'étonne que nul n'ait entrepris jusqu'alors de les régler. » Il lui reproche de n'avoir pas bien considéré son sujet et de n'avoir ni préparé, ni lié les différentes parties qui le composent.

1. *Des Ballets anciens et modernes.* Paris, 1682.

Le Père Menestrier avait de grandes prétentions en matière de ballets, et son livre contient, en effet, des recherches et des renseignements curieux. Il parut en 1682. Mais ce n'est pas sans raison que le Père Lejay, qui entra après lui dans la carrière, lui reprocha de manquer de méthode. Ce traité, bien qu'il cite, en les louant et en les donnant comme de bons modèles, plusieurs ballets dansés au collège Louis-le-Grand, n'est pas cependant écrit à ce point de vue spécial. Il pose des règles générales pour tous les ballets, et paraît avoir surtout en vue les ballets de cour.

Il n'en est pas de même des Pères Jouvancy et Lejay, professeurs avant tout, écrivant pour les maîtres et pour les écoliers, et qui ont tracé les véritables règles du ballet de collège, le premier dans son traité déjà cité par nous, *Ratio discendi et docendi* (1685), et le second dans son *Liber de Choreis* (1725).

Le Père Jouvancy constate qu'il est d'usage de faire place à certains divertissements entre les actes de la tragédie, afin de reposer l'attention des spectateurs. Ces divertissements sont le chant, la pantomime et la danse. Le Père ne blâme point le chant et la musique, mais il désapprouve la pantomime et est d'avis qu'on doit la bannir entièrement des représentations dans les collèges. La pantomime seule et sans accompagnement de la danse, fût-elle pratiquée à une certaine époque par les écoliers? Le passage du Père Jouvancy est la seule allusion que nous ayons rencontrée à cet exercice.

Voici maintenant ce que le Père dit du ballet :

« On fera volontiers une place à la danse, qui est un divertissement digne d'un homme bien élevé et un exercice utile pour les jeunes gens. Ajoutez que le ballet dramatique est comme une poésie muette, exprimant, par de **savants** mouvements du corps, les sentiments que les poètes expriment dans leurs vers. Le premier mérite du ballet doit être de se rattacher par quelque lien à la tragédie. Si la tragédie a pour sujet la paix rétablie entre deux rois, on décrira, par la danse, les causes, les effets, les avantages de la paix. S'il s'agit d'une guerre, le ballet en montrera l'origine et la préparation. Si l'on met au théâtre un héros chrétien triomphant d'ennemis idolâtres, le ballet développera cette même idée de la victoire de la religion sur l'idolâtrie. Si la tragédie déplore le malheur d'un prince trompé par les artifices des envieux, si elle punit l'ambition déçue d'Aman, on représentera avec à propos dans le drame muet, les funestes effets de l'envie et de l'ambition. »

Le Père ne proscrit pas toutefois certains sujets nécessairement indépendants de la tragédie, comme les quatre saisons de l'année, les quatre âges de la vie, les divers genres des jeux et des arts, etc.

Ce ne sont là que des préceptes sommaires. Le Père Lejay entre beaucoup plus avant dans le sujet. Son livre *De choreis dramaticis* parut en 1725, dans le grand ouvrage, *Bibliotheca rhetorum*, fruit de vingt années de professorat, où le savant maître donne à la fois des préceptes et des exemples de tous les genres d'écrire, depuis le poème épique jusqu'à l'épigramme et l'énigme. C'est un livre d'éducation, et c'est exclusivement au point de vue des ballets de collège que l'auteur s'est placé dans son traité *De choreis*. C'est donc là que nous irons surtout chercher les règles du genre. Ajoutons que le Père Lejay a composé lui-même plusieurs ballets dont on trouvera l'analyse dans notre répertoire. Nous ne saurions donc avoir un meilleur guide.

Nous passons sur quelques considérations historiques qui touchent à la danse chez les Hébreux, les

Grecs et les Romains. Nous laissons Aristote de côté pour arriver de suite à la définition que le Père Lejay nous donne du ballet.

« Le ballet, dit-il, est une danse dramatique qui imite d'une manière agréable et faite pour plaire, les actions de toute espèce, les mœurs et les passions, au moyen de figures, de mouvements, de gestes, et avec l'aide du chant, des machines et de tout l'appareil théâtral. »

Quant à la matière du ballet, elle est sans limites. L'auteur peut emprunter ses sujets à l'histoire, à la fable ; il peut créer, inventer des sujets de pure imagination. De là naissent trois genres de ballets : le ballet historique, le ballet fabuleux et le ballet d'imagination. Le Père Lejay admet une quatrième catégorie, participant du caractère des trois premières et où l'histoire, la fable et l'imagination concourent à former le sujet.

Le ballet n'est pas astreint aux lois sévères de la tragédie et de la comédie, c'est-à-dire à la fameuse règle des trois unités d'action, de temps et de lieu. Sa règle unique est que toutes ses parties doivent se rattacher à l'idée générale qui fait le dessein de l'ouvrage.

Le talent du poète qui compose un ballet consiste donc en ceci : d'abord à tirer du sujet qu'il a choisi toutes les idées, toutes les situations qui s'y rattachent, ensuite à choisir parmi ces idées et ces situations celles dont la représentation sur le théâtre sera de nature à intéresser les spectateurs. Ce choix fait, il disposera les parties de son œuvre, dans leur ordre logique, en actes et en scènes.

Voyons maintenant à l'œuvre le professeur de rhétorique chargé de composer le ballet pour la prochaine distribution des prix, et supposons qu'il ait choisi pour sujet : *Les Arts*. Deux grandes divisions s'offriront d'abord à son esprit ; il partagera les Arts en arts libéraux et en arts mécaniques. Parmi les premiers, il rangera l'éloquence, la poésie, la philosophie, l'astronomie, la grammaire, les mathématiques, etc ; parmi les seconds, l'agriculture, la navigation, l'architecture, la typographie, etc.

Ce sont là les idées primordiales du sujet, mais il en est d'autres, d'un caractère accessoire, qu'un esprit nourri des écrivains de l'antiquité, comme celui de notre professeur de rhétorique, ne peut manquer de concevoir. Il se demandera quels sont les inventeurs des arts, et immédiatement il verra paraître, pour l'agriculture, Cérès et Triptolème ; pour la vigne, Bacchus, pour la culture des jardins, Flore et Pomone. Il donnera le tissage de la laine à Minerve, la navigation à Neptune, la médecine à Esculape, la musique à Orphée et à Arion. Les Cyclopes seront les premiers armuriers, Comus inventera les festins et Momus les spectacles.

Cherchant ensuite un beau tableau d'ensemble, et une occasion d'amener agréablement l'éloge du roi, notre poète imaginera de réunir Apollon, accompagné des Muses, et tous les dieux inventeurs des arts autour de l'effigie royale. Chacun viendra offrir une couronne au monarque, protecteur éclairé et généreux des arts.

Ce n'est encore là que le gros de l'ouvrage, les premiers produits, encore vagues et confus, de l'imagination du poète, des linéaments encore indécis tracés à la hâte sur le papier dans le premier feu de la conception. Il s'agit maintenant de faire un choix parmi ces matériaux, de prendre ceux qui peuvent être heureusement mis en œuvre par la danse, et qui se prêtent le mieux à la pompe et à l'illusion du spectacle. Il faut enfin les répartir en actes et en scènes, en un mot leur donner la forme dramatique.

Le ballet est destiné à servir d'intermèdes à la tragédie ; c'est-à-dire qu'entre chaque acte de la tragédie s'intercale un acte du ballet. Il faut donc pour les quatre entr'actes, quatre parties de ballet. Cette division s'impose à l'auteur qui recherchera dans les arts quatre caractères principaux, et qui les trouvera en envisageant les arts dans leurs rôles divers dans la société.

A ce point de vue, les arts viendront, comme d'eux-mêmes, se ranger dans quatre catégories qui seront : 1° les arts nécessaires, 2° les arts commodes ou utiles, 3° les arts agréables, 4° ceux qui servent à la gloire et à l'honneur de l'humanité. Voilà nos quatre parties ou nos quatre actes trouvés. Il reste à les subdiviser eux-mêmes en scènes ou entrées.

Le premier des arts nécessaires ne peut être que l'agriculture. Notre poète nous montrera donc une entrée de laboureurs, conduits par Triptolème, et venant rendre grâce à Cérès qui leur a enseigné l'usage de la charrue. Viendront ensuite les Faunes, les Bacchantes, les Satyres menant le triomphe de Bacchus, et montrant par leur allure désordonnée qu'ils ont largement profité des bienfaits de Dieu. Minerve enseignera aux jeunes Phrygiennes l'art de tisser la laine ; Esculape donnera une consultation à des malades qu'il guérira par des médicaments et des plantes salutaires. Enfin, Mars ordonnera aux Cyclopes de fabriquer des armes qu'il mettra aux mains d'une jeunesse belliqueuse.

Au nombre des arts utiles, notre poète placera en première ligne l'architecture. Jupiter en donnera une idée en faisant le plan d'un temple que les mortels devront construire en son honneur. Éole présidera à la navigation qu'il favorise par des vents propices. Des commerçants échangeront leurs marchandises contre de la monnaie que Janus apprit aux hommes à frapper. Une autre entrée exprimera l'invention de l'art d'écrire que les Égyptiens font remonter à Neptune. Enfin l'équitation sera représentée admirablement par les Centaures de Thessalie.

Les arts agréables comprendront la chasse avec Diane, Méléagre, Céphale et Hippolyte poursuivant un sanglier; les festins pour lesquels Comus dressera des tables; les spectacles auxquels présidera Momus entouré de mimes et de comédiens. Arion, jouant de la cithare, représentera la musique, et Orphée, joignant la douceur du chant aux sons de la lyre, attirera autour de lui, non seulement les hommes, mais aussi les arbres et les rochers.

L'œuvre s'avance et il ne reste plus au poète qu'à traiter des arts d'ornement, et pour ainsi dire de luxe. L'histoire se présente d'abord dans cette catégorie. Elle sera personnifiée dans Saturne tenant les siècles enchaînés et les présentant aux Muses. La poésie sera représentée par Homère entouré de poètes qui lui rendent hommage et le pillent quelquefois. Apelle et Zeuxis seront là pour la peinture; ils emprunteront les secrets de leur art aux effets d'ombre et de lumière que leur fournit le soleil. Phidias et Praxitèle travailleront à une statue de Jupiter, ayant pour modèles des mimes auxquels ils feront prendre diverses postures. Enfin, Hercule luttant contre les monstres, donnera l'idée d'un combat équestre, d'un carrousel ou d'un tournoi.

Nous avons déjà indiqué le tableau final. Tous les arts, sous la conduite d'Apollon, viendront présenter des couronnes à l'image du roi, leur protecteur et leur soutien.

Tel est le canevas que le professeur de rhétorique livrera au maître de danse qui sera chargé d'en tirer toutes les conséquences chorégraphiques qu'il pourra comporter.

Le ballet repose sur l'allégorie; il en abuse quelquefois; mais c'est une condition inséparable du genre à cette époque où l'on n'avait pas encore inventé le ballet d'action. On danse à la cour le *Ballet de la nuit*, le *Ballet des proverbes*, le *Ballet des plaisirs*, le *Ballet de la raillerie*, le *Ballet des saisons*, etc., qui tous se composent de tableaux allégoriques, comme ceux que vient de nous offrir le *Ballet des arts*.

Bien plus, nous trouvons, parmi les ballets de Benserade, un *Ballet des arts* dansé par Sa Majesté en 1663. Ce petit ballet ne se compose que de huit entrées qui figurent à peu près toutes dans le canevas que nous venons de résumer d'après le Père Lejay. Ce sont l'Agriculture, personnifiée dans des bergers; la Navigation, par des corsaires et des pirates; l'Orfèvrerie, par des courtisans chargés de bijoux; la Peinture, où nous retrouvons Zeuxis et Apelle, et d'autres artistes du pinceau, dans la bouche desquels Benserade met ce quolibet malséant :

> Beau sexe, qui par nous venez à bout de l'autre,
> Flattez ce qui vous flatte et vous prête secours;
> Sous votre toile, hélas! vous n'êtes pas toujours,
> Comme vous êtes sur la nôtre.

C'est ensuite la Chasse, à laquelle Diane préside; la

Chirurgie, qui nous offre une entrée de quatre docteurs, d'un chirurgien et de quatre estropiés; c'est la Guerre, où figurent de séduisantes amazones, telles que Mlle de Mortemart, Mlle de Saint-Simon, Mlle de La Vallière et Mlle de Sévigny; ce sont enfin les Vertus, parmi lesquelles le livret de Benserade n'en célèbre qu'une seule, la Fidélité, sans doute parce qu'elle était la plus rare à la cour.

Nous voyons aussi à l'opéra : Les *Saisons*, les *Ages*, les *Éléments*, les *Romans*, les *Fêtes galantes*, les *Amours des dieux*, les *Fêtes de Polymnie*, *de Thalès*, etc. Toujours l'allégorie, toujours la mythologie.

Mais l'allégorie elle-même comporte plusieurs genres. Le Père Lejay distingue l'allégorie philosophique, l'allégorie poétique, l'allégorie fabuleuse ou d'imagination.

Pour les ballets qui reposent sur l'allégorie philosophique, le Père Lejay pose des règles très rigoureuses; il veut que toutes les parties se rattachent étroitement au sujet principal et que le poète ne donne nulle carrière à sa fantaisie. Il cite comme modèle du genre le *Ballet des songes,* dont il est l'auteur, et dont on trouvera l'analyse à la date de sa représentation dans le répertoire.

On y trouvera également le modèle du ballet fondé sur l'allégorie poétique qui, pour obéir à des lois moins sévères, n'en est pas moins agréable, selon le Père Lejay. Ce modèle est le *Ballet des travaux d'Hercule*, représentant les actions glorieuses du roi.

Enfin le ballet fondé sur l'allégorie fabuleuse ou de fantaisie est celui qui ne présente que des choses purement fictives, qui ne doit rien à l'histoire et rien à la fable. L'Arioste a fourni plusieurs sujets de ces ballets, en France et en Italie. De ce genre est le *Mariage du Lys et de l'Impériale*, ballet qui fut dansé à l'occasion du mariage de Louis XIV avec l'infante Marie-Thérèse. Nous en donnerons également le dessein.

Le Père Lejay fait remarquer que ce genre, qui pèche souvent par le défaut de liaison et d'unité, dépourvu, d'ailleurs, des agréments de la fable ou de l'intérêt de l'histoire, a besoin pour se soutenir de la magnificence du spectacle et des machines, et doit s'adresser plutôt aux yeux qu'à l'esprit.

Le plus ancien législateur du ballet, le Père Menestrier, distingue aussi trois genres d'allégorie: l'allégorie philosophique, l'allégorie poétique et l'allégorie de roman. Il résume ainsi sa doctrine en cette matière :

« Tout le secret de la conduite d'un ballet consiste au choix des sujets, car il n'est point de sujet, de quelque nature qu'il puisse être, qui ne soit un tout composé de plusieurs parties, ou actuelles, comme parlent les philosophes, ou virtuelles, c'est-à-dire qui d'elles-mêmes se font voir distinctes ou se peuvent facilement distinguer. Ainsi la nuit, étant une étendue de temps de plusieurs heures, durant lesquelles plusieurs choses différentes se font ou se peuvent faire dans le monde, on trouve naturellement la conduite d'un ballet sur ce sujet, en représentant par des danses figurées tout ce qui se fait ou se peut faire pendant la nuit... Il faut seulement observer qu'entre ces parties, il y en a quelques-unes qui sont essentielles à la chose, et d'autres purement arbitraires et de bienséance. »

Notons, en passant, un singulier sujet de ballet philosophique, proposé par le Père Menestrier : « Si, par exemple, dit-il, on se propose pour sujet qu'*il faut mourir*, on peut représenter toutes sortes de personnes sujettes à la mort, comme les papes, les rois, les cavaliers, les dames, les sçavants, etc. Ce sont les parties essentielles du ballet, auxquelles on peut ajouter la mort ou la ruine des États et des monarchies. »

Nous ne croyons pas que cette *danse macabre* ait été dansée sur aucun théâtre, même de trappistes.

Nous avons vu le poète à l'œuvre ; il nous reste à voir le metteur en scène. Cette partie matérielle de la représentation n'est pas négligée dans nos auteurs qui lui donnent, au contraire, toute l'importance qu'elle doit avoir.

Le Père Lejay énumère quatre moyens de favoriser l'imitation telle que la comporte le ballet. Ces moyens sont : l'appareil de la scène, les costumes et les symboles, qu'en langage moderne nous appelons les accessoires, le chant et la musique, et enfin les mouvements du corps et les gestes, c'est-à-dire la pantomime.

« La scène, dit-il, doit être disposée de manière à préparer les esprits aux événements que la danse va représenter. Si, en effet, le théâtre montre les sombres demeures des enfers, il n'est personne qui ne s'attende à voir paraître les divinités infernales, les furies, ou quelques malheureux condamnés aux supplices du Tartare. Si la scène représente un port ou la mer, le spectateur attendra l'arrivée de Neptune, des Tritons, ou quelque épisode maritime. Placez l'Olympe sur le théâtre et vous annoncerez les dieux. Les forêts, les retraites ombreuses, les jardins agréables appellent des divinités champêtres. »

On a vu que les ballets du collège Louis-le-Grand servaient d'intermèdes aux tragédies ; de telle sorte que le spectateur assistait successivement à un acte de tragédie et à un acte de ballet. Il est difficile d'admettre que des changements de décor avaient lieu à chaque acte et que celui de la tragédie faisait nécessairement

3.

place à un autre plus approprié au ballet. Le décor de la tragédie représentait un palais, avec de grands développements d'architecture, très vaste et très profond, et qui ne pouvait instantanément disparaître pour être remplacé par un décor de forêt ou de port de mer. On conçoit d'ailleurs que les personnages allégoriques du ballet pouvaient le plus souvent se mouvoir, sans trop choquer la vraisemblance, entre les colonnes du vestibule tragique.

Cependant, il était des scènes — le Père Lejay en cite plusieurs — qui réclamaient absolument des décors spéciaux. On ne pouvait représenter dans un palais les Titans assiégeant le ciel, Orphée attirant les arbres et les rochers, une armée faisant le siège d'une place forte. Nous devons donc croire que le théâtre de Louis-le-Grand comprenait dans ses magasins un certain nombre de décors et qu'il était machiné de manière à permettre de rapides changements de décoration.

Les costumes et les accessoires ont une grande importance au point de vue de l'imitation ; ils désignent clairement les personnages mis en scène. Le père Menestrier abonde en renseignements intéressants sur les costumes :

« La première des conditions, dit-il, est qu'il faut qu'ils soient propres aux sujets, et si les personnages sont historiques, il faut autant que l'on peut s'attacher à la forme des habits de leur temps. Celui des anciens Romains est le plus auguste de tous ; et il n'en est point qui laisse la jambe plus libre. Il étoit composé d'une cuirasse avec ses lambrequins. Il lui faut une courte manche à moitié du bras, et on l'accompagne d'un bas de saye plissé en rond qui fait la cotte d'armes ; le casque avec une aigrette et des plumes est la coeffure dont on accompagne cet habit.

« Il faut garder la même manière pour les peuples étrangers. Les Grecs ont le bonnet rond avec quantité de plumes autour. La coeffure des Persans est presque semblable. Les Mores ont les cheveux courts et crespus; le visage et les mains noires; ils sont tête nue, à moins qu'on ne leur donne un tourtil gresté de perles en forme de diadème. Ils doivent porter des pendants d'oreilles. Les Turcs et les Sarrasins doivent estre vestus d'un doliman et coefféz d'un turban avec une aigrette. Les Américains ont un bonnet de plumes de diverses couleurs, une ceinture de même façon qui couvre leur nudité. Ils ont encore un collier de ces mêmes plumes dont ils portent un bouquet de chaque main quand ils dansent. Les Japonois portent une grande touffe de cheveux liée en arrière.

« La seconde condition est qu'il faut une grande variété, et, s'il se peut, il ne faut jamais faire paroistre deux fois une même sorte d'habits, ou du moins il faut mêler les entrées de telle sorte qu'il y ait un long intervalle entre celles qui sont semblables. On peut aussi changer la couleur si l'on ne peut mettre d'autre différence, comme il arrive quelquefois dans les ballets historiques, dont tous les personnages sont d'une même nation et presque d'une même condition. Il est beau de voir, après une entrée de soldats, une entrée de bergers, et après celle-ci une des divinités de la fable; puis des voleurs, ensuite des animaux, des génies, des Américains, des Persans, des Maures, etc. Cette diversité tient toujours le spectateur en suspens. »

Mais c'est surtout dans le costume des êtres moraux qui jouent un si grand rôle dans les ballets de l'époque, que l'imagination pouvait se donner carrière. Écoutons encore, sur ce point, les avis du père Menestrier :

« On habille les Villes en habit d'amazone de la couleur des émaux de leurs armoiries, et on leur donne pour coeffure une couronne de tours. Quelques-uns sèment leurs vestes des pièces de leurs blasons, comme celle de Paris qui seroit couverte de petits vaisseaux, celle de Lyon de lions ; celle de Rome se doit représenter comme elle est dans les médailles anciennes. On donne aux Provinces la cuirasse d'amazone et la javeline.

« L'habit du Printemps doit être vert, semé de fleurs, avec une couronne de roses. L'Hiver doit être vêtu de blanc, avoir longue barbe, un habit fourré et paroistre engourdi en ses postures. L'Esté de couleur violette qui est celle de la moisson, une couronne d'épis en tête et une faulx à la main ; l'Automne de couleur olive, ou feuilles mortes, avec une corne d'abondance pleine de fruits, et une couronne de pampre.

« Les Vents s'habillent de plumes à cause de leur légèreté ; le Soleil de toile d'or avec une chevelure dorée ; la Lune de toile d'argent, et l'un et l'autre avec un masque, l'un d'or à rayons, l'autre d'argent.

« Le Temps s'habille de quatre couleurs, qui marquent les quatre saisons. On lui donne pour coeffure un tymbre, avec une montre qui marque les heures, et des ailes, au dos, aux pieds et à la tête, une faulx et un sable à la main. La Nuit doit estre vêtue de noir, semée d'étoiles et un croissant de lune sur la tête.

« La Fortune doit paroistre sous une couleur changeante, un bandeau sur les yeux et une roue à la main. On peut mettre sur son habit des sceptres, des couronnes, des armes, etc. Le Destin doit estre vêtu de bleu, semé d'étoiles et couvert de miroirs, parce que c'est dans le cours des astres et dans les miroirs enchantés que l'on cherche ses destinées. Sa couronne sera d'étoiles et il tiendra une baguette en main.

« L'Amour doit paroistre vêtu de couleur de rose, semé de cœurs enflamez, les yeux voilez, l'arc en main, la trousse sur le dos. La Hayne, au contraire, sera sous un habit de feu, le fer et le poison en main, ou un flambeau de cire noire et fumant. L'assortissement de l'habit doit estre noir, parce qu'elle est meslée de tristesse.

« L'Envie doit porter un habit jaune semé d'yeux ouverts. La Pauvreté se fait connoistre par un habit déchiré d'où pendent des lambeaux de plusieurs couleurs.

« La Foi doit estre vêtue de blanc pour marque de sa sincérité, porter un voile sur les yeux pour marque de sa soumission aux mystères, un livre en main, en teste un diadême semblable à celuy de Constantin. Je ne voudrois pas luy mettre une croix ni un calice en main. Il me semble que nous devons ce respect aux choses sacrées, et qu'il n'est pas bienséant de faire paroistre sur la scène ce qui sert à l'autel.

« J'habillerois la Religion de couleur rouge semée de croix d'or qui sont la marque du sang répandu des martyrs ; je luy mettrois en teste la couronne de laurier, et en main la palme et le *labarum* de Constantin. Cet habit est modeste et choque moins que de la voir la tiare en teste, l'encensoir à la main et vêtue des habits pontificaux de la synagogue.

« Les fleurs s'habillent de leurs couleurs naturelles.

Tous les personnages, ou à peu près, dont le Père Menestrier vient de décrire le costume, se retrouveront dans les ballets de Louis-le-Grand. La citation, quoique peu longue, était donc utile. On nous en permettra une dernière sur ce sujet, bien que nous n'ayons pas rencontré dans le répertoire du collège l'ouvrage auquel elle se rapporte :

« J'ai vu une fois le Monde agréablement vêtu. Il avoit pour coeffure le mont Olympe, et son habit étoit fait en table géographique ; il avoit écrit sur le sein à l'endroit du cœur *Gallia*, sur le ventre *Germania*, sur la jambe *Italia*, parce que l'Italie a cette figure sur la carte. Sur le derrière, *Terra australis incognita*, sur un bras *Hispania*. Le sujet de la pièce était *le Monde malade*. Il étoit porté par Atlas et Hercule, les dieux s'assembloient pour le guérir. Apollon et Esculape, qui sont les dieux médecins, lui tâtoient le pouls ; Bacchus et Cérès lui donnoient sa nourriture ; Mars le devoit saigner. Enfin on lui ordonna une diète de quarante jours. Ce fut le mardi gras que cette pièce fut représentée et la diète de quarante jours étoit le carême. »

Les accessoires forment le complément du costume. Ce sont l'épée et le javelot pour le soldat, la palette et le pinceau pour le peintre, le marteau pour le forgeron, la lyre pour le musicien ou le poète, le soc pour le laboureur, la rame pour le matelot. Les divinités de la fable ont chacune leur accessoire inséparable. Jupiter a la foudre, Neptune le trident, Pluton la baguette, Mars le bouclier et la lance, Apollon la lyre, Bacchus le lierre, Momus le masque, Cupidon l'arc et les flèches, Hercule la massue, les Faunes et les Satyres la flûte. Les Fleuves portent des urnes; le char de Junon est traîné par des paons, celui de Vénus par des colombes. Pallas montre l'égide; Diane tient l'arc en main ; Flore se couronne de fleurs ; Cérès se présente avec une gerbe et Pomone avec des fruits. Les Furies sont armées de torches et de serpents, les Bacchantes de thyrses, etc.

Il y a de ces accessoires qui sont de véritables machines. Le char de Junon, le nuage, véhicule ordinaire des divinités, les animaux de tout genre qui figurent dans les ballets, les arbres, les rochers qui se déplacent aux accents d'Orphée doivent être rangés dans la catégorie des machines.

On voit que l'exécution du ballet exigeait un matériel très considérable et très coûteux. On s'en rendra encore mieux compte par quelques chiffres, que nous prendrons dans le *Ballet de la Paix* (1698). L'ouverture du ballet se fait par onze danseurs. Il y en a quarante-six dans la première partie, trente-neuf dans la seconde, trente-neuf dans la troisième, cinquante-neuf dans la quatrième. C'est un total, non pas de deux cent trois danseurs, parce que le même remplissait plusieurs personnages, mais de deux cent trois costumes. La dépense devait être importante de ce seul chef, et il faut y joindre les innombrables accessoires, les machines plus ou moins compliquées et l'orchestre. Nous subventionnons des théâtres qui ont de moins lourdes charges.

Sans doute, les parents des jeunes acteurs y entraient pour quelque chose.

Le Père Lejay fait ressortir l'importance de la musique pour accompagner la danse, pour en accentuer le caractère de gaieté et de tristesse, pour exprimer les sentiments tendres ou violents, pour provoquer au repos et au sommeil, ou exciter la fureur guerrière. C'était le rôle des compositeurs dont quelques-uns nous sont connus. Quant aux gestes, aux mouvements du corps, à la danse en un mot, c'était affaire au maître de danse. Toutefois le Père Lejay n'hésite pas à donner sur cette question les conseils que son expérience lui a suggérés.

« Il ne suffit pas, dit-il, que ces mouvements et ces gestes soient composés, élégans, harmonieux, agréables à voir; s'ils n'ont pas un sens déterminé, une signification précise, ils n'offriront qu'une danse vaine et futile, et ne mériteront pas le nom de ballet dramatique, lequel a pour but l'imitation. Il faut donc que les gestes et les pas soient la représentation des actions que l'on interprète et les mettent sous les yeux des spectateurs, de telle sorte que celui-ci n'ait pas besoin d'un commentaire explicatif et comprenne parfaitement le langage muet du danseur.

Le Père Lejay rappelle les merveilles que les auteurs nous ont rapportées des anciens mimes, et déclare que Protée, qui, au dire des poètes, prenait toutes les formes, n'était qu'un danseur habile à exprimer, par les pas et les gestes, toutes les actions et tous les sentiments.

« Mais, continue-t-il, pourquoi prendre la peine d'aller chercher des exemples dans les temps anciens quand nous en trouvons chez nous-mêmes et de notre temps, de si remarquables et de si nombreux ? Nous avons vu, dans cette cour du collège de Paris, représenter le personnage d'Orphée descendant aux enfers, avec tant de vérité, que le spectateur, pour comprendre l'action, n'avait besoin que du seul secours de ses yeux. Nous avons vu la ruine de Troie figurée avec une telle vraisemblance que l'on croyait assister à l'événement lui-même. Nous avons vu les dieux de l'Olympe assiégés par les Titans, les monts entassés sur les monts, Jupiter lançant la foudre et les Géants écrasés sous les rochers. Je ne parlerai point d'un carrousel et d'un combat de cavalerie, de Polyphême aveuglé par les compagnons d'Ulysse, d'Orphée attirant par les sons de sa lyre les pierres et les arbres, qui, tous, recueillirent les applaudissements des spectateurs charmés par l'imitation fidèle qu'ils trouvaient dans la danse de ces événements ou réels ou fabuleux. »

Voici maintenant les préceptes que donne le Père Lejay sur la danse elle-même :

« Pour les personnages des Vents, que la danse soit légère et rapide, caractérisée par de fréquentes pirouettes, qui imiteront les tourbillons des vents. Si vous représentez Vulcain et les Cyclopes, que vos pas soient lents, interrompus par des pauses, comme le sont les coups de marteau qui frappent le fer sur l'enclume. Si vous mettez des Paysans sur la scène, qu'ils battent la terre d'un pas lourd, que leurs gestes soient brusques et sans élégance, comme le veulent les mœurs de la campagne. S'il s'agit de peindre la douleur, que le danseur s'avance à pas lents, que tantôt il lève les yeux vers le ciel, que tantôt il croise les mains, torde ses bras et fixe ses regards vers la terre; que tantôt il laisse tomber avec accablement ses bras le long du corps, comme pour rendre les dieux et les hommes témoins de son désespoir. Si vous peignez la joie, que la danse soit vive et agile, que les pieds, dans leurs sauts répétés, semblent à peine toucher la terre; que les doigts allongés, les bras agités, que toute l'allure du corps exprime cette légèreté que donne le plaisir. Si vous avez à faire paraître des insensés ou des gens ivres, que le trouble, l'incohérence de leurs gestes et de leurs pas expriment la perturbation de leur esprit. »

Le Père Lejay s'en tient là, s'apercevant que ses conseils sont plûtôt du ressort du maître de danse que de celui du poète.

Le ballet étant, comme on l'a dit, destiné à servir d'intermède à la tragédie, le comble de l'art était de trouver un sujet qui se rattachât à l'action tragique. C'est ce que le Père Menestrier appelle le ballet d'attache. Il en cite plusieurs exemples.

« Au collège de Clermont, où se fait tous les ans une grande tragédie pour la distribution des prix, on lie le plus souvent le sujet du ballet à celui de la tragédie. Ainsi à la tragédie ayant pour sujet *la Ruine de l'empire des Assyriens*, on choisit pour sujet du ballet *les Songes*, parce que cette ruine avoit été prédite par plusieurs songes. Pour la tragédie de *Sainte Catherine*, dont les deux noms faisoient le sujet de l'intrigue et servoient à tromper Maximin, on prit pour sujet du ballet *l'Illusion*. Pour la tragédie de *Cyrus*, dont le nom signifie Soleil en langue persane, *l'Empire du Soleil* fut le sujet du ballet. Pour la tragédie de *Moyse*, le sujet du ballet fut *l'Idolâtrie*, qui a pris naissance en Égypte. »

On dérogeait toutefois assez fréquemment à cet usage, surtout quand un événement de quelque importance occupait l'attention publique et venait solliciter la muse du professeur chargé de composer le ballet. Nous trouverons dans le répertoire de nombreux exemples de ce qu'on peut appeler le ballet de circonstance. Le mariage de Louis XIV (1660) est célébré par le *Mariage du Lys et de l'Impériale*, la naissance du dauphin (1662) par la *Destinée de Monseigneur le Dauphin*. Un événement astronomique donne lieu au *Ballet des comètes* (1665), *l'Empire du soleil*, qui fut le ballet d'attache de la tragédie de *Cyrus* (1673), était aussi une longue allusion aux victoires du roi. Le *Ballet de la paix* célébra la paix de Nimègue (1679). Le sujet de *la France victorieuse sous Louis le Grand* (1680) s'explique suffisamment par son titre. Il en est de même d'un autre ballet intitulé : les *Actions d'un grand prince représentées par celles de Louis le Grand* (1684). Le *Ballet de la jeunesse* (1697) était dédié au duc de Bourgogne, alors âgé de 15 ans et sur lequel la France fondait de grandes espérances que la mort fit évanouir. Le traité de Ryswick (1698) donne naissance à un nouveau *Ballet de la paix* et l'année 1700 à celui du *Commencement du nouveau siècle*. La *Conquête de la Toison d'or* (1701) vint à propos de la prise de possession du trône d'Espagne par Philippe duc d'Anjou, et la *Naissance du duc de Bretagne* (1704) à propos d'un événement heureux dans la famille royale. Le ballet de l'*Espérance* (1709) exprima les vœux des peuples accablés par les maux de la guerre et de la famine. Le couronnement de Louis XV (1722) fut fêté par le ballet des *Couronnes* et l'élection de Stanislas comme roi de Pologne par un *Poème héroïque* (1734) accompagné d'un divertissement.

Les auteurs des ballets sont, comme on l'a vu, les professeurs de rhétorique du collège. Le plus souvent, le même faisait à la fois la tragédie et le plan du ballet. Parmi ceux dont les noms nous sont connus, les principaux sont les Pères Jouvancy, Lejay, Porée, Du Cerceau, Duparc, De la Sante, Baudory, Geoffroy. Nous pensons que le Père Menestrier, qui cite et analyse dans son traité plusieurs des ballets de Louis-le-Grand, est l'auteur de quelques-uns de ces ballets. Toutefois, il ne s'en vante pas, tandis qu'il avoue sa paternité pour d'autres qui ont été dansés au collège de Lyon.

Le rôle de l'auteur consistait à faire le plan de l'ouvrage, à le distribuer en scènes et à indiquer l'idée principale de chaque scène. Le rôle du maître de ballet était de traduire cette idée en pas, et de régler la pantomime. Ces maîtres de ballet n'étaient pas les premiers venus, et lorsque l'Opéra fut fondé, ce fut à ce théâtre que les Jésuites allèrent chercher leurs professeurs en fait de danse. Antérieurement à cette époque, nous ne connaissons qu'un seul maître de ballet, « le sieur Langlois, » qui nous est signalé par Loret comme « un des plus adroits danseurs de France. » Il ne fit cependant pas partie des treize notabilités de l'art qui, en 1661, composèrent l'Académie de Danse, fondée par Louis XIV. Au XVIIIe siècle, nous trouvons parmi les maîtres de ballet Pécourt, qui succéda à Beauchamps dans la direction des ballets de l'Opéra; Blondy, qui vint après lui, et n'eut pas moins de réputation; Balon, qui fut maître à danser des Enfants de France; Laval, maître des ballets du roi; les frères Malter ou Malterre, danseurs et compositeurs de ballets; Dupré, qui, au dire de Noverre, « excellait dans les passacailles, » et sur lequel on fit ce quatrain :

> Ah! je vois Dupré qui s'avance,
> Comme il développe les bras!
> Que de grâce dans tous ses pas,
> C'est, ma foi! le dieu de la danse!

Ces maîtres fameux de l'art chorégraphique ne se bornaient point à donner des leçons aux jeunes gens et à composer les pas des ballets; ils y prenaient part eux-mêmes comme acteurs et y dansaient les rôles les plus difficiles. Il en résultait un grand relief pour la représentation et un attrait de plus pour le public, dont une bonne partie ne pouvait voir que sur ce théâtre de collège, ces grands danseurs qui remplissaient l'Europe du bruit de leurs noms et dont l'importance était naïvement résumée par Vestris dans cette phrase restée légendaire : « Il y a trois grands hommes en Europe : « le roi Frédéric, M. de Voltaire et moi ! »

La musique d'un ballet formait une partition considérable. Un prologue, quatre parties comprenant chacune un nombre de scènes variant de quatre à huit, et un épilogue, ou ballet général, tel était le cadre que le compositeur avait à remplir. Encore n'était-ce pas tout, car, outre la musique de danse, il fallait écrire, pour certains ballets, de la musique de chant. Il y eut, en effet, des ballets mêlés de récits et de chant. Le Père Lejay nous en a laissé des modèles dans *l'Espérance*, dans *le Parnasse réformé*, qui ont des récitatifs, des couplets, et peuvent passer pour de véritables opéras.

Dans un chapitre de son traité *de Choreis*, il examine cette question : Le ballet peut-il s'adjoindre le chant et la déclamation ? Il y répond affirmativement.

« Pour moi, dit-il, qui, pendant longues années, me suis trouvé, par la volonté de la divine Providence, dans la nécessité de composer des ballets, j'ai pu me convaincre, par ma grande expérience de ce genre de travail, que la déclamation venait singulièrement en aide aux spectacles muets. Celle-ci, en effet, explique le sujet du ballet, indique le caractère particulier de chacune de ses parties ; elle prépare l'esprit du spectateur à une intelligence plus facile des scènes que les danseurs vont représenter. De plus, pendant que les oreilles sont agréablement occupées par l'harmonie du chant, ou le charme des vers, les yeux se reposent d'une attention trop soutenue et se disposent à assister avec plus de plaisir aux autres scènes qui vont se dérouler devant eux. »

Aussi, pour interpréter convenablement des ouvrages de cette nature, était-il nécessaire d'avoir recours à des artistes de profession que l'on adjoignait aux élèves. Nous avons vu que les danseurs de l'Opéra avaient leur rôle dans la partie dansée des ballets. Il en fut de même pour la partie chantée, et nous voyons notamment que dans le *Ballet de Mars* (1723), le fameux Jélyotte chanta des vers à la louange du roi. Il était fort jeune alors et dans tout l'éclat de son talent, qui fut un des plus parfaits qu'on ait vus sur la scène, au dire de ses contemporains. Le chant de Jélyotte faisait une agréable diversion aux vers latins de la tragédie, au moins pour la partie féminine du public, dont le célèbre ténor fut longtemps le favori.

Parmi les compositeurs qui travaillèrent pour le théâtre des Jésuites, nous trouvons les noms de Campra, de Charpentier, de Clairembault, de Lachapelle, de Chérin et de Blainville. Le plus connu de tous est Campra, qui fut maître de musique de la maison professe des Jésuites, et fit de nombreux ouvrages pour l'opéra, à la fin du XVIIe et au commencement du XVIIIe siècle. Le rédacteur des *Anecdotes dramatiques* loue « la variété, les grâces, la vivacité de sa musique, et surtout cet art si rare d'exprimer avec justesse le sens des paroles. » Charpentier fut aussi maître de musique de la maison professe; il travailla peu pour l'opéra et se distingua surtout dans l'enseignement. Il fut, notamment, le professeur du régent. Il donna un grand éclat à la musique de la maison de la rue Saint-Antoine, « où l'on peut dire que les amateurs du beau et du sçavant allaient en foule pour l'entendre. »

Clairembault était organiste du roi, habile exécutant et compositeur apprécié pour ses cantates. Il n'a fait pour l'opéra qu'un seul ouvrage de peu d'importance.

V

LA COMÉDIE.

Remarques du Père Jouvancy sur la comédie.— La comédie proprement dite se présente rarement. — Elle prend le nom de drame comique, de tragi-comédie, etc.— Les auteurs comiques : les Pères Lejay, Porée et Du Cerceau. — La Pastorale.

La tragédie latine et le ballet paraissaient seuls aux représentations d'août. Les autres genres, la comédie, le drame, le drame comique, la pastorale, soit en latin, soit en français, étaient réservés pour les spectacles qui se donnaient dans le cours de l'année scolaire.

La comédie proprement dite, et sous son vrai nom, est fort rare; elle n'était pas très en odeur de sainteté. « L'usage de la comédie, dit le Père Jouvancy[1], doit être rare et prudent dans les écoles chrétiennes et religieuses à cause de la bouffonnerie qui est propre à ce genre et qui est peu compatible avec l'éducation pieuse et libérale de la jeunesse. » Cependant le Père Jouvancy admet que certains sujets peuvent être traités sans in-

---

1. *Ratio docendi et discendi.*

convénient. Il cite, dans ce genre, le retour de l'Enfant prodigue, l'histoire d'Abdolonime, et celle qui fut mise au théâtre du collège de Rennes sous le titre de *Conaxa*, et dont M. Étienne tira, non sans un grand esclandre, sa comédie des *Deux Gendres*. Les sujets purement comiques doivent être bannis. « Qui pourrait supporter, ajoute le Père, que des enfants bien nés apprissent les gestes, les mœurs, les plaisanteries des valets de comédie ? Avec quelle raison les parents ne se plaindraient-ils pas de cette éducation et ne diraient-ils pas que ce n'est point pour leur apprendre de pareilles choses qu'ils nous ont confié leurs enfants ! »

Le Père Porée, qui représente de la façon la plus brillante le côté comique du théâtre des Jésuites, n'a point donné à ses pièces le nom de comédies. Il les intitule plus modestement *fabulæ*, peut-être parce qu'elles sont en prose. Le Père Lejay donne à ses ouvrages de demi-caractère le titre de drame. Dans l'œuvre du Père Du Cerceau, il y a la tragi-comédie, le drame comique, la comédie héroïque. *La défaite du solécisme* porte le nom pompeux de drame.

Ces trois auteurs sont les seuls qui nous aient laissé des comédies imprimées, — servons-nous de ce terme général ; — celles du Père Du Cerceau sont seules en français. Aussi sont-elles les plus connues.

Dans une notice publiée en tête d'une traduction de *Pezophilus* (le Joueur), par le Père Porée, M. Saint-Marc-Girardin disait : « Je regarde le Père Porée comme un de nos meilleurs auteurs comiques, et cela sans paradoxe. Sans doute sa plaisanterie a moins de verve et d'abandon que celle de Dancourt, son dialogue est moins vivant et moins familier que celui de Picard. Il faut se souvenir de son auditoire : ses pièces étaient

faites pour le collège, écrites en latin, jouées par des
élèves. Il n'oublie jamais la réserve de son état; mais
en dépit de ces entraves, sa plaisanterie est fine et mordante, sa gaieté est franche, naturelle, toujours de bon
goût, digne vraiment de la gaieté des enfants qui lui
servaient d'acteurs, de cette gaieté du jeune âge, où il
n'y a encore ni cynisme, ni mauvais ton, ni grossièreté. »

L'éloge est de trop bonne main pour que nous essayions d'y ajouter quelque chose.

Nous n'avons pas pu fixer la date de la représentation de toutes les comédies du Père Porée; mais nous
examinerons, dans un chapitre spécial, celles qui
n'auront point trouvé leur place dans le répertoire.

Le Père Lejay n'avait pas la verve comique du Père
Porée; mais quelques-uns de ses drames sont fort piquants. Celui de *Damocle ou le Philosophe roi* repose
sur une idée ingénieuse agréablement traitée. Comme
le Père Porée, il a fait quelques petites pièces en un
acte et en prose, et il a voulu justifier cette innovation.
« Il ne manque pas de bons auteurs, écrit-il dans une
de ses préfaces, qui ont pensé que des sujets peu sérieux pouvaient être affranchis des lois sévères du
théâtre et se présenter sans l'ornement des vers et la
multiplicité des actes. » Il fait remarquer que les auteurs qui ont écrit des comédies ont employé un vers
qui se rapproche de la prose, au point qu'il est quelquefois difficile de retrouver le mètre dont ils se sont
servis. Quant au nombre des actes, il pense qu'on peut
s'en tenir à un seul, pourvu que l'on observe les lois
fondamentales du théâtre, qui sont qu'une pièce ait un
commencement, un milieu et une fin. Or, ces conditions
peuvent se trouver réunies dans les limites étroites d'un
seul acte.

Personne, en effet, ne cherchera chicane au Père Lejay parce qu'il aura fait des comédies en un acte et en prose.

Du Cerceau écrivit en français et en vers. Il est le plus populaire des auteurs dramatiques de la Compagnie. Sa pièce les *Incommodités de la Grandeur* fut représentée aux Tuileries devant le jeune roi Louis XV, et ses œuvres furent réimprimées au commencement de ce siècle. Il est le seul de ses confrères en théâtre qui ait eu cet honneur. Toutefois plusieurs de ses comédies n'ont pas été retrouvées, malgré l'appel que leur dernier éditeur adressait aux détenteurs de ces reliques.

Le style du Père du Cerceau est facile jusqu'à la négligence. Il n'ignorait point ce défaut. Dans une épître d'*adieu à sa vieille calotte grise,* il s'en confesse :

> Plus que je ne voulois abondante et rapide,
> Ma verve bien souvent n'eut besoin que de bride ;
> Et, mon propre bonheur venant à m'effrayer,
> Au milieu de ma course il falloit enrayer.

C'est dans la pièce intitulée : *les Cousins,* qu'il nous paraît avoir approché le plus de la comédie. On y trouvera des traits que n'aurait pas désavoués l'auteur de la *Petite Ville.*

La pastorale n'apparaît dans notre théâtre qu'à l'état d'exception. Le Père Lejay, qui a touché à tous les genres, nous en a laissé un modèle. La pastorale était ordinairement employée pour faire un éloge, — que l'on croyait naïf, — des grands personnages, transformés en bergers. Bien des évêques furent loués sous les noms peu évangéliques de Daphnis ou de Tircis. Louis XIV figure dans la pastorale du Père Lejay sous celui du Grand Timandre.

VI

LA SCÈNE ET LE DÉCOR.

Emplacement de la scène du grand et du petit théâtre. — Théâtre intérieur. — Loret fait l'éloge de la décoration. — Le décor en 1732 et en 1748. — Les machines. — Sainte Suzanne avec des mouches.

Il fallait au théâtre de Louis-le-Grand une scène en harmonie avec la solennité dont on voulait entourer les représentations. Il fallait un cadre digne de l'élégante littérature des Pères, et des talents de la brillante jeunesse qui avait mission de l'interpréter devant le « tout Paris » d'alors. Aussi rien ne fut négligé sous ce rapport. Nous en pouvons juger par divers témoignages.

M. Emond[1] décrit ainsi l'emplacement sur lequel s'élevait le théâtre. « La scène adossée à la classe de rhétorique, dans la cour d'entrée, s'avançait jusqu'aux grilles du bâtiment de la chapelle et de celui des réfectoires qui sont en face l'un de l'autre. Une tente immense couvrait les spectateurs qui remplissaient trois

1. *Histoire du collège Louis-le-Grand.*

amphithéâtres et toutes les croisées qui donnent sur la cour. »

C'était là le grand théâtre destiné à la représentation solennelle donnée au mois d'août, à l'occasion des prix. Il y en eut un autre, pour des spectacles de moindre importance et donnés dans le courant de l'année, que l'on installait dans la cour du Mans neuf. « Le bâtiment du Harlay, abattu aujourd'hui, s'arrêtait à quarante pas environ de celui qui sépare, du Plessis, la cour du bassin. On élevait un mur de toile entre ce vide et le théâtre qui se trouvait ainsi renfermé dans une partie du Mans neuf, le Mans vieux et la bibliothèque, en face de laquelle s'ouvrait la scène [1]. »

Il y avait enfin un théâtre intérieur pour les représentations qui avaient lieu l'hiver, et pour les répétitions des grands ouvrages donnés au mois d'août. Ce théâtre devait être assez vaste pour admettre un certain nombre de spectateurs.

Loret, dans chacun de ses feuilletons, se répand en expressions admiratives sur la beauté de la mise en scène et de la décoration. En 1655, il loue

> Le téatre éclatant
> Un beau palais représentant ;

l'année suivante, c'est

> Un téatre magnifique
> Construit d'une manière antique.

En 1666, il entre dans quelques détails :

> Le téatre, un des mieux ornez
> Que mon œil ait jamais lorgnez,
> Etoit superbe et magnifique ;

---

1. *Histoire du collège Louis-le-Grand.*

Et soit qu'il fut d'ordre dorique
Où d'une autre construction,
Il combloit d'admiration
Tous ceux qui voyoient, je vous jure,
Sa surprenante architecture.

La décoration représentait donc un palais, avec un grand déploiement d'architecture et une grande richesse d'ornements. Nous avons sur le caractère de cette décoration, au siècle suivant, des descriptions beaucoup plus précises.

« La décoration de ce grand et pompeux spectacle, dit le *Mercure*, rendant compte de la représentation de 1732, représentoit une grande cour extérieure d'un palais magnifique, d'ordre composite, formant un plan circulaire de cent pieds de face et faisant la perspective de cent cinquante pieds de circonférence par trente-cinq pieds d'élévation. Au milieu est un corps avancé, soutenu par des colonnes et pilastres de brèche violette, les chapiteaux et bases en or. Dans les entre-colonnes sont placés des groupes de figures de marbre blanc, sur des piédesteaux de forme ronde, sçavoir : à la droite Médée et Jason ; à la gauche, le sacrifice d'Iphigénie. Sur les devants de la partie circulaire, à la droite, Œdipe qui se perce les yeux ; à la gauche, Hercule sur le bûcher. Sur le devant de ces deux extrémités sont des amphithéâtres terminés par un balustre en forme de fer à cheval, au bas de laquelle on aperçoit les statues des deux plus fameux poètes grecs, à droite Sophocle, à gauche Euripide.

« Au milieu de la décoration est une grande et magnifique arcade, surmontée des armes de France, soutenues par des Génies et au travers de laquelle on aperçoit un grand salon cintré, soutenu par des colonnes couplées, et dans les deux passages, aux côtés, des galeries ingénieusement percées, d'une architecture nette et simple, ornée de bustes sur des scabillons. Au-dessous des quatre groupes de colonnes sont des trophées de guerre et sur les corps avancés qui terminent les côtés de la décoration, des trophées de poésie en or, ainsi que les armes du roi, et les autres trophées et con-

4.

solles qui sont sous la corniche, sur laquelle est une balustrade qui règne au pourtour de cette magnifique ordonnance. »

On a compris que cet or, ce marbre, cette brèche violette ne sont qu'en peinture. Toutefois, cette décoration laisse bien loin derrière elle le modeste vestibule où, pendant trois siècles, la Melpomène française promena son cothurne. Elle avait pour auteur un peintre architecte appelé Lemaire, « déjà connu, dit le *Mercure*, par plusieurs ouvrages de cette espèce qui ont eu l'applaudissement du public. » Elle a été gravée.

Seize années après, ce décor fut remplacé par un autre qui, autant que nous en pouvons juger par la description que nous en donne le *Mercure* de 1748, était encore plus vaste et plus magnifique. Il se développait sur cent deux pieds de longueur, quarante-huit d'élévation et trente de profondeur ; il représentait un temple consacré aux dieux, sous les auspices et la protection du roi.

« Le milieu de ce monument qui simule la forme ronde, est ouvert réellement par une grande arcade de douze pieds de largeur sur vingt-huit de hauteur. Les pieds droits en sont composés de colonnes au-dessus desquelles règne un entablement qui est supposé retourné dans l'intérieur du temple et qui sert d'imposte aux grandes archivoltes qui y donnent accès... »

Sans entrer dans tous les détails techniques, évidemment fournis au *Mercure* par un homme du métier, nous dirons seulement qu'on y remarquait une grande profusion de statues, parmi lesquelles était celle du roi, assis, couronné de lauriers, appuyé sur son sceptre et ayant à ses côtés, sur les gradins inférieurs, Mars et Apollon. Après Mars venait Hercule, terrassant l'hydre de Lerne, après Apollon, Orphée apprivoisant les animaux féroces par le son de sa lyre.

Par une grande arcade, formant le fond de la décoration, on voyait l'intérieur d'un temple avec les images des grands poètes, Homère, Sophocle, Euripide, Virgile ; des grands guerriers, Alexandre, Scévola, Annibal, César, etc., peintes en marbre blanc. Plus bas s'étageaient Pirithoüs, Persée, Thésée, Tyrtée, Amphion, Arion, en bronze antique rehaussé d'or. Dans des niches, on avait placé la Gloire, la Valeur, Thalie, Terpsichore, Melpomène et Clio. « Toutes ces figures, les balustrades, l'avant-corps du milieu et le groupe supérieur, étant détachés du fond du théâtre, sont chantournés et paroissent de ronde bosse par l'effet des ombres et de la perspective qui y sont observées. »

Cette décoration avait été peinte par Tramblin et Labbé, sous la direction de l'architecte Jean François Blondel. Elle a été également gravée.

Les machines, les accessoires, les costumes devaient former un matériel considérable. On a pu se rendre compte de tout ce que comportait à cet égard la représentation d'un ballet. Les divinités apparaissant dans des nuages, des triomphateurs sur des chars, Orphée faisant mouvoir les arbres et les rochers, les Titans escaladant l'Olympe sur des montagnes amoncelées, des guerriers faisant le siège d'une place forte, — tous ces détails de mise en scène exigeaient des machines plus ou moins compliquées. Les armures, les attributs, les costumes étaient innombrables, et les magasins du théâtre Louis-le-Grand, s'ils n'avaient pas l'importance de ceux de l'Opéra, étaient certainement beaucoup plus considérables que ceux du Théâtre-Français.

Nous avons donné, d'après le Père Menestrier, une idée des costumes du ballet. Pour ceux de la tragédie, ils étaient aussi fort riches, mais ne se piquaient point d'une grande exactitude historique. Nous pouvons en juger par un détail que donne Loret dans son feuilleton du 9 août 1653. On représentait le martyre de sainte Suzanne. L'acteur qui jouait le rôle de la sainte

> Avoit des moûches sur son teint
> De formes rondes et longuettes,
> Ainsi qu'on en void aux coquettes,
> Que mesme à l'heure du trépas,
> La dite sainte n'ôta pas :
> Car, quand d'une sanglante espée
> Sa belle teste fut coupée
> Pour n'adorer pas les faux dieux,
> J'aperceus de mes propres yeux
> Ces mouches de couleur de more
> Qui sur sa joue étoient encore.

On ne faisait pas mieux au Théâtre-Français.

VII

LES ACTEURS.

Les trois troupes du théâtre de Louis-le-Grand. — Conseils du Père Jouvancy relatifs à la déclamation. — Exercices préparatoires. — Conseils sur le geste et l'attitude. — Le Père Porée metteur en scène. — Témoignages de la reconnaissance des auteurs pour leurs interprètes.— Appréciations des journalistes. — Les élèves répétant sur le théâtre de l'Opéra. — Les élèves donnant des représentations à la Cour.— Molière et Dancourt élèves des Jésuites. — Les comédiens du Roi et les comédiens du Pape.

Il y avait trois troupes d'acteurs au collège Louis-le-Grand, celle des rhétoriciens, jouant la grande tragédie et dansant le ballet à la représentation d'août; celle des élèves de seconde, jouant la petite tragédie de carnaval, ou les drames comiques; celle enfin des petits pensionnaires pour lesquels le Père Du Cerceau écrivit ses pièces françaises. C'était évidemment aux meilleurs élèves qu'incombait la tâche et l'honneur de paraître sur le théâtre. Nous trouvons dans quelques programmes la qualification de « *selecti rhetores* » donnée aux interprètes de la tragédie.

Ce n'était pas une mince besogne que d'apprendre les rôles et la manière de les interpréter à tout ce petit monde. Sans doute, on ne saurait comparer la troupe de Louis-le-Grand à ce qu'on appelait au xviiie siècle « le tripot comique, » si difficile à gouverner et qui donnait plus de soucis que toute une province aux gentilshommes de la Chambre. Toutefois, il fallait s'en occuper beaucoup, et les Pères n'y manquaient point. On a vu les conseils que le Père Lejay donne pour l'exécution des ballets. Pour la tragédie, c'est le Père Jouvancy qui nous montrera comment se formaient les acteurs de ce genre d'ouvrage. Il consacre tout un chapitre de son traité *Ratio docendi et discendi* à la déclamation. Les jeunes gens y étaient exercés toute l'année. D'après la règle des études, on faisait des exercices littéraires chaque semaine dans les classes d'humanités. Ce jour-là, les élèves de plusieurs classes se réunissaient pour former un public plus nombreux, et pendant une demi-heure on récitait des poésies, des discours, des élégies, des idylles, que l'on s'appliquait d'abord à bien prononcer et ensuite à déclamer. Une fois par mois, des exercices plus importants avaient lieu et duraient une heure.

Le Père Jouvancy entre dans tous les détails de la prononciation.

« Que la voix ne soit pas trop basse, dit-il, et qu'elle parvienne sans peine aux oreilles les plus éloignées ; qu'elle ne soit pas monotone ; qu'elle s'élève par moments et s'abaisse ensuite ; qu'elle soit tantôt plus animée, tantôt plus calme. Il faut imiter la nature qui donne une voix différente à l'homme irrité, à l'homme suppliant, à celui qui fait une narration. Il faut distinguer aussi la voix de l'homme gai de celle de l'homme triste, celle du jeune homme de celle du vieillard.

« On doit veiller à ce que les jeunes gens ne fassent point de pauses mal à propos, et ne prolongent pas le débit au delà des limites de leur respiration. Qu'ils observent avec soin la ponctuation; qu'ils ne sautent point par-dessus les virgules qui sont comme des barrières semées dans le discours pour en suspendre légèrement la marche. Les temps d'arrêt plus importants qu'on appelle les points sont comme des bornes où l'on doit s'arrêter plus longtemps pour reprendre haleine. »

Le Père recommande encore, après beaucoup d'autres conseils que nous omettons, que les dernières syllabes des mots soient très distinctement prononcées. Il remarque qu'on a l'habitude de les omettre au grand détriment de la clarté et de l'élégance du discours.

Avant de faire déclamer aux jeunes gens un rôle ou un morceau quelconque, on avait soin de leur faire comprendre exactement le sens de ce qu'ils avaient à dire. Ils le récitaient d'abord d'un ton ordinaire et familier; quelquefois ils le traduisaient en français afin d'en mieux saisir toutes les nuances, tous les détails. Ce travail préparatoire achevé, l'élève récitait le discours ou la pièce de poésie avec les intonations voulues, en un mot, il le déclamait dans les exercices ou dans les répétitions. Le Père Jouvancy conseille d'y appeler des amis, des parents, des inconnus mêmes qui forment un public restreint et préparent le jeune acteur à affronter le grand public de la représentation solennelle. En homme qui connaît la jeunesse, il fait remarquer que l'élève sera quelquefois plus touché des observations d'un étranger que de celles de son professeur.

Il n'oublie pas le geste et l'attitude de l'acteur. Il veut que la tenue du corps soit ferme et droite; que la tête ne soit ni trop rejetée en arrière, ni trop inclinée en avant; que les mains soient modérément portées en avant du corps; qu'elles ne soient pas élevées de manière à dépasser les épaules; que les bras ne se balancent pas de côté et d'autre comme des manches vides, et qu'ils ne restent pas étroitement attachés aux côtés. Ses conseils s'étendent jusqu'à la manière de tenir les doigts. Il défend, comme un geste manquant de dignité, d'élever l'index isolé et de l'agiter, pendant que les autres doigts sont repliés; l'annulaire et le medius rapprochés, et les autres doigts légèrement écartés, constituent, au contraire, un geste élégant et de bonne façon.

Une démarche trop libre manque de distinction; on ne doit point remuer les pieds lorsqu'on s'adresse à quelqu'un, à moins que ce ne soit pour lui marquer du mépris. Les pieds ne doivent être ni trop éloignés l'un de l'autre, ni trop rapprochés, non plus que séparés par un intervalle toujours égal.

Le Père Jouvancy, faisant la part de l'inspiration et du génie, admet que l'on s'écarte quelque peu de ces règles, pourvu qu'on ne tombe dans aucun excès disgracieux.

Nous reconnaissons que ce n'est point avec ces prescriptions qu'on peut former de bons acteurs. Cependant, elles n'étaient pas inutiles pour en former de supportables, et c'est tout ce que l'on pouvait exiger pour le théâtre du collège. En outre, ces conseils qui se fixaient dans l'esprit des jeunes gens, leur devenaient précieux à leur entrée dans le monde et trouvaient leur application dans les relations sociales. Sous ce rapport, nos collégiens d'aujourd'hui ont une éducation beaucoup plus négligée, et l'on ne s'en aperçoit que trop quand ils ont quitté les bancs universitaires.

L'éditeur des ouvrages dramatiques du Père Porée,

le Père Griffet nous donnera une idée des soins que prenait ce célèbre professeur pour former ses jeunes comédiens.

« Ce n'était pas assez pour lui, dit-il, de rendre ses élèves habiles à bien dire. Il les voulait aussi éloquents par l'action. L'action est, en effet, comme l'éloquence du corps, ainsi que l'a justement fait remarquer le prince des orateurs latins. Elle est d'un grand prix dans le discours, mais personne ne conteste qu'elle ne soit au théâtre la qualité la plus nécessaire. On ne peut se faire une idée de la sollicitude avec laquelle le Père Porée enseignait à des acteurs encore enfants les secrets de l'élocution et de l'action.

« Quand, pendant de longs jours, avec beaucoup de peine, je dirai presque beaucoup de sueurs, il les avait exercés à huis clos, alors seulement il les produisait sur le théâtre public, où ils montraient cette aisance qui convient à des enfants bien nés et qui est bien éloignée de la licence des comédiens de profession. L'action était en harmonie parfaite avec le sujet et le caractère des personnages. Les gestes n'étaient point exagérés ou indécis, languissants ou embarrassés, mais justes et naturels. Dans la tenue, la démarche, l'inflexion de la tête, le mouvement des bras et même des doigts, on retrouvait la nature, non pas inculte et grossière, mais élégante, pleine de grâce, faite pour plaire aux esprits cultivés, et propre à les égayer.

« De même que l'action était en harmonie avec le sujet, ainsi le ton de la voix était en harmonie avec l'action. Les jeunes acteurs s'habituaient à varier les intonations, soit en élevant, soit en abaissant le débit. Ils paraissaient réellement converser entre eux, se plaindre, échanger leurs pensées. On eût dit qu'au lieu de jouer un rôle ils exprimaient leurs véritables sentiments. La voix, le visage, les yeux, les mouvements, tout en eux produisait une complète illusion. C'est par là qu'ils réglaient la mesure de gaieté et de tristesse, non seulement chez eux-mêmes, mais encore chez les spectateurs. De là aussi ces applaudissements fréquents, ces acclamations soudaines arrachées à l'admiration de l'auditoire émerveillé. »

Il faut faire, sans doute, la part d'une certaine exagération dans ces éloges, mais on ne peut douter, qu'après une telle préparation, les acteurs de Louis-le-Grand ne fussent tout à fait en mesure d'affronter les regards du public lettré et délicat auquel ils s'adressaient. Ces acteurs n'étaient pas des enfants, mais des jeunes gens de dix-huit à vingt ans, très lettrés eux-mêmes, très intelligents, et pour lesquels le Père Porée ne dépensait pas en vain ses peines et ses « sueurs. »

On trouve, dans les préfaces des recueils publiés par les Pères, des témoignages de cette reconnaissance si naturelle chez l'auteur pour les interprètes de ses œuvres. Ils expriment la crainte que leurs tragédies, dépourvues du charme d'une diction éloquente, ne paraissent bien froides au lecteur. L'un d'eux, c'est le Père Mussonnius, professeur à la Flèche, dédie carrément son livre « *ad actores meos* ». Il ne leur ménage pas les compliments. « Si, dit-il, par cette édition de mes tragédies, que je mets en lumière pour céder à vos instances, je pouvais acquérir autant de gloire que vous en avez acquis vous-mêmes en récitant mes vers au milieu des applaudissements et des acclamations unanimes, — je passerais certainement pour un des meilleurs poètes tragiques, et l'un de ceux qui se sont approchés le plus près de la perfection du vers ïambique. » C'est à des acteurs de province que le Père Mussonius adresse ce discours. Qu'eût-il dit à ceux de Paris ?

Les appréciations des journalistes que l'on trouvera dans le cours de ce livre sont toujours des plus flatteuses ; et peut-être jugera-t-on qu'elles dépassent quelquefois la juste mesure. Nous n'en citerons qu'une empruntée au *Mercure* (1744). Il s'agit d'une représentation de *Sésostris*. « Le jeu des acteurs, dit le journaliste après avoir loué la pièce, a mérité aussi le suffrage du public. M. de Palacia, qui soutenoit le rôle de Sésostris, a répondu à la dignité de son caractère et à sa réputation. M. du Peron s'est fait beaucoup d'honneur par la manière tendre, délicate et variée avec laquelle il est entré dans toutes les finesses d'un rôle fort difficile à exécuter. M. de Kersallo n'a pas moins plu. M. Patri s'est fait écouter avec plaisir. Quelle âme dans M. de Fargès ! L'étendue de sa voix répondoit à la vivacité de son action. M. Séguy a également réussi dans le prologue de la pièce et dans le rôle d'Apriès dont il étoit chargé. » Qu'aurait-on dit de plus de Lekain ou de Molé ?

La préparation du grand spectacle du mois d'août était longue et laborieuse ; elle exigeait beaucoup de répétitions, surtout pour le ballet. Nous avons vu la part que prenaient dans ce divertissement, et comme maîtres et comme acteurs, les danseurs de l'Opéra. Faut-il croire que les répétitions se faisaient sur la scène même de l'Opéra ? Le fait est affirmé par un passage des *Nouvelles ecclésiastiques*. La source est assurément très suspecte, et l'anecdote rapportée par l'écrivain journaliste paraît laborieusement amenée. Mais, ces réserves faites, elle doit trouver ici sa place :

« Un marchand de cette ville, en relation d'affaires avec les sieurs Rebel et Francœur, pour des fournitures de marchandises qu'il fait pour l'Opéra, étoit convenu avec eux d'un rendez-vous pour le dimanche 24 juillet vers les huit heures du matin. Il se méprit sur le lieu convenu, et au lieu d'aller au magasin de l'Opéra, rue Saint-Nicaise, il alla droit à l'Opéra et demanda si ces *messieurs* y étoient. Le portier ne sachant pas que c'étoit des sieurs Rebel et Francœur dont il étoit question, répondit naturellement que ces messieurs y étoient. Le marchand entra donc et trouva dans la salle, au lieu de ceux qu'il cherchoit, les pensionnaires des Jésuites qui dansoient sur le théâtre avec les danseurs de l'Opéra et qui exécutoient des ballets. On lui dit qu'on attendoit les Jésuites, lesquels ne tarderoient pas à arriver, et que, depuis plusieurs jours, ils s'y rendoient très-exactement à la même heure, pour être présents à la répétition de leur tragédie prochaine [1]. »

Les acteurs du collège des Jésuites donnaient quelquefois des représentations à la cour, ou chez les grands personnages. Nous avons trouvé deux exemples de ces déplacements. Le premier nous est signalé par la *Gazette* du 9 mars 1641, en ces termes :

« Le 7 mars fut représentée dans le Palais Cardinal de Son Éminence une tragédie latine par les écoliers des Pères Jésuites de cette ville. La scène fut ouverte par le prince de Conti et fermée par le jeune duc de Nemours, l'un et l'autre, par les preuves de la bonté de leur esprit et les grandes espérances qu'ils font concevoir d'eux, répondant à l'élégance et à la beauté du sujet. »

On n'en dira pas autant du style du journaliste.

La tragédie dont il s'agit était intitulée : *Asmundus et Avitus, tableau de la parfaite amitié* ; elle était « dédiée à monseigneur l'éminentissime duc de Richelieu, » et avait pour auteur le Père Etienne Deschamps, qui fut professeur de rhétorique, de philosophie et de théologie et provincial de Paris et de Lyon.

Une autre fois, ce fut pour distraire le jeune roi Louis XV que les élèves du collège Louis-le-Grand se transportèrent aux Tuileries. Ils y représentèrent les

1. Lettre de Paris, 21 septembre 1757.

Incommodités de la grandeur, pièce du père Du Cerceau. On a conservé les noms des acteurs qui interprétèrent cet ouvrage, dont nous donnons plus loin l'analyse. Mais nous pouvons citer ici quelques-uns des vers qui furent récités devant le jeune roi, et que le duc de Bourgogne adresse à son fils :

> Un prince, à qui le Ciel destine un diadème,
> Doit commencer, mon fils, par régner sur soi-même.
> Comment à ses sujets donnera-t-il la loi,
> S'il ne sait pas lui-même être maître de soi ?
> Mon fils, je vous l'ai dit, les sujets sont à plaindre,
> Lorsque le souverain ne sait pas se contraindre.
> Et quand, à ses fureurs en esclave livré,
> Il suit un vain orgueil dont il est enivré.
> Il faut toujours qu'un prince ait la raison pour guide,
> Qu'à tous ses mouvements la justice préside ;
> Et si, dans ce haut rang, il peut tout ce qu'il veut,
> Il ne doit pas toujours vouloir tout ce qu'il peut.

Si ce n'est pas de la très haute poésie, se sont là, du moins, de très bons conseils.

Deux comédiens, tous deux fameux, quoiqu'à des degrés différents, furent pensionnaires de Louis-le-Grand, Molière et Dancourt. Il serait bien intéressant de savoir si leur vocation se révéla sur les planches du théâtre du collège. Mais les historiens de ces deux comédiens auteurs sont muets sur ce point. On raconte seulement que le Père La Rue, qui avait été le maître de Dancourt, fit d'inutiles efforts pour attacher à sa société un élève dans lequel il avait remarqué beaucoup de finesse et de pénétration [1].

On prête aussi à Dancourt une réponse au même Père, qui lui reprochait de s'être fait comédien : « Ma

---

1. *Anecdotes dramatiques.*

foi! mon Père, aurait dit Dancourt, je ne vois pas que vous me deviez tant blâmer de l'état que j'ai pris. Je suis comédien du roi; vous êtes comédien du pape. Il n'y a pas tant de différence de votre état au mien. »

Ce n'était pas ainsi que parlaient de leurs maîtres les élèves, mêmes les plus éloignés des idées religieuses, qui avaient reçu les leçons des Jésuites. Nous tiendrons donc le mot de Dancourt pour une de ces anecdotes dont on régalait, au xviiie siècle, le menu peuple du parti philosophique.

VIII

LE PUBLIC.

Empressement du public aux représentations. — Les dames y sont admises. — Louis XIV y assiste plusieurs fois. — Autres grands personnages signalés par Loret. — Y avait-il des places payées? — La collation. — Loret est régalé à plusieurs reprises. — Chute de Madame, mère du régent, à une représentation. — Anecdote rapportée par Collé. — Le public couvert de poudre à poudrer jetée par une fenêtre. — Entendait-on la tragédie latine? — Le programme expliquait la pièce scène par scène. — De même pour le ballet.

Un théâtre sans public, un théâtre sévèrement renfermé dans l'enceinte du collège, n'ayant pour spectateurs que les collégiens eux-mêmes, ce théâtre n'aurait nullement rempli les buts divers que se proposaient les Jésuites dans leurs exercices dramatiques. Aussi appelaient-ils largement le public à leurs représentations données dans les premiers jours d'août, à l'occasion de la distribution des prix. Des spectateurs aussi nombreux que choisis répondaient avec empressement à cet appel. On voyait dans cette foule non seulement les parents des élèves, mais encore beaucoup de grands personnages et de religieux de tous ordres, remplissant les gradins dressés dans la cour, et les fenêtres des bâtiments qui formaient en quelque sorte les loges du théâtre. Les dames y étaient admises de concert avec les spectateurs de l'autre sexe, contrairement à ce qui se passait dans certains collèges, notamment dans les Pays-Bas, où il y avait deux représentations à des jours différents, l'une pour les hommes et l'autre pour les dames.

Louis XIV, dans sa jeunesse, assista plusieurs fois aux représentations du collège de Clermont. En 1651, Loret signale sa présence avec celle de la reine et de Monsieur :

> La reine et Messieurs ses deux fils,
> Lundy dernier, à jour préfix,
> Allèrent, avec grandes suites,
> Au collège des Jésuites.

Ces « grandes suites » annoncent beaucoup de seigneurs et de dames de la cour. Deux ans après, nouvelle visite du roi au collège de Clermont. Loret nous le montre accompagné de la reine, de Monsieur et du cardinal Mazarin. Le roi d'Angleterre, Charles II, et le duc de Glocester, assistent aussi à cette représentation. Enfin, ajoute Loret :

> Enfin, jetant partout les yeux,
> Je vis briller en pluziers lieux,
> Des beautés tant blondes que brunes.

En 1655, le gazetier nous dit que le poème fut écouté.

> Par plus de sept mil trente oreilles,

ce qui est évidemment une hyperbole. Le cardinal Antoine, légat du Pape, se montre en 1657, avec un grand nombre de religieux.

... Tant Jacobins, qu'Augustins,
Carmes, Cordeliers, Célestins,

et en outre, plusieurs *Episcopus*, des abbés, des prieurs ;

Pour ces autres petits messieurs,
Qu'on appelle gens de la ville,
Ils étoient environ trois mille.

Loret indique encore très irrespectueusement

... Plus de quatre cents femelles
Dont vingt seulement étoient belles.

En 1660, c'est encore le nonce du Saint-Père

Qui prit plaisir à ce mistère,
De sa personne l'honora,
Et mesmes, dit-on, l'admira.

En 1661, Loret voit parmi les spectateurs

... Des princes, des princesses,
Des présidentes, des comtesses,
Quantité d'esprits de bon sens
Et des moines plus de deux cents.

Il aurait pu y voir ce jour-là Noël Falconnet, le fils de l'ami de Guy Patin. Celui-ci écrit le 2 septembre : « Noël Falconnet a vu, le 13 août, la tragédie des Jésuites, dont il est fort content. Il a vu force beaux acteurs, force Jésuites, force dames et de beaux sauteurs. Il y est entré par le moyen d'un billet que le Père Labbé, mon bon ami, lui avait donné à ma prière pour y être admis. » Ce bourgeois libéral de Guy Patin avait donc un « bon ami » parmi les Jésuites.

Loret est encore aux Jésuites en 1663, mais c'est sa dernière visite et son dernier feuilleton. Il nous y montre

> Plus de six mille hommes que femmes,
> Dont étoient pluzieurs belles dames,
> Dignes de respect et d'amour,
> Et maints grands seigneurs de la cour.

Un vers d'un des feuilletons de Loret soulève une question assez délicate et sur laquelle des renseignements précis nous font encore défaut. « Au collège de Saint-Ignace, écrit donc Loret,

> Où dans une assez bonne place
> Je me mis et me cantonay
> Pour quinze sols que je donnay...

Ce prix de quinze sols est justement celui qu'on payait alors au parterre du Théâtre-Français et qu'un vers de Boileau a immortalisé. Faut-il conclure de ce passage que les Jésuites faisaient payer à la porte du collège le jour de la représentation ?

Au XVIIe siècle, le vers de Loret est la seule indication que nous ayons recueillie sur ce point. Dans le siècle suivant, les *Nouvelles ecclésiastiques* affirment à plusieurs reprises que les Jésuites tiraient un profit de leurs spectacles, soit en faisant payer les billets d'entrée, soit par d'autres moyens. Nous n'avons pas besoin de dire avec quelle réserve il faut accueillir les affirmations des *Nouvelles* pour lesquelles toute arme était bonne quand il s'agissait de frapper l'ennemi.

En 1742, rendant compte d'une représentation au théâtre du collège de la Trinité, à Lyon, le rédacteur du pamphlet janséniste dit que « ces représentations rendent plus de cent louis aux Révérends Pères qui louent des habits de théâtre et font promener par la ville les jeunes gens qu'ils en ont revêtus[1]. » A Paris, au collège Louis-le-Grand, en 1748, la même feuille, après avoir dit que le théâtre et les amphithéâtres avaient été dressés par des ouvriers, ajoute qu'on leur a donné « pour paiement des billets qu'ils vendoient le plus cher qu'il leur étoit possible à ceux qui vouloient repaître leurs yeux de toutes ces bouffonneries[2]. » L'année suivante, c'est le spectacle du collège de Bordeaux qui mérite les foudres jansénistes, et dans l'article qu'on lui consacre, nous trouvons ces mots : « On y entroit par billets achetés[3]. » Enfin, en 1750, à Alby, après la représentation du collège, on fait circuler des placards satiriques contre les Jésuites. Dans l'un de ces placards, « on représentoit deux Jésuites, les mains jointes à genoux vis-à-vis d'un théâtre, dont l'un disoit : *Ad majorem Dei gloriam*, et l'autre : *Ad utilitatem quoque nostram*, insinuant par là, ce qui n'est que trop vrai, que ces Pères ne peuvent donner ces scènes scandaleuses *pour la plus grande gloire de Dieu*, selon la devise dont ils font parade, mais *pour leur utilité propre*, attendu que, d'un côté, ils plaisent par là au monde corrompu, et que, d'autre part, il est démontré que, dans tous les collèges où ils font de ces grandes tragédies, ils gagnent la moitié et quelquefois plus sur les contributions qu'ils tirent de leurs acteurs[4]. »

L'accusation se retrouve dans les *Récréations histori-*

1. Lettre du 26 août 1742.
2. Lettre du 27 novembre 1748.
3. Lettre du 1er mai 1749.
4. Lettre du 17 Avril 1750.

ques de Dreux du Radier [1]. « Les Jésuites, y lisons-nous, quand ils jouoient des pièces de théâtre, ont toujours fait payer le même prix que les comédiens... Dans leurs collèges de province, ils ont toujours fait payer. J'ai payé à Poitiers pour y voir une très mauvaise pièce intitulée *Radegonde*, et un ballet plus ridicule et plus mauvais que la pièce. »

Nous n'avons, pour instruire ce petit procès, que les dépositions des adversaires des Jésuites. Il faudrait, pour le bien juger, entendre l'autre partie, mais celle-ci est muette. On remarquera, cependant, que, dans tous les passages, à l'exception d'un seul, que nous avons fidèlement cités, il n'est question que des collèges de province. Pour le collège Louis-le-Grand, on dit seulement que des billets ont été donnés à des ouvriers, et que ceux-ci les ont vendus à des curieux. Si le fait est exact, il n'a rien en lui-même qui soit blâmable. On ne saurait non plus faire un grand crime aux Jésuites d'avoir fait contribuer les parents de leurs élèves aux frais considérables de leurs spectacles, et c'est par une supposition qu'il ne justifie pas que le rédacteur des *Nouvelles* croit pouvoir avancer que les Pères trouvaient un bénéfice dans ces contributions.

Cela dit, il est possible que, dans quelques villes, les Jésuites aient fait aussi contribuer les spectateurs à la dépense en demandant un prix d'entrée. Mais cette mesure, qu'on ne peut sans exagération, présenter comme étant généralement appliquée, n'avait d'autre but que de permettre de donner au spectacle, aux décorations, aux costumes plus de pompe et plus de richesse. Il y a de la puérilité ou de la mauvaise foi à présenter les

---

1. Ouvrage publié en 1767.

Jésuites comme des entrepreneurs avides de fortes recettes.

Pour en revenir à Loret, nous devons croire qu'il avait donné 15 sols à quelque garçon ou domestique pour se procurer une bonne place. Le bonhomme n'était pas avare, mais comme il était pauvre et malheureux au jeu, il avait toujours quelque besoin d'argent, comme en témoigne sa gazette où il ne cesse de crier misère. Il aura été sensible à ce déboursé de 15 sols.

Le gazetier aurait eu, d'ailleurs, tort de se plaindre, car, si nous en croyons ses récits, il aurait été, à chaque représentation, régalé pour plus de 15 sols. Les Jésuites avaient la galanterie d'offrir à leurs spectateurs des rafraîchissements et même des aliments solides qui occupaient agréablement les entr'actes. Les représentations duraient plusieurs heures. Elles commençaient généralement à une heure. Il fallait donc se hâter de dîner pour arriver au lever du rideau. Aussi, n'était-il pas superflu de donner quelque aliment à l'estomac pour lui permettre d'attendre sans trop d'impatience l'heure du souper.

En 1651, Loret, assistant au spectacle dans une des chambres du collège, eut, dit-il,

> le privilège
> De manger des pâtés fort bons,
> Des poulets, langues et jambons,
> Salades, fruits et confitures,
> Avec de belles créatures.

C'était, on le voit, un buffet fort bien organisé. En 1660, Loret remercie le Père Gelé, par qui, dit-il,

je fus régalé
De vins, de fruits, en abondance.

C'est le Père Gendreau, qui, en 1663, lui fait

un petit cadeau,
Par une bonté toute pure,
De pain, vin, fruit et confiture.

Quelques épisodes comiques et tout à fait imprévus venaient quelquefois égayer la représentation. Tel est celui qui est raconté par Madame, mère du régent, dans une lettre du 7 juillet 1718.

« A trois heures et demie, je montai en voiture, avec le duc de Chartres, Mlle de Valois et mes dames de compagnie, pour me rendre au collège des Jésuites qui est assez loin du Palais-Royal. Nous y vîmes les écoliers jouer une pièce intitulée le *Point d'Honneur* (par le père Du Cerceau). Les enfants jouèrent fort bien. Mon petit cousin de la Trémouille avait un rôle dont il s'acquitta à merveille. Il s'en fallut de peu, cependant, que la chose ne finît mal pour moi. On avait placé mon fauteuil sur une estrade; quand je fus pour m'en aller, j'oubliai qu'il y avait des degrés qu'il fallait descendre; je fis un faux pas et je tombai. On s'empressa de me relever, comme vous pouvez le croire, et je ne me fis pas du tout du mal. Seulement le verre d'une de mes montres fut cassé. Je ne fis qu'en rire jusqu'à mon retour au Palais-Royal, et j'en ris encore, surtout quand je pense à la gravité avec laquelle deux grands Jésuites vinrent me relever. C'était un tableau à faire. Lorsque je fus de retour au Palais-Royal, il sonnait six heures. »

Cet épisode se passa à une des représentations qui se donnaient soit sur le petit théâtre, soit sur le théâtre intérieur du collège, le grand théâtre étant réservé aux représentations qui avaient lieu, au mois d'août, le jour de la distribution des prix. Ces représentations se donnaient avec moins de solennité et en présence d'un public plus restreint ; cependant les spectateurs, et même les spectateurs de marque, n'y faisaient point défaut. Il en était de même pour la représentation de Carnaval, dans laquelle figuraient les élèves de seconde ou d'humanités.

Un autre incident, plus plaisant à coup sûr, est raconté par Collé, dans ses *Mémoires*, à la date de 1749, dans un style assez gouailleur :

« Le mercredi 6 août, les comédiens de Pape donnèrent leur grand spectacle ; à Paris, je veux dire que c'étoit le jour de la grande tragédie des Jésuites.

« Mlle du Luc, sœur du comte du Luc, et nièce de l'ancien archevêque de Paris (M. de Vintimille), leur fit une malice, qu'on ne peut pas appeler une malice noire, comme on va le voir, mais une polissonnerie fort puérile et peu convenable à son âge ; elle a au moins 30 ans, et beaucoup d'esprit, dit-on ; ce n'est point ce trait-ci qui pourra en faire preuve. Elle était placée chez MM. de Nicolaï, ses neveux, dont les fenêtres donnent sur la grande cour, au-dessus d'un grand amphithéâtre réservé pour tous les religieux qui veulent venir à ce spectacle. On voit toujours dans cet endroit, deux ou trois cents, tant Jacobins, Carmes, Capucins, que Théatins, Cordeliers, Récollets, Barnabites, etc.

« Mlle du Luc trouva dans la chambre de ses neveux quelques livres de poudre à poudrer qu'elle fit voler le plus loin et le mieux qu'elle put sur les bons Pères. L'air en fut un instant obscurci et, un moment après, les saints personnages se trouvèrent tous poudrés à blanc, exposés à la risée et aux huées des écoliers et du reste du public.

« Le Père de la Tour eut grande peine à apaiser toutes ces orgueilleuses Révérences qui se trouvaient insultées et il n'en vint à bout qu'en leur promettant satisfaction, et de faire donner le fouet à l'écolier auteur de cette espièglerie. Mais il ne put leur tenir parole, quand il eut reconnu que c'étoit Mlle du Luc seule qui avoit fait cette niche, qui est demeurée impunie, un jésuite ne pouvant naturellement mettre la main sur une femme. »

L'épigramme est telle qu'on pouvait l'attendre du spirituel et graveleux auteur du *Théâtre de société*.

Ainsi le public du théâtre des Jésuites était nombreux et distingué. Il nous reste à examiner la question de savoir si ce public pouvait prendre un plaisir réel au spectacle. N'oublions pas que la tragédie était en latin, et que tout le monde ne savait pas le latin. Les dames étaient dans ce cas, même à l'époque où florissaient les femmes savantes. Loret ne l'entendait pas non plus et fait à plusieurs reprises l'aveu de son ignorance. « Je veux croire, dit-il en parlant des vers,

>   Je veux croire qu'ils étaient rares,
>   Et qu'ils ne manquoient point d'appas,
>   Mais je ne les entendois pas.

Et, ailleurs, après avoir donné un aperçu très sommaire du sujet de la tragédie, il ajoute :

>   C'est tout ce que j'y puis comprendre,
>   Ayant toujours resté butor,
>   Pour n'avoir eu de *préceptor*.

Pour les spectateurs qui ne savaient point le latin, on avait imaginé un programme contenant, acte par acte, le canevas de l'ouvrage. Ce programme était en latin et en français, ou, pour mieux dire, il y avait deux programmes. En outre, on en vint, comme nous l'avons vu, à introduire des intermèdes français, avec des récits et des chants, qui développaient les principales situations de l'ouvrage. Les spectateurs les moins lettrés pouvaient donc se rendre compte en gros de ce qui se passait sur la scène. N'était-ce pas, d'ailleurs, pour les mères, un plaisir suffisant, que de voir leurs fils dans des costumes d'empereurs ou de martyrs, gesticuler et déclamer agréablement sur le théâtre ?

Mais, dans ce public du collège Louis-le-Grand, il est permis d'affirmer que la majorité des spectateurs masculins savaient et entendaient assez le latin, non seulement pour suivre l'intrigue de l'ouvrage, mais encore pour en apprécier le mérite littéraire, l'élégante latinité, les sentences bien frappées à la manière de Sénèque. Il y avait d'abord les membres du haut clergé, comme le cardinal de Polignac ; il y avait les religieux, il y avait les élèves des classes supérieures, et tous ceux qui, fraîchement sortis des bancs du collège, n'avaient pas encore eu le temps d'oublier la langue d'Horace et de Virgile. Nous n'apprendrons rien à personne en disant qu'on savait beaucoup plus de latin à cette époque qu'on n'en sait aujourd'hui. On ne parlait guère que latin dans les maisons des Jésuites. Voyez leurs règlements. « Le recteur aura soin que la langue latine soit toujours employée dans les classes entre les élèves. Ceux-ci ne doivent être affranchis de cette règle que les jours de congé et aux heures de récréation. Encore appartient-il au provincial d'examiner si même, à ces jours et heures, il n'y a pas lieu de continuer l'usage de la langue latine. » En outre, de fréquents exercices de rhétorique et de poésie, toujours en latin, avaient lieu, avec une certaine solennité, dans les classes supérieures. Le latin était donc, pour ces jeunes gens, aussi familier que leur langue maternelle, et une pareille éducation devait laisser des traces durables dans leurs esprits.

Il y avait, au surplus, une partie de la représentation

qui était intelligible au même degré pour tout le monde. C'était le ballet. On distribuait aussi aux spectateurs le programme du ballet. Ce programme était précédé d'un rapide aperçu de l'idée générale de l'ouvrage. C'est ce qu'on appelait le *Dessein du ballet*. Chaque division, chaque entrée avait son explication. A une certaine époque, comme on le verra dans la suite de cet ouvrage, des récits en vers français se joignirent à ces divers renseignements. Pour mieux varier les plaisirs des spectateurs, les quatre parties du ballet occupaient les entr'actes de la tragédie, et lui servaient d'intermèdes. Toutes les précautions étaient prises pour faire accepter, sans trop de répugnance, les cinq actes de vers latins.

IX

LE BUT MORAL ET PÉDAGOGIQUE DU THÉATRE DES JÉSUITES.

Le théâtre considéré comme une école de mœurs. — Le Père La Rue et Corneille. — Un prologue du Père Commire. — La théorie de la tragédie sans amour par le Père Lejay. — Le « Temple de la Tragédie », par le Père Marsy. — Discours du Père Porée *De Theatro*. — Le théâtre considéré comme une école de bonnes manières. — Objections contre la théorie des Jésuites. — La « lettre d'un théologien illustre » et ses réfutations. — Opinion de Bossuet sur les Jésuites dans la question du théâtre. — Mandement de l'évêque d'Arras en 1698. — Sentiments de Rollin, de Batteux contre le théâtre. — Critiques des rédacteurs des *Nouvelles ecclésiastiques*. — Discours du Recteur de l'Université prenant possession du Collège en 1762.

Au xvii⁰ siècle, après que les guerres civiles de la minorité de Louis XIV furent apaisées et que l'autorité absolue du roi eut détourné les esprits des agitations de la politique, on vit s'ouvrir une longue et grande querelle entre les partisans et les adversaires du théâtre, au point de vue chrétien. Les Jésuites, à raison de leur caractère religieux, se trouvèrent placés dans une situation qui n'était pas sans quelque embarras. Il ne leur était point permis d'absoudre les mauvais côtés du théâtre qui, même après Corneille et Racine, ne pouvait passer pour une école de moralité. D'autre part, ils ne voulaient point renoncer à ce qu'ils considéraient comme un utile moyen d'enseignement, et un divertissement propre à donner beaucoup d'attrait et de relief à leurs collèges.

Ils se posèrent donc en réformateurs du théâtre et soutinrent cette doctrine que le théâtre n'était pas en lui-même une chose mauvaise, qu'il pouvait même devenir une bonne chose, selon l'usage qu'on en faisait. Dans leurs ouvrages dramatiques, ils s'efforcèrent de mettre en pratique cette théorie, et de faire sortir de leurs pièces un enseignement moral et social. On verra, dans l'examen que nous ferons d'un grand nombre de ces ouvrages, qu'ils ont presque toujours atteint le but qu'ils se proposaient, et que si quelques-uns de ces ouvrages pouvaient soulever et ont soulevé, en effet, certaines objections, ce n'est pas d'après ces exceptions, dont l'esprit de parti a beaucoup exagéré l'importance, qu'il faut juger l'esprit de leur théâtre.

Dans toutes les occasions où ils ont eu à parler du théâtre, cette préoccupation de le moraliser, d'en faire un instrument d'enseignement utile, se manifeste avec une insistance remarquable.

Le Père La Rue, dans une pièce de vers latins adressée à Pierre Corneille dont il était l'ami, loue le grand poète d'avoir épuré la tragédie :

« Tu as su, lui dit-il, rendre l'éclat de la jeunesse à ses traits défigurés par l'âge, et infuser, par tes vers savants, dans ses membres une nouvelle vigueur. Tu l'as ornée de fleurs et tu lui as enseigné la pudeur et la décence. Grâce à toi, la licence de la scène fut réprimée ; le bon goût la remplaça, et le théâtre offrit un plaisir innocent, digne des oreilles les plus sévères. Aussi la tragédie osa-t-elle franchir le seuil des rois, et devint-elle un aliment pour les âmes élevées des héros. »

Le Père Commire, dans le prologue d'une tragédie, représentée au théâtre du collège de Bourges, s'adresse à l'archevêque de cette ville, Jean de Montpezat, et trace en vers élégants le programme du théâtre chrétien, en même temps que du théâtre de collège :

« Les nourrissons des muses, ornés de vos dons, se préparent à d'agréables luttes, et par de pieux spectacles, vont essayer de charmer les yeux et les cœurs. Oreste, poursuivi par l'ombre maternelle, n'attristera pas la scène par de terribles images ; on n'y verra point Médée se vengeant des crimes de son époux, par des crimes plus grands encore ; non plus qu'Œdipe entraîné jusqu'à l'inceste par la destinée fatale d'un père. Le fils de Tantale ne s'abreuvera pas du sang de ses enfants, et Alcide ne gravira pas, pour le dernier de ses travaux, le bûcher qu'il a mérité. Des muses plus douces doivent, en votre présence, offrir de meilleurs exemples sur un théâtre purifié. Si elles se livrent à des jeux, que ces jeux soient dignes de celui qui les préside, dignes des regards des chrétiens. »

Après avoir indiqué en quelques vers le sujet de la tragédie dont le héros est mort pour sa foi, le poète ajoute :

« Peut-être un jour, quand ils auront grandi, ces jeunes gens s'enflammeront-ils du désir d'égaler ces vertus et seront-ils, à leur tour, ambitieux d'une belle mort. Ils voudront peut-être imiter réellement celui dont ils représentent aujourd'hui les actions et remporter de semblables victoires. Cependant, même en nous jouant, il faut tourner les mœurs vers la piété, les conduire par de grandes images à de grandes actions, et attiser dans les cœurs l'amour du Christ. »

Si l'on veut se rappeler qu'à cette époque les missionnaires jésuites, répandus sur toute la surface du monde, en Amérique, en Afrique, en Asie, comptaient dans leur nombre beaucoup de martyrs, on verra dans ces exhortations et ces vœux du Père Commire tout autre chose qu'une figure de rhétorique.

Dans la préface de sa *Bibliothèque des rhéteurs*, parlant de ses tragédies, le Père Lejay, après avoir dit qu'il a emprunté ses sujets tant à l'histoire sacrée qu'à l'histoire profane, ajoute qu'on ne trouvera nulle part dans ses tragédies « les émotions et les plaintes frivoles des amants, que la Grèce ancienne n'a jamais admises sur la scène et que repousse la majesté de la tragédie.» Il prend soin d'avertir que ses comédies n'offrent point ces intrigues d'amour sur lesquelles se fonde la comédie tout entière, et que cependant elles n'ont pas laissé, pour cela, que de plaire aux gens de goût.

Mais c'est surtout dans la préface d'une de ces tragédies, celle de *Joseph reconnaissant ses frères*, que le Père Lejay a présenté un véritable plaidoyer en faveur de la tragédie de collège. Nous en traduisons quelques passages :

« Il ne manque pas, dit-il, à notre époque, de gens qui prétendent qu'on ne peut faire une bonne tragédie avec des sujets étrangers à la fable ou à l'histoire profane, et sans y mêler les attraits séduisants d'une intrigue d'amour. Aussi méprisent-ils les tragédies que l'on a coutume de jouer dans les collèges parce qu'elles proscrivent la passion de l'amour et empruntent surtout leurs sujets aux annales chrétiennes ou à l'Écriture sainte. »

S'il s'en était rapporté à ceux qui professent cette opinion, le Père Lejay déclare qu'il se serait abstenu de faire imprimer son *Joseph*, qui a, dit-il, arraché de pieuses larmes aux yeux des spectateurs. Mais il a cédé aux instances de ses amis, et s'est fortifié, dans sa détermination, par l'exemple de Racine qui, dans ses deux derniers ouvrages, s'est abstenu de tout ornement emprunté à la passion de l'amour.

Sophocle et Euripide n'ont pas fait usage de ce moyen d'émotion, et ont trouvé, dans les autres passions, les éléments les plus certains de leur gloire tragique. Sénèque lui-même, que le Père Lejay ne propose pas toufois comme un parfait modèle de l'art dramatique, Sénèque n'a usé du ressort de l'amour que dans *Phèdre*. Encore l'a-t-il employé avec modestie, avec décence, et comme involontairement entraîné par son sujet.

« Et si j'en viens aux poëtes modernes, continue-t-il, que dirai-je de ce grand Corneille que la France vénère comme le restaurateur de la tragédie rabaissée et corrompue avant lui ? Bien qu'il ait mêlé des épisodes d'amour à la plupart de ses ouvrages n'est-ce pas plutôt à la manière dont il a traité les autres passions qu'il doit les applaudissements qu'il a obtenus ? A-t-il jamais présenté sur la scène de plus nobles caractères de femmes que ceux de Cornélie dans *Pompée*, de Cléopâtre dans *Rodogune*, l'une tout entière à sa vengeance, l'autre à son ambition, toutes deux ignorant les tendres mouvements de l'amour ?

« Et parmi les personnages d'amants qu'il a traités avec le plus de soin, en est-il qui touchent et émeuvent autant les âmes que Phocas dans *Héraclius*, ou Nicomède dans la tragédie de ce nom ? Est-il quelque part une scène plus célèbre et plus admirable que celle d'Auguste délibérant sur son abdication dans la pièce de *Cinna*, ou celle de Pompée conversant avec Sertorius, dans la tragédie dont ce dernier est le héros ? »

Parlant ensuite de Racine, l'auteur reconnaît qu'il a traité les personnages d'amoureux avec plus de succès que qui que ce soit, mais il l'estime surtout pour les personnages de ses pièces auxquels la passion de l'amour est étrangère.

« Je préférerais, dit-il, la malheureuse Andromaque, tantôt regrettant son Hector, tantôt craignant pour les jours d'Astyanax, brûlant enfin du désir de les venger l'un et l'autre, aux plaintes fastidieuses d'Hermione et d'Oreste. De grands applaudissements ont accueilli au théâtre Agamemnon rongé de soucis, accablé de douleurs, lorsqu'il se voit forcé d'immoler sa fille; Clytemnestre gémissant et s'indignant quand on arrache Iphigénie de ses bras; Iphigénie elle-même, au milieu des pleurs de ses parents, se dévouant pour le bien commun, et montrant un courage au-dessus de son âge et de son sexe. On aurait préféré un Achille ardent, intrépide à un Achille amoureux et soupirant. On admira l'âme invaincue de Porus au milieu de ses revers; on a moins loué Alexandre brûlant pour Axiane d'un amour indigne de lui. »

Le Père Lejay entreprend ensuite de démontrer que les annales chrétiennes offrent des sujets aussi intéressants que l'histoire grecque et romaine. Il en cite plusieurs, notamment un de ceux qu'il a traités lui-même, et compare Auguste pardonnant aux conjurés qui menacent sa vie, à Joseph faisant grâce à ses frères qui l'ont vendu comme esclave. En cela, il nous paraît un peu partial pour son héros.

Enfin il réfute cet argument qui consiste à dire qu'il ne convient pas de mêler les fictions de la poésie aux choses de l'Écriture sainte. Il répond que cette Écriture contient assez d'événements admirables pour qu'il ne soit pas nécessaire d'y ajouter des ornements étrangers. Il ne condamne pas, d'ailleurs, ces ornements, s'ils ne touchent en rien à la sainte vérité et ne sont pas de nature à l'affaiblir.

Ce plaidoyer est irréprochable à cela près que le Père Lejay faisait trop bon marché du goût de son temps et s'exagérait beaucoup l'indignation que pouvaient exciter chez les spectateurs les héros amoureux de Corneille et de Racine.

On a fait beaucoup de *Temples* au XVIIe et au XVIIIe siècles. Il y a eu des temples de la gloire, de la mort, etc. Nous avons aussi un temple de la tragédie, poème latin fait par un Jésuite, le Père Marsy, et publié en 1734. Le poète, égaré sur le sommet du Pinde, aperçoit un édifice magnifique. Sur le seuil, une déesse d'une imposante beauté lui fait accueil et l'invite à entrer. Elle lui montre sur des tableaux toute l'histoire de la tragédie depuis ses humbles commencements jusqu'aux éclatantes manifestations de la Melpomène française.

La Tragédie fait ensuite voir au poète l'Amour enchaîné. Quel était son crime? Il avait revêtu le manteau et chaussé le cothurne tragiques, puis il s'était présenté sur la scène à la place de la Tragédie elle-même. Il y avait exercé sa funeste influence. Grâce à lui, « Alexandre est devenu esclave, Bajazet languit d'amour, Titus est désarmé, Mithridate galant, Achille plein de douceurs, Hippolyte soupire de tendresse. »

Cet Amour qui s'est emparé de la scène, ce n'est point le dieu armé de la torche et du redoutable carquois, le dieu qui a blessé Thésée et allumé les bûchers d'Hercule et de Didon. Non, c'est un Amour toujours plaintif, toujours languissant :

Et dicens molliter odi,

c'est la traduction du vers de Boileau

6

Et jusqu'à : Je vous hais, tout s'y dit tendrement.

Melpomène a bien enchaîné l'Amour, mais ce tyran n'a pas pour cela cessé de régner sur les âmes et d'être le maître de la scène. Qu'y faire? Quel remède apporter? Le Père Marsy est bien près d'être découragé, et voici la conclusion qu'il met dans la bouche de la déesse :

« Ah! s'il est possédé d'un si grand désir de paraître sur le théâtre, du moins qu'il ne s'y présente pas en vainqueur. Qu'il souffre, qu'il tremble, qu'il soit agité par de cuisants remords, et tourmenté par de sombres fureurs, qu'il vienne en un mot pour guérir et non pour exciter les passions aveugles. »

Le Père Marsy fait, comme on voit, la part du feu.

Un peu plus tard, en 1733, le Père Porée traitait la question du théâtre dans un grand discours latin où il se demandait si le théâtre est ou peut être une école de mœurs. Il concluait négativement sur le premier point. Les auteurs et les acteurs, disait-il, se conforment au goût des spectateurs. Or, quels sont ces spectateurs? Il en fait une peinture assez piquante et qui sent son poète comique :

« Des curieux premièrement, esprits légers, vrais papillons, voltigeant çà et là, sans savoir où, faits pour être spectateurs de toutes choses excepté d'eux-mêmes. Qui, ensuite? Des oisifs de toute espèce, des paresseux de profession, dont l'unique affaire est de ne rien faire ; l'unique soin celui de n'en pas prendre, l'unique occupation, celle de tromper leur ennui ; passant de la table aux cercles ou au jeu, et de là au spectacle pour y assister sans goût, sans discernement, sans fruit, fort satisfaits au reste d'avoir rempli le vide de leur temps.

« Qui encore? Des gens plongés dans des emplois laborieux, accablés d'affaires soit publiques, soit particulières ; agités par les flots tumultueux de mille soucis, emportés par le tourbillon de la fortune. Ils courent au théâtre comme vers un port; ils y respirent un moment à la vue des naufrages étrangers; puis ils retournent aussitôt à leurs travaux orageux, et courent se heurter à leurs écueils ordinaires.

« Quels autres spectateurs? Des hommes fatigués de querelles domestiques, qui ne se trouvent nulle part plus mal que chez eux, où ils essuient les travers et les caprices d'une maison mal réglée. Ils se réfugient au théâtre public qui les distrait pour se dérober aux scènes secrètes qui les affligent.

« Quels autres enfin? Des hommes qu'il est impossible de définir. Ils ont tous les caractères et n'en ont aucun. Ils ne sont ni bons, ni mauvais, ni légers, ni graves, ni oisifs, ni occupés. Esclaves de la coutume qui est leur suprême loi, ils vivent sur l'exemple d'autrui, ils pensent par l'esprit d'autrui.

« A quel dessein voit on voler au théâtre tant de jeunes gens des deux sexes, les uns presque perdus par l'indulgence coupable des pères; les autres déjà instruites, par une mère, dans l'art funeste de trop plaire ; tant de jeunes gens qui suivent les drapeaux du dieu de la galanterie, (*in castris Cupidinis militantes*); tant de personnes que l'hymen courroucé, ou l'avarice, ou l'ambition ont trop malheureusement unies? Que vont-ils chercher tous au théâtre? Des leçons pour apprendre les subtilités du vice, ou des exemples pour s'affermir dans le crime ; des aliments de passions pour en repaître leurs yeux, ou des peintures fabuleuses qui retracent à leur imagination de trop coupables vérités. »

Après cette vigoureuse sortie, on pourrait croire que le Père Porée va condamner le théâtre d'une manière absolue et définitive. Mais, auteur dramatique lui-même et appartenant à une Compagnie qui faisait du théâtre un grand moyen d'enseignement, il admet l'hypothèse d'une Scène épurée et utile pour les mœurs, et il en trouve l'exemple précisément dans le théâtre des collèges.

« Dans quel but, dites-moi, s'écrie-t-il, voyons-nous en France, en Italie, en Espagne, en Allemagne et ailleurs, les chefs des maisons d'éducation élever des théâtres où la jeunesse s'exerce à jouer la tragédie et la comédie? A quoi servent les efforts et les talents de ces hommes, qui consacrent à cet art leurs veilles laborieuses? Se proposent-ils seulement de donner aux jeunes gens une voix harmonieuse, un geste libre, une démarche noble, une manière d'être élégante et distinguée? Sans doute, ils ne dédaignent point ces fruits de leurs pénibles travaux. Ce sont là des qualités dont l'usage est fréquent dans toutes les circonstances de la vie. Mais ils espèrent un plus grand prix de leurs efforts. Ils font passer les jeunes gens de l'humble et obscure école du collége, à l'école brillante et élevée du théâtre pour que ces jeunes gens, appelés à jouer un rôle dans l'État, apprennent de bonne heure à fuir ou à rechercher les sentiments qu'ils voient sur la scène, accueillis par des moqueries ou des applaudissements. »

Il faut donc peindre le vice, et le Père Porée n'a pas fait autre chose dans ses comédies ; mais il faut prendre garde de le rendre aimable, tout en le condamnant. Ce n'est pas toujours chose facile. Dans le prologue d'une de ses comédies, *Philedonus, sive juvenis voluptarius*, le Père Porée nous laisse voir qu'il a senti cette difficulté :

>Nous allons donner en spectacle
>D'un libertin l'heureux retour ;
>Il faut vaincre plus d'un obstacle
>Pour l'exposer dans son vrai jour.
>
>Si l'on entreprend de le peindre,
>On doit tempérer la couleur,
>Autrement, il seroit à craindre
>Que l'on n'allarmât la pudeur.

> En vous offrant ce personnage,
> Quelle est notre fin?... Divertir?
> Nous cherchons un autre avantage,
> Mais c'est au ciel à convertir.

Aussi, dans la comédie dont il s'agit, le Père Porée a-t-il esquivé les côtés scabreux du sujet en prenant son héros, juste au moment où le repentir s'empare de lui et le prépare à commencer une vie meilleure.

Nous venons d'exposer, en nous appuyant sur les autorités les plus compétentes, quel était, aux yeux des Jésuites, le but moral de leur théâtre. Ils y voyaient aussi un instrument d'instruction et d'éducation. Les études littéraires y trouvaient un puissant stimulant, et il était difficile de rencontrer un meilleur moyen de familiariser la jeunesse avec tous les secrets de la langue latine.

Le Père Porée, dans un des passages que nous venons de citer, indique un autre avantage des exercices dramatiques. On y voyait un moyen de donner à la jeunesse cette aisance, cette liberté de manières qui, dans une société aristocratique, étaient des qualités extrêmement appréciées. On voulait, disait le *Mercure galant* (1688), donner « la hardiesse et le bon air nécessaires pour parler en public » à cette jeunesse de première qualité qui sortait du collège « pour occuper les premières dignités de l'État dans l'Église, dans l'épée et dans la robe. » Le *Mercure* de 1726 revient sur cette idée en disant que « ce divertissement est très utile aux écoliers pour les former à la chaire et au barreau et leur faire prendre des manières aisées et libres pour pouvoir parler en public avec grâce. »

On voit que, chez les Jésuites, le théâtre était plus qu'un plaisir, c'était une véritable institution ; c'était

6.

une portion considérable de l'enseignement. Les pères de famille qui leur confiaient leurs enfants croyaient aussi à l'innocuité et à l'efficacité de cet exercice. Ils partageaient l'opinion qu'exprimait une fois de plus et avec plus de force encore, en 1739, le journal que nous venons de citer :

« Ce spectacle, outre qu'il inspire l'amour du travail et de l'étude à ceux qui aspirent aux récompenses que Sa Majesté propose, anime les moins studieux à mériter un pareil honneur. Il développe et produit des talens qui souvent seroient ignorés dans le silence et dans l'inaction ; et enfin il donne aux écoliers un certain air d'aisance et d'honnête liberté qui distingue la jeune noblesse, tant françoise qu'étrangère, élevée dans cette école de vertu, de littérature et de politesse. »

Malgré toutes ces précautions et ces intentions excellentes, le théâtre des Jésuites ne laissa pas que de soulever des objections très vives pendant deux siècles. Il avait contre lui des chrétiens sincères que le seul nom de théâtre effrayait ; il avait surtout les nombreux ennemis des Jésuites qui n'étaient point difficiles sur le choix des moyens d'attaquer la puissante Compagnie. Parmi ces attaques, il en est de deux natures ; les unes s'en prennent à l'institution en général ; les autres visent telle ou telle pièce qui donnait plus ou moins prise à la critique. Nous nous en tiendrons aux premières ; les autres trouveront leur place lorsque nous parlerons des ouvrages qui les auront motivées.

Il est à remarquer que les critiques les plus vives furent dirigées contre des pièces représentées dans les collèges de la province. A Paris, sous les yeux de ce grand public qui réunissait les illustrations de la cour et de la ville, une grande rigueur s'imposait dans le choix des ouvrages à représenter. Le collège Louis-le-Grand comptait aussi les professeurs les plus distingués, très mêlés au monde littéraire et défendus autant par leur goût que par leur état contre les écarts d'imagination. La Rue était l'ami de Corneille, Porée avait été le professeur de Voltaire et était resté en relations épistolaires avec lui. Il n'en était pas de même en province où le goût était plus mélangé, les maîtres moins cultivés, et le public moins difficile. Là, il s'est produit quelques abus, et dans certains ouvrages on a pu critiquer des doctrines contestables ou des allusions malignes à des circonstances locales qui n'auraient pas dû y trouver place.

Les partisans du théâtre en général, dans la discussion qui s'ouvrit vers la fin du XVIIe siècle, ne manquèrent pas d'invoquer, en faveur de leur thèse, les représentations qui avaient lieu dans les collèges, et plus particulièrement celles des Jésuites où le théâtre jetait le plus vif éclat.

Ce fut un passage de la *Lettre d'un théologien illustré*, publiée en 1694, en tête du Théâtre de Boursault, qui appela d'une manière spéciale l'attention sur les représentations des collèges. « S'il estoit vray, disait le théologien, qui fut reconnu plus tard pour être le Père Caffaro, théatin, que les comédiens françois fussent infâmes pour monter sur le théâtre, et pour jouer la comédie, je voudrois bien sçavoir en vertu de quoy les jeunes gens des collèges qui, pour se divertir et sans scandale, représentent des personnages dans des comédies, ne sont point infâmes. »

L'argument était facile à réfuter. Ceux qui répondirent au « théologien illustre », ne négligèrent pas de le faire. « Que prouve, dit l'un, l'usage des spectacles dans les collèges. Il prouve que ces spectacles sont très différents de ceux de Lully et de Molière ou que la corruption se glisse parmi les personnes qui en devroient être les plus exempts [1]. » Un autre pose la difficulté en ces termes : « Dans les collèges des Jésuites et de l'Oratoire, on représente des comédies et des tragédies dans toutes les règles du théâtre. Pourquoi donc condamner ailleurs ce qu'on approuve dans les collèges ? » Il y répond en faisant ressortir la différence qui existe « entre des pièces faites par des religieux ou des ecclésiastiques, tout occupés à inspirer aux écoliers les règles du christianisme, et des pièces faites par des personnes qui n'étudient que les maximes du monde. » Et il ajoute : « Au reste, quand aux collèges des Jésuites ou des Pères de l'Oratoire, il se seroit passé dans les pièces de théâtre quelque chose de contraire aux règles prescrites, ce seroient des fautes personnelles et qui ne doivent pas tirer à conséquence [2]. »

Dans son admirable livre des *Maximes et réflexions sur la comédie,* qui parut dans cette même année 1694, Bossuet répond aussi à l'argument tiré des représentations sur les théâtres des collèges :

« On voit, en effet, dit-il, des représentations innocentes. Qui sera assez rigoureux pour condamner dans les collèges celles d'une jeunesse réglée à qui ses maîtres proposent de pareils exercices pour leur aider à former ou leur style ou leur action, et en tout cas leur donner, surtout à la fin de leur année, quelque honnête relâchement? Et néanmoins, voici ce que dit sur ce sujet, une sçavante compagnie qui s'est

---

[1]. *Réponse à la lettre du théologien défenseur de la Comédie.* Paris, 1694.

[2]. *Discours sur la Comédie* (par le P. Lebrun, de l'Oratoire), Paris, 1694.

dévouée avec tant de zèle et de succès à l'éducation de la jeunesse : « Que les tragédies et les comédies qui ne doivent
« être faites qu'en latin et dont l'usage doit estre très rare,
« ayent un sujet saint et pieux ; que les intermèdes des actes
« soient tous latins, et n'ayent rien qui s'éloigne de la bien-
« séance, et qu'on n'y introduise aucun personnage de
« femme, ni jamais l'habit de ce sexe. » En passant, on trouve cent traits de cette sagesse dans les règlements de ce vénérable institut et on voit en particulier, sur le sujet des pièces de théâtre, qu'avec toutes les précautions qu'on y apporte pour éloigner tous les abus de semblables représentations, le meilleur est, après tout, qu'elles soient très rares. »

Dans cette justification du théâtre des Jésuites, Bossuet paraît ignorer que les règles si sages de l'Institut avaient été un peu oubliées. Nous avons vu, en effet, que les représentations n'étaient pas aussi rares que les règles le demandaient, puisqu'il s'en faisait quelquefois trois ou quatre par an ; que des personnages de femme y avaient été quelquefois introduits, et qu'on y parlait souvent français dans les intermèdes. Il y a enfin la question du ballet qui n'était pas prévue par le règlement. Or le ballet, dont les Jésuites avaient, pour ainsi dire, le monopole, était le côté du théâtre qui prêtait le plus à l'abus et qui provoquait le plus de critiques.

La vive polémique soulevée par la lettre du Père Caffaro, qui, succombant sous le nombre et l'autorité de ses adversaires, finit par se rétracter, fut suivie d'un mandement très sévère de l'Université, donné en 1695. On y défendait de faire représenter des tragédies profanes par les écoliers, et l'on qualifiait ces représentations de collège « d'usage pervers qui accoutume les jeunes gens à se déguiser. » Il y eut, dans ce document universitaire, des termes « qui firent sentir aux Jésuites que c'étoit une censure de ce qui se passoit dans leurs collèges [1]. »

Ce sont aussi les Jésuites que le Père Lami, de l'Oratoire, avait en vue quand il condamnait les représentations dans les collèges. « Outre que les pièces de théâtre sont, dit-il, ordinairement pitoyables, qu'elles emportent un très grand temps, qu'elles dissipent l'esprit, renversent l'ordre des études, échauffent et cassent la tête, elles sont de plus contraires à l'Évangile et à nos statuts [2]. » Le mot « pitoyables », injuste ou tout au moins très exagéré, se sent de la rivalité qui existait entre les deux grandes congrégations enseignantes, les Jésuites et l'Oratoire.

Dans un mandement donné en 1698, l'évêque d'Arras, M. de Rochechouart, se montra plus sévère que Bossuet sur le chapitre des représentations dans les collèges :

« Nous sommes persuadé, disait ce prélat, que, pour apprendre aux enfants à déclamer, pour leur inspirer une hardiesse honnête, on pourroit y parvenir par des voies non seulement plus utiles aux enfants à qui l'on fait perdre un temps infini, et aux maîtres qui n'en perdent pas moins occupés pendant plusieurs mois de la composition et du succès de leurs ouvrages, mais encore plus conformes à la religion qui a toujours marqué de l'horreur pour les spectacles sans aucune distinction. »

Toutefois le prélat ne se sent pas assez fort pour déraciner l'usage qu'il blâme. Il espère le voir disparaître un jour, et, pour le moment, il se contente de le règle-

---

1. *Histoire des Ouvrages des Savant.* Novembre, 1695.
2. *Entretien sur les sciences*, 1685.

menter. Et, dans ce but, il défend aux principaux des collèges « de joindre à la représentation des tragédies aucune comédie, et encore moins des opéras avec des danses, qui ne peuvent être qu'une semence de corruption pour une jeunesse, capable, dans cet âge tendre, de toutes sortes d'impressions. »

C'est à la fin de ce mandement que se trouve le coup porté aux Jésuites : « Nous avons sujet de craindre que les règles que nous donnons ici à notre diocèse et que nous ordonnons d'y suivre ne déplaisent peut-être à des particuliers plus esclaves de la coutume qu'instruits de leur religion. Mais qu'importe qu'elles leur déplaisent, pourvu qu'elles vous plaisent, ô mon Dieu! Trop heureux d'essuyer leur censure à ce prix! »

L'évêque d'Arras laisse voir un peu d'aigreur dans cette conclusion. Peut-être avait-il à se plaindre des Pères qui avaient un collège florissant dans sa ville épiscopale. En tout cas, ceux-ci ne se sentirent pas atteints par le mandement et continuèrent, comme par le passé, leurs exercices dramatiques et chorégraphiques.

Les observations que Rollin a consignées dans son *Traité des études*, sur le sujet qui nous occupe, peuvent s'appliquer aussi au théâtre des Jésuites, bien que ces Pères n'y soient pas nommés. Ce parfait pédagogue n'était point partisan de cet exercice, tout en reconnaissant qu'il était d'un usage fort ancien dans l'Université, et sans blâmer absolument les maîtres qui l'avaient conservé. Cependant, il n'en dissimule pas les inconvénients. Pour le maître d'abord : « Quel fardeau, s'écrie-t-il, pour le régent, d'avoir à composer une tragédie! » Et il ajoute cette considération : qu'on peut être bon régent et n'avoir pas le talent des vers. Il songe ensuite à la fatigue extrême du maître, qui doit faire apprendre une tragédie à ses écoliers, et il lui souhaite, pour cette besogne, les *ferrea pectora* dont parle Juvénal. Pour l'élève, Rollin voit dans le théâtre une occasion de négliger les devoirs ordinaires. Mais le plus grand inconvénient, aux yeux de l'auteur du *Traité des études*, « c'est le danger qu'il y a que cette sorte d'exercice ne fasse naître dans l'esprit du maître et des écoliers, comme cela est assez naturel, le désir de s'instruire par leurs yeux de la manière dont on doit déclamer la tragédie; de fréquenter pour cela le théâtre, et de prendre pour la comédie un goût qui peut avoir des suites bien fâcheuses, surtout à cet âge. » Il faut donc prendre de grandes précautions si l'on veut conserver l'ancien usage, et la plus essentielle est de ne point faire entrer dans les tragédies la passion de l'amour, quelque honnête et quelque légitime qu'elle puisse paraître. Quant aux ballets et à la danse, Rollin ne les combat pas, parce qu'ils ne sont pas en usage dans l'Université, mais on ne peut douter qu'il ne les approuve pas. Enfin il s'élève, en terminant, contre ce qu'il considère comme un abus plus grave : le travestissement des jeunes gens en femmes.

Un autre laïque, Batteux, professeur au collège de France, fait, dans ses *Principes de littérature*, une charge à fond de train contre le théâtre des collèges. Il prétend que « cet exercice n'apprend rien que le goût et la lecture n'apprissent aux écoliers suffisamment sans cela. » Il ajoute que les jeunes gens perdent le train de leurs études et prennent du goût pour la dissipation. C'est, en outre, un très mauvais moyen de former leur caractère.

« Les maîtres, dit-il, qui distribuent les rôles n'ont pas toujours ce but. Comme ils veulent se faire honneur de l'exécution d'une pièce, ils font la distribution des rôles selon ce point de vue. Ainsi, ils choisissent ceux qui peuvent le mieux rendre les caractères des personnages de la pièce, qui ont pour cela une disposition déjà naturelle; ce qui assure aux enfants un défaut, quelquefois même un vice pour toute leur vie. *Frequens imitatio transit in mores.*

« Par exemple, un jeune homme est petit-maître, précieux, on le choisit pour cette raison pour faire le petit marquis, le fat. Il est paresseux et indolent; on lui fera jouer l'indolence et la paresse. Il est haut, il fera le glorieux; il est menteur, il fera le principal rôle dans la comédie de Corneille. Il est dur, il jouera Atrée; s'il est dissipé, polisson, étourdi, il fera le valet. De manière que des défauts et des vices qu'on devroit corriger par l'éducation, se concentrent par ce moyen dans le caractère. »

L'exagération de cette théorie saute aux yeux. Tout au plus pourrait-elle être admise s'il s'agissait de comédiens de profession, représentant toujours les mêmes caractères. Il ne faut y voir qu'un argument de pure rhétorique.

Aux discussions sérieuses des religieux, des rhéteurs et des philosophes se mêlaient les satires et les pasquinades. « Mardi 2 (août 1720), lisons-nous dans le *Journal de Barbier*, c'étoit la tragédie du collège. On avait affiché à la porte le placard suivant, formé de grandes lettres imprimées : « Les comédiens ordinaires du pape « représenteront aujourd'hui sur leur théâtre de la rue « Saint-Jacques, les *Fourberies d'Ignace*, et pour petite « pièce *Arlequin jésuite*, en attendant la farce des « *Tableaux*. » Ceci était une allusion à un legs de tableaux fait par un particulier à la maison du noviciat, et qui était alors l'objet d'un procès.

Les *Nouvelles ecclésiastiques*, ce long pamphlet

passionné qui battit en brèche l'Institut pendant trente ans, reviennent fréquemment sur les représentations des collèges des Jésuites et les critiquent avec une extrême amertume. De tous les coins de la France, elles enregistrent des lettres sur ces représentations dont elles font ressortir avec malignité certains détails qui prêtaient à la critique ; les choses même les plus innocentes leur paraissent monstrueuses. Nous reviendrons sur ces lettres quand nous nous occuperons des collèges de la province. Celui de Paris n'est cependant pas épargné. Parlant du « scandaleux spectacle » qui se donne tous les ans à Louis-le-Grand, le rédacteur des *Nouvelles* pousse un long gémissement : « Les personnes éclairées sur les devoirs de notre sainte religion gémissent depuis longtemps de voir les Jésuites trop occupés à inspirer à leurs écoliers, par l'usage immodéré de la déclamation théâtrale, le goût si funeste de la comédie. Mais qui aurait pensé que, sous les yeux surtout d'une Université où les ballets et les danses sont interdits dans tous les collèges, les Jésuites entreprissent d'en donner des leçons publiques, joignant en quelque sorte la théorie à la pratique de cet acte pernicieux ? »

On fait allusion, dans ce passage, au ballet de l'*Histoire de la danse*, qui fut dansé en 1732. L'auteur des *Nouvelles* en fait une critique à fond et qui paraîtra bien disproportionnée avec le sujet. Il conteste que « l'amour de Dieu soit le principe et sa gloire la fin de semblables spectacles. » Cela est évident, mais il en est de même de la grammaire et d'une foule d'autres exercices qui sont non seulement innocents, mais encore louables et utiles.

Ailleurs, avec plus de perfidie que de bonne foi, on

fait le procès à une tragédie du Père Porée [1], dans laquelle un fils se révolte contre le roi son père, pour des motifs religieux, et où deux personnages discutent la question de savoir si la profession d'une religion étrangère doit exclure du trône le fils aîné de la maison royale. « C'est là une question, dit le rédacteur des *Nouvelles*, sur laquelle personne n'ignore que leur société est légitimement suspecte depuis son origine [2]. » C'était vraiment abuser de la crédulité publique que de présenter les Pères du collège Louis-le-Grand comme des adversaires du pouvoir royal. On aurait pu, avec plus de raison, leur reprocher d'être quelquefois de trop bons courtisans.

Une critique plus juste, mais excessive dans la forme, portait sur la présence d'acteurs de profession dans les représentations. « Les Révérends Pères ne font pas attention que ces acteurs publics qu'ils admettent sur leur théâtre et qu'ils associent aux enfants de famille dont l'éducation leur est confiée, sont excommuniés par les canons et que la plupart des rituels, nommément celui de Paris, les déclarent tels et leur ordonnent dans les prières du prône de sortir de l'Église [3]. »

Les casuistes des *Nouvelles ecclésiastiques* nous paraissent excommunier bien légèrement les acteurs de l'Opéra. On sait que ceux du Théâtre-Italien avaient toujours été exemptés de cette peine qui, d'ailleurs, au milieu du XVIIIe siècle, avait perdu beaucoup de son autorité. Nous croyons que les acteurs de l'Opéra jouissaient du même privilège. En tout cas, d'après les lettres patentes de Louis XIV, les gentilshommes et

---

1. *Herminigildas martyr.*
2. Lettre du 5 septembre 1740.
3. Lettre du 27 novembre 1748.

demoiselles pouvaient paraître sur les planches de l'Académie « sans que pour cela ils dérogent au titre de noblesse ni à leurs privilèges, charges, droits, immunités, etc.[1] » Il y avait, pour blâmer la présence des acteurs de l'Opéra au milieu des écoliers, de meilleurs arguments à faire valoir que celui de l'excommunication.

En 1762, après que la longue guerre des parlementaires, secondée par la marquise de Pompadour et la faiblesse du roi, eut enfin porté ses fruits, et lorsque les Jésuites durent fermer leurs collèges, on fit circuler une pasquinade renouvelée de celle rapportée par Barbier. « La troupe de saint Ignace donnera mercredi prochain, 31 mars 1762, pour dernière représentation, *Arlequin jésuite*, comédie en 5 actes du Père Duplessis, suivie des *Faux bruits de Loyola*, par le Père Lainez, petite comédie en un acte. Pour divertissement, le *Ballet portugais*, en attendant le *Triomphe de Thémis*. » Le ballet portugais, c'est l'exécution du Père Malagrida. Enfin, et comme dernier coup à ce malheureux théâtre des Jésuites, le recteur de l'Université, qui s'appelait Fourneau, en prenant possession du collège Louis-le-Grand, après le départ des Pères, s'écriait, en empruntant les paroles de l'Apocalypse : « Désormais, on n'entendra plus dans son sein, ni la voix des musiciens, ni les concerts des joueurs de lyre, de flûte ou de trompette. »

La vérité, c'est qu'un grand foyer d'instruction et d'éducation venait de s'éteindre.

1. Lettres patentes du 28 juin 1669.

RÉPERTOIRE

DU

THÉATRE DU COLLÈGE LOUIS LE GRAND

1635

Dreux du Radier, dans ses *Récréations historiques*, dit avoir entre les mains deux tragédies manuscrites, composées par le Père Berthelot, et jouées sur le théâtre du collège de Clermont en 1635. L'une est intitulée *Neanias* ou *Procopius martyr*, et l'autre *Jonathas*. Il donne une courte analyse de la première :

« C'est, dit-il, l'histoire du baptême et du martyre de saint *Procope*, autrement dit *Neanias*, fils de saint *Eugène* qui étoit chrétien, et de *Théodosie*, dame païenne. La scène est à Césarée, et le sujet est tiré des actes du concile de Nicée, sous l'an 306 ou environ. Il y a vingt acteurs dans la pièce qui est en cinq actes ; un prologue renfermé dans une pièce françoise, qui est un sonnet, à chaque acte des stances, aussi en françois et des chœurs. Rien de plus simple que la fable, où il n'y a ni exposition, ni nœud, ni dénouement. Néanias ou Procope devient chrétien au premier acte ; il renverse les statues et le dieu de sa mère au second ; il est déféré à l'empereur Dioclétien au troisième ; on emploie au quatrième tous les moyens pour l'éloigner du christianisme, sans succès. Théodosie, sa mère, ennuyée par la constance de son fils, se fait chrétienne. Il reçoit les honneurs du martyre au cinquième acte. C'est un fait historique dialogué. Celui qui a copié la pièce et qui étoit peut-être un écolier, et l'un des acteurs, a fini sa copie par ces mots: *Ter data, ter placuit.* »

Quant à la seconde, *Jonathas*, elle est en 3 actes et tirée du liv. I, ch. xiv des Juges. « Tout consiste aussi dans le fait dialogué en assez beau latin. »

1650

Le 15 août, un peu après midi, *Taprobana christiana*, tragédie, avec des *Intermèdes* dansés.

Le programme de cette représentation est le plus ancien que nous ayons rencontré. Il est orné d'un portrait du jeune roi portant la couronne, le manteau royal, le sceptre et la main de justice.

Il se divise en deux parties, l'une pour la tragédie, l'autre pour les *Intermèdes*. Voici le titre de la première.

« Taprobana christiana, tragædia, dabitur in theatrum claromontanum societatis Jesu, ad solemnem præmiorum distributionem. Agonotheta Lucovico XIV, Rege christianissimo. Tertio nonas Augusti paulo post meridiem, 1650. »

La tragédie est du Père Gabriel Cossart, professeur de rhétorique au collège, l'un des auteurs du grand Recueil des conciles.

Le programme de la tragédie est en latin et en français. Il comprend un argument général et un argument particulier pour chaque acte. Nous nous en tiendrons à l'argument général.

« Le roy de Candy, en l'isle de Ceylan, qui est la Taprobane des anciens, avoit répudié sa femme, et faisoit la guerre au roy de Jala, son beau-frère. Son fils, général de l'armée, défait le roi de Jala; il amène son oncle prisonnier[1], par qui il est plus heureusement pris à son tour et sousmis à la foy de Jésus-Christ. Le roy d'abord reçoit en triomphe son fils victorieux, et incontinent après le fait mourir comme Chrestien. Sa mort fut honorée de miracles. Il parut une croix lumineuse sur sa sépulture : il se forma, sur la terre où il fut mis, une autre croix, qui ne put jamais estre couverte. Son frère, qui restoit seul héritier de la couronne, touché de son exemple, embrassa la Foy; et se retira dans une isle voisine vers les Portugais, afin d'y estre en seureté durant la vie de son père, et après sa mort establir la Foy dans son royaume avec leurs armes.

« Ce sujet est tiré de l'histoire des Indes Orientales. »

Noms des acteurs :

LUDOVICUS MILLET, parisinus,
D. JOANNES AUBIN, juliodanensis,
STEPHANUS RUELLE, parisinus,
LUDOVICUS MILLET, parisinus,
DYONISIUS GEDOIN DE GRAND-PRÉ, parisinus,
ABRAHAMUS DE MOUCHINGRE, austriacus,
FRANCISCUS AMELINE, parisinus,
JOANNES BOUGUIER, parisinus,
LUDOVICUS PARIS, parisinus,
DAVID BOISSEL, augensis,
FRANCISCUS DE LA RUE, abrincensis,
LUDOVICUS DE LAUNAY, caletensis,
RENATUS MILET, cœnomanensis,
CAROLUS VIAU, turonensis,
ÆGIDIUS JOURDAN DE GOURBESVILLE, constantiensis,
ARMANDUS DE LERVILLIERS, parisinus,
MICHAEL DE PRUNEVAULT, parisinus,
ANTONIUS MARTINET, parisinus,
HENRICUS DELMAS, parisinus,
LUDOVICUS MORET, parisinus,
FRANCISCUS SAUVAGE, parisinus,

1. *Avunculum*; c'est son grand-père.

Jo. de Brousteret, burdigalensis,
Claudius de Fleurs, parisinus,
Nicolaus Blondeau, parisinus,
Joannes Chevreul, parisinus,
Barthol. Le Grand, parisinus,
Michael Morisset, parisinus,
Paulus Phart, parisinus,
Franciscus des Essarts, picardus,
Henricus Guischard, parisinus,
Stephanus de la Fosse, compendiensis,
Joannes Aubert, parisinus,
Annas de Fatouville, rotomagensis,
Nicolaus Hourlier, san-quintinus,
Nicolaus du Resnel, deppensis,
Carolus Armandus de Maupas du Tour, campanus,
Ludovicus Phelipeaux de Lavrillière, parisinus,
Franciscus Gauroy, parisinus,
Carolus de Laubespine de Chasteau-Neuf, parisinus,
Joannes Chamois, parisinus,
Nicolaus Hullot, parisinus,
Rogerius de Puisieux de Sillery, parisinus,
Rogerius de Pardaillan de Gondrin de Termes, occitanus,
Balthazar Phelipeaux de la Vrillière, parisinus,
Hadrianus des Essarts de Lignières, picardus.

Il y a dans la tragédie deux personnages de femme, Nitaris, reine de Candy, et Nigurita, sa suivante.

Le ballet n'a point de titre particulier. Le programme est simplement intitulé :

« Intermèdes de la tragédie du collège de Clermont, dédiée au Roy pour la distribution des prix de l'année MDCL. » Ces intermèdes sont au nombre de quatre, pour les quatre entr'actes de la tragédie à laquelle ils se rattachent par leur sujet. Ainsi, dans le premier, les seigneurs de la cour de Candy offrent un divertissement au prince victorieux. Ce divertissement consiste en une partie d'échecs où les Persans font les pièces blanches et les « manorois » les pièces noires. La partie était ainsi réglée.

« Le roy entre dans la sale de son palais et commence une partie d'échecs avec son fils. — A mesme temps deux cavaliers s'avancent de chaque party pour battre la campagne. — Quatre tours paroissent aussi tost, les cavaliers les vont reconnoistre, et s'escarmouchent dans la rencontre. — Deux foux de chaque couleur se jettent à la traverse. — Les roys et les reynes entrent les derniers, suivis de leurs pages qui servent de pions. — Toutes les pièces estant en ordonnance, un petit berger paroist sur le point de l'attaque, qui, s'adressont au roy, se vante de faire gaigner le parti qu'il voudroit. Le roy ayant remis ce choix à son fils Altanor, le prince donne cet avantage aux Indiens, dont le berger ménage si adroitement le jeu, qu'en trois coups il leur fait donner eschec et mat aux Persans. Les princes, après l'avoir récompensé de son adresse, appelèrent le coup l'eschec et mat du berger. »

L'auteur supposant que les Indiens adorent les singes, introduit dans le second intermède un ballet de ces animaux. Le troisième représente une lutte des bons et des mauvais génies qui se disputent le cœur du jeune prince chrétien. Les bons génies triomphent, et un ange descend du ciel pour mettre une couronne sur la tête d'Altanor, comme un présage de celle qu'il doit remporter par son martyre. Dans le quatrième intermède, on fait paraître les principales divinités des Indiens, le Gange, Hercule, le Soleil et Bacchus, dont les statues sont animées par un magicien et qui se disputent la prééminence.

« Comme ils commençoient à s'eschauffer au combat, un petit Cupidon les vient séparer, qui est jugé par là le plus puissant de tous et digne que sa statue soit présentée au prince. — Comme ce petit superbe en triomphe tout seul, après avoir renvoyé les dieux dans leurs niches, il se cache luy-mesme à le vue de l'Amour divin. — En vain implore-t-il pour lors l'assistance des statues, qui ne remuent plus, en vain se cache-t-il derrière le tombeau, l'Amour divin l'attire au combat, où, après une légère résistance, il le désarme, il brise ses traits, ou les émousse, et l'ayant assez maltraité, l'enchaisne et le mène en triomphe. »

Les acteurs des intermèdes sont les mêmes que ceux de la tragédie.

Enfin, le tout était terminé par la distribution des prix. « Elle se fait, dit le programme, après un remerciement au Roy, pour cette magnificence royale avec laquelle il les a fondez à perpétuité dans ce collège, et des vœux pour la prospérité de ses armes, le repos de son royaume et la gloire de son nom. »

1651

A la représentation d'août, on donna une tragédie et un ballet dont Loret, dans sa *Lettre* du 13 août, n'indique ni le titre ni le sujet. Trop occupé de l'abondante collation dont on le régala, il a négligé ce détail. Il en donne, toutefois, qui sont intéressants sur le public et sur les acteurs.

> La reine et messieurs ses deux fils,
> Lundy dernier, à jour préfix,
> Allèrent avec grandes suites
> Au collège des Jézuites
> Pour, sur un téatre fort beau,
> Voir un poëme tout nouveau
> Que pluzieurs jeunes filozofes,
> Vêtus de brillantes étoffes,
> Reprézentèrent en latin,
> Moitié figue, moitié raisin.

On y vit aussi pluzieurs dances.
Balets, postures et cadences
Où maints fils de prince et seigneur
Y parurent avec honneur,
Non pas tant pour leurs riches vestes,
Qui les rendoient tout-à-fait lestes,
Que pour la dispozition,
La grâce, la belle action,
L'agréable mine, l'adresse,
La gaillardize et la jeunesse
De ces aimables damoizeaux,
Dont la plus-part étoient fort beaux.
Entre ces jeunes personnages,
Tous de hauts et nóbles lignages,
Armagnac, Soissons, Chateauneuf,
Et d'autres, jusqu'à plus de neuf,
Plûrent, charmèrent et ravirent,
Et firent bien tout ce qu'ils firent
Je puis metre, comme sçavant,
Toutes ces chozes en avant,
Car, après maint et maint obstacle,
J'ûs enfin ma part du spectacle,
Et si bien placé, par-ma-foy,
Que j'étois vis-à-vis du Roy
Dans une chambre du collège,
Où j'ûs mesmes le privilège
De manger des pâtés fort bons,
Des poulets, langues et jambons,
Salades, fruits et confitures,
Avec de belles créatures.

1653

A la représentation du 4 août, on joua *Suzanna*, tragédie latine, par le Père Jourdain, et un ballet.

Cette Suzanne n'est point celle des deux vieillards, mais une princesse de la famille impériale que Galérien, nommé César par Dioclétien, voulait épouser. Galérien, qui avait juré d'exterminer les chrétiens, découvrait que sa fiancée appartenait à la secte proscrite. On devine, par ce simple aperçu, l'intrigue de la pièce qui se terminait par le martyre de Suzanne.

Cette tragédie n'a pas été imprimée, elle a été imitée par Brueys, sous le titre de *Gabinie*, qui fut jouée au Théâtre-Français en 1699.

Au mois d'août de l'année précédente, Paris était en pleine effervescence frondeuse. Le roi était à Saint-Germain ; on vendait ou plutôt on pillait la bibliothèque et les tableaux de Mazarin. Loret, tout occupé de politique, n'alla pas au théâtre de la rue Saint-Jacques où, peut-être, à cause des troubles, on s'abstint de donner une représentation solennelle. En 1653, le roi et le cardinal sont de retour, l'ordre est rétabli et Loret reprend ses fonctions de feuilletonniste. L'occasion était bonne, car il y eut, le 4 août, ce qu'on appelle aujourd'hu « une salle magnifique. »

>Aux Jézuites, ce jour mesme,
>Fut avec appareil extresme
>Un saint sujet reprézenté.
>J'aperçeus là Sa Majesté
>Tout contre la Reine sa mère,
>Et proche de Monsieur, son frère,
>Etant justement entre-deux,
>Son Eminence étoit près d'eux,
>Et pluzieurs personnes fort belles,
>Tant princesses que damoizelles
>(La pluspart très-dignes d'amour),
>Et quelques seigneurs de la cour
>Qui sont fort en mes bonnes grâces,
>Prirent illec aussi leurs places.
>Je voyois de l'autre coté
>Sa Britannique Majesté,
>Et près de lui, vers la sénestre,

> Le beau petit duc de Glocestre.
> Enfin, jetant partout les yeux,
> Je vis briller en pluzieurs lieux
> Des beautez, tant blondes que brunes,
> Dont je ne hay pas quelques unes.

Suivons maintenant le feuilletonniste sur la scène.

> Le téatre fut admiré :
> Il étoit grand et bien paré ;
> On prit plaisir aux intermèdes ;
> Les danses n'en étoient pas laides,
> Ni les fables et fictions,
> Et c'étoient des inventions
> Qui parurent assez gentilles
> Que voir danser un jeu de quilles.
> Pour le poëme qu'on récita,
> Aucun d'entr'eux ne hézita ;
> Grâce à quelque maître d'école
> Qui leur servoit de protocole[1].
> . . . .
> Le sujet qu'on représentoit,
> Selon mon jugement, étoit
> Tiré du saint Martyrologe.
> Je ne fais point icy l'éloge
> Des vers qui furent récitez
> Par les écoliers concertez
> Loin d'être incongrus et barbares,
> Je veux croire qu'ils étoient rares,
> Et qu'ils ne manquoient point d'apas,
> Mais je ne les entendois pas.

Le vers de Loret, où il est question de la danse des quilles, suffit pour nous apprendre le sujet du ballet. C'était le *Ballet des Jeux*, qui reparut plusieurs fois avec des variantes et que nous retrouverons au XVIIIe siècle.

1. C'est le souffleur.

Ce *Ballet des Jeux* est un de ceux qui sont cités comme exemples dans le traité *De Choreis* du Père Lejay. Il se divise, comme toujours, en quatre parties :

Les jeux d'adresse,
Les jeux de hasard,
Les jeux de force,
Les jeux qui participent à la fois de ces trois caractères.

Les entrées de la première partie nous montrent Mercure et Apollon jouant aux osselets, une troupe d'Amours jouant à la toupie ; le jeu de dames est figuré par des amazones mêlées à des femmes de Bohême. Viennent ensuite le tir à l'arc par des faunes que dirige le dieu Pan, et les gobelets avec lesquels des prestidigitateurs font des tours qui ébahissent des paysans.

Les jeux de hasard sont les dés jetés par des soldats oisifs qui finissent par se prendre de querelle ; les cartes, que les danseurs représentent par leurs costumes, en même temps qu'ils simulent une partie par leurs mouvements ; le jeu de pile ou face, le colin-maillard, figuré par des enfants qui lutinent un aveugle après lui avoir enlevé son bâton, et enfin la loterie qui inspire à ses favoris ou à ses victimes des sentiments et des mouvements de joie ou de tristesse.

Dans la troisième partie, consacrée aux jeux de force, on voit passer successivement de jeunes Titans s'exerçant à la lutte, Apollon et Hyacinthe jouant au disque, des Cyclopes combattant comme des gladiateurs, et la jeunesse d'Argos s'exerçant au saut, sous la conduite d'Hercule, de Thésée et de Jason.

Les jeux qui dépendent de l'adresse, du hasard et de la force sont placés sous le patronage de Mars. C'est le ballon, inventé par Ulysse et représenté par les outres qui renfermaient les vents ; c'est le jeu de boules dont les Hespérides donnent l'idée en faisant rouler les fruits dorés de leur jardin ; c'est le jeu d'escrime ; c'est enfin le jeu de quilles dont Loret trouva l'invention ingénieuse. Il y a, comme le plus souvent, de la mythologie dans cette invention. Un maître d'école avait neuf élèves qu'il osait comparer aux Muses, se donnant lui-même pour l'égal d'Apollon. Plein de cette idée ambitieuse, il voulut gravir le Parnasse et s'y installer avec ses élèves. Apollon, pour le punir, changea les jeunes filles en quilles et le professeur en boule.

Ce ballet est un de ceux qui prêtaient le plus à une mise en scène variée et amusante.

1654

Le 16 août, à 1 heure après midi, *Antigonus*, tragédie.

Cet Antigone est le frère d'Aristobule, roi de Judée. Il revient victorieux d'une guerre contre les Ituréens dont il a fait la reine Cléopatre prisonnière. Il est épris de cette princesse et demande au roi son frère de la lui donner en mariage. Mais la jalousie d'Alexandra, reine de Jérusalem, contre sa sœur Cléopatre, traverse cet amour. De concert avec quelques seigneurs de la cour, elle cherche à perdre Antigone dans l'esprit du roi et elle y réussit. Ce prince est mis à mort et son cadavre est apporté devant Cléopatre.

Noms des acteurs :

Jomyer, parisien,
De Laistre, du Berry,
De Chevry, parisien,
Cousin, parisien,
Mongin, parisien,

De Forest, parisien,
Rousseau, parisien,
Vallot, parisien,
De la Rochefoucault de Bayers, poictevin,
De Mouhers, parisien,
Bosc, de Blois,
Brossamain, parisien,
Morlon, parisien,
Raffront, d'Argenteuil,
Laurant, du Berry,
De Troisvilles, parisien,
De Flammarens, de Guyenne,
Baltazar, parisien,
Duret, parisien,
De Semonville, parisien,
Mongin, parisien,
Guitonneau, parisien,
De Falcombel, de Pignerol,
Maboule, parisien,
Cousin, parisien,
De Creil, parisien,
Le Maistre, parisien.

Le programme ne nous indique pas le sujet du ballet qui accompagnait la tragédie d'*Antigone*. Il nous donne seulement les noms des danseurs :

De Hauterive, bourguignon,
D'Herville, parisien,
De la Marck, parisien,
De Rivière, parisien,
De Ruffec, parisien,
Du Jour, parisien,
Aurillon, parisien,
Cadeau, parisien,
De la Chesnelaye, parisien,
De la Font, parisien,
De Rubentel, du pays Vexin,
Du Boulay-Favier, parisien,

Du Tillet, parisien,
Héron, parisien,
Roger, parisien,
Linete, de Seuille,
Gillot, parisien,
De Crussol, de Quercy,
De Seneterre, du Vivarais,
Savvion, parisien,

La distribution des prix était amenée par un divertissement en l'honneur du roi :

« Apollon et Mars entrent tous deux en dispute, chacun prétendant avoir l'honneur de posséder le Roy. Mercure survient et les accorde, en faisant paroistre le Génie du Roy sur le Parnasse. Ce Génie fait part des lauriers dont il est chargé à la jeunesse qui les reçoit avec les honneurs qui luy sont deus. »

1655

Nous ne connaissons la pièce donnée à la représentation d'août de cette année que par le compte rendu de Loret qui est fort sommaire. Le sujet de la tragédie est une

Histoire arrivée autrefois
En l'illustre maison de Fois.

Voici, du reste, le passage de la *Lettre* du gazetier, datée du 24 août 1655 ;

Au grand collège de Clermont,
Dans lequel un scavoir profond
A la jeunesse se débite
Par maint preceptor jézuite,
Jeudi dernier fut récité
Un poëme qui fut écouté
Par plus de sept mil trente oreilles ;

Quelques acteurs firent merveilles,
Et sur leur téatre éclatant
Un beau palais représentant,
On vit opprimer l'innocence
D'un prince, en son adolescence,
Histoire arrivée autrefois,
En l'illustre maison de Fois,
Dont l'on fait plusieurs rois descendre,
C'est tout ce que j'y puis comprendre,
Ayant toujours resté Butor
Pour n'avoir eu de preceptor

1656

La tragédie d'août de cette année offrait

Un sujet touchant et tragique
Tiré de l'histoire persique,

Loret nous l'apprend dans sa *Lettre* du 19 août. Ce sujet, dit-il,

Fut avant hier reprézenté
Avec grande solennité,
Par des enfans de divers âges,
Lesquels, selon leurs personnages,
Soit graves, soit facécieux,
Réussirent, ma foy, des mieux.
Cyané, fort jeune princesse,
Par son esprit et son adresse,
Bonne grâce et naïveté,
Charma des cœurs en quantité ;
On la trouva jolie et belle,
Et l'on fit cent éloges d'elle.
De l'aimable Enfant destiné
A ce Rollet de Cyané,
Dézirant fort le nom apprendre
Quelque voizin me fit entendre
Que c'était Hubert de Servien,
Qui, sans mentir, mérite bien

D'avoir place dans notre Histoire,
Car il aquit honneur et gloire.
Enfin, après cette action
Qui parut, en perfection,
Sur un téatre magnifique,
Construit d'une manière antique,
Les prix furent distribués...

1657

Le 13 août, à 1 heure après midi, *Tartaria christiana*, tragédie.

L'auteur, d'après une note manuscrite du programme, serait le Père Castelet.

La représentation fut légèrement contrariée par la pluie dont le *velum* suspendu au-dessus de la cour ne garantissait pas complètement les spectateurs. Ce détail nous est donné, avec beaucoup d'autres, par le poète gazetier :

Lundy, jour assez éclatant,
Mais où l'on vid pleuvoir, pourtant,
Au colége de Saint Ignace,
Ou bien mieux que sur le Parnasse,
Les Belles Lettres, tous les jours,
Ont un invariable cours,
Les Escoliers reprézentèrent
(Et joliment s'en aquitèrent)
Un poëme judicieux,
Energique, sentencieux,
Moral, touchant et patétique,
Un poëme, enfin, dramatique,
Auquel pour titre l'on donna
Tartaria Christiana :
Et pour augmenter la liesse
Que cauzoit cette sainte pièce,
On y dansa quatre Balets,

Tant mystérieux que folets.

Pluzieurs Illustres s'y trouvèrent
Qui, certes, le tout aprouvèrent
Avec des éloges d'honneur,
Entr'autres notre Gouverneur,
Dont l'âme généreuze et franche,
Plus que sa barbe, encor, est blanche.

Là se trouva semblablement
Ce prélat aimable et charmant,
Monsieur le cardinal Antoine.

Là se vid, non pas pour un moine,
Mais tant Jacobins qu'Augustins,
Carmes, Cordeliers, Célestins,
J'en remarquay, sans rien rabatre,
De bon compte, nonante et quatre,
Tous admirant ce grand *Opus*.

Item, pluzieurs *Episcopus*,
Dont étoit celui de Coutance,
Pasteur du lieu de ma naissance.

Pour les abbéz, venus exprès,
Tant effectifs, qu'*ad honores*,
Tant maigrets que gens à bedaines,
On en compta quatre douzaines,
Et quatorze ou quinze prieurs.

Pour ces autres petits messieurs
Qu'on appelle des gens de ville,
Ils étoient environ trois mille,
Y compris cens jeunes muzeaux
Qui faizoient fort les damoizeaux ;
Bref, de plus quatre cent Femelles,
Dont vingt seulement étoient belles,
Les autres trois cent quatre-vingts,
N'étant pas objets trop divins,

Mais de ces vizages vulgaires
Dont on ne se tourmente guères.

Voici le sujet de la tragédie :

Cassan, roi des Tartares et mahométan, avait épousé Selenisse, fille du roi d'Arménie, la plus belle femme de tout l'Orient et appartenant à la religion chrétienne. De ce mariage était né un fils affligé d'une difformité corporelle. Le roi, persuadé que cet enfant était le fruit d'un adultère, condamna, suivant l'usage barbare, la mère et le fils à périr dans les flammes. La mère demanda au roi la permission de baptiser son fils avant sa mort. Le roi y consentit. Le baptême eut lieu et enleva à l'enfant sa difformité. Le roi, convaincu par ce miracle de l'innocence de la mère, leur fit grâce à tous les deux et embrassa à son tour la foi chrétienne.

Noms des acteurs :

Franciscus Sejourné, ambianus,
Claudius Foucault, parisinus,
Ludovicus Charreton de la Terrière, parisinus,
Joannes Poan, parisinus,
Joannes-Baptista Vallot, parisinus,
Andreas Chauffourneau, parisinus,
Franciscus Pidou, parisinus,
Josephus de Troivilles, parisinus,
Franciscus Poncher, parisinus,
Antonius Jacob, parisinus,
Carolus Year, parisinus,
Matthæus de Brisacier,
Antonius Cauchi,
Michael Marchant,
Franciscus Blavette,
Dyonisius Legalis,
Joannes Le Blanc,

Franciscus de Riquety,
Johannes Jacobus Le Roux,
Franciscus du Fresne,
Claudius Linar,
Franciscus de la Taille,
Joannes du Clos,
Jacobus Guerton,
Ludovicus Bruant,
Franciscus Benar,
Ludovicus Le Beuf,
Franciscus Massé.

Les quatre ballets dont parle Loret se rattachaient à l'action de la tragédie et représentaient les fausses espérances des mortels sur la vie, la gloire, la paix et la fortune.

Les acteurs de ce ballet, que le programme latin appelle *drama mutum*, étaient :

Carolus Bernard,
Franciscus Charpentier,
Ludovicus Goulard,
Hugo-Humbert Servien,
Joannes-Baptista Maugeays,
Ludovicus Gayan,
Josephus de la Rocque,
Augustinus Perou,
Ludovicus Servien de Sablé,
Carolus d'Albret,
Petrus du Plessis Bellière,
Petrus Amat,
Ludovicus Locatel,

1658

Le 20 août, *Athalia*, tragédie.
Nous avons la distribution des rôles principaux :

Athalia, Judæorum regina, Franciscus Poncher, parisinus.
Marianna, Athaliæ consobrina, Franciscus Du Fresne, parisinus.
Joas, habitus Susanna, Nicolaus de Villiers du Pontel, parisinus.
Josaba, Athaliæ filia, Joadi conjux, Ludovicus Gimat, parisinus.

Loret, dans sa *Lettre* du 24 août, rend compte de la tragédie et du ballet, avec d'autant plus de soin, peut-être, qu'il lui en coûta « quinze sols » pour y assister.

> Au collège de Saint-Ignace,
> Où dans une assez bonne place
> Je me mis et me cantonay,
> Pour quinze sols que je donnay,
> Fut, avec un appareil extrême,
> Reprézenté certain poëme
> Environ cinq jours, il y a,
> Portant, pour titre, *Athalia*,
> Reyne, autrefois, de la Judée,
> Qui, pour n'être dépossédée
> De la suprême autorité,
> Fit mourir, avec cruauté,
> Par une trame déloyale
> Tous ceux de la Maison Royale,
> Un excepté, tant seulement,
> Que l'on sauva, subtilement,
> L'élevant comme une pucelle,
> Et qui, malgré cette cruelle,
> Après plusieurs dangers scabreux,
> Fut couronné Roy des Hébreux,
> Savoir Joas, prince très sage,
> Qui fit, fort bien, son personnage.
> Pour la princesse Jozaba,
> Son esprit point ne succomba ;
> Au contraire, il aquit la gloire
> D'avoir une heureuse mémoire,

Et si bien son Rolet joua
Que tout le monde l'en loua.
Touchant la jeune Mariane.
Cyprine, Pallas et Diane,
N'eurent jamais, au gré de tous,
Des traits si jolis et si doux ;
A n'en point mentir, l'Assistance
Admira son aimable enfance,
Qui charmoit et réjouyssoit
Chaque fois qu'elle paroissoit.
Tous les autres qui récitèrent,
Passablement s'en aquitèrent,
Et chacun si bien s'appliqua,
Que pas un d'iceux ne manqua.
Bien loin d'exercer la critique
Contre cette pièce tragique,
J'en oüys qui lonoient sans fin,
Son intrigue et son beau latin.
La construction Téatrale
Etant magnifique et Royale,
On y dansa quatre Balets
Moitié graves, moitié folets,
Chacun ayant pluzieurs entrées,
Dont pluzieurs furent admirées ;
Et, vray comme Rimeur je suys,
La vérité sortant d'un puits,
Par ses pas et ses pirouëtes,
Ravit et prudes et coquettes.

La Vérité était un des personnages du ballet, et donnait peut-être son nom au ballet lui-même. Nous retrouverons plus tard, et avec plus de certitude, ce *ballet de la vérité*.

Un imitateur de Loret, Lagravète de Magolas, rendit aussi compte dans une *Lettre* en vers de cette représentation. Il y parle de la musique :

Les aymables et divins sons

> Des charmans et doux violons
> Aux cœurs faisoient rendre les armes ;

Et du public :

> Les princes, comme les princesses,
> Ducs, duchesses, comtes et comtesses,
> Des maréchaux et des marquis,
> Et des gens de mérite exquis,
> Des dames et des demoiselles,
> Riches, bonnes, nobles et belles,
> Aux fenestres et dans la cour
> Sembloient estre l'astre du jour,
> Et de cette cérémonie
> Accroissoient la pompe infinie.

Le bibliophile Jacob[1] se demande si Racine put voir cette *Athalie* et s'en inspirer pour la composition de sa tragédie du même titre. Il fait remarquer que Racine ne sortit de Port-Royal qu'au mois d'octobre de cette année 1658, pour entrer au collège d'Harcourt où il fit sa logique. Si l'on joint à cette circonstance le peu de sympathie que devait éprouver un élève de Port-Royal pour les Jésuites, on est fondé à croire qu'il n'assista pas à la représentation donnée au mois d'août au collège de Clermont. Mais, ajoute le bibliophile Jacob, « les bons Pères faisaient jouer plus d'une fois par leurs élèves les pièces qui avaient eu du succès sur leur théâtre et Racine, élève du collège d'Harcourt, a pu voir donc des reprises de cette *Athalie* qui lui aurait laissé quelques réminiscences. » Ce n'est là qu'une conjecture, et le point en question restera d'autant plus sans solution que cette *Athalie* n'a point été imprimée.

---

1. *Bulletin du Bouquiniste*, novembre 1867.

1659

« *Jonathas liberatus*, tragœdia, dubitur a secundanis collegii Claromontani Societatis Jesu. Die 19 mensis februarii, anno 1659. »

C'est sous cette forme que le programme annonce cette représentation donnée par les élèves de seconde. Ce *Jonathas* n'est pas imprimé.

La tragédie donnée cette année à la représentation d'août était intitulée *Pharaon*. Il y eut aussi un ballet.

Loret est très bref sur cette représentation et pour un motif qu'il expose :

> J'y fus bien, à la vérité,
> Mais à cauze que c'est ma mode,
> Quand je n'ay point place commode,
> De n'y pas faire long séjour,
> Fut-ce mesme aux jeux de la cour,
> N'étant, nulement, à mon aize,
> Et n'ayant tabouret ni chaize,
> Accablé d'un chagrin profond,
> Je sorty dès l'acte second.

Loret sentait déjà sa valeur de feuilletonniste influent et donnait une leçon indirecte aux Pères Jésuites, comme il en avait déjà donné aux organisateurs des ballets de la cour. Semblable au vicomte de Molière,

> Le critique indigné sortoit au second acte.

Toutefois, il veut bien, par ouï dire, faire quelque éloge du spectacle :

> Pluzieurs m'ont dit un bien extrême
> De ce grave et docte poëme,
> Plein de grande érudition,

Qui s'intituloit *Pharaon* ;
Que tout s'y fit avec tant d'ordre,
Qu'on n'y pouvoit trouver à mordre ;
Que messieurs les jeunes Acteurs
Plurent, fort, à leurs Auditeurs ;
Que dans chaque Balet, ou dance,
Tout alloit si bien en cadence,
Que chacun en fut réjouy ;
Que le sçavant Père d'Arouy
Etoit l'auteur de cet ouvrage ;
Et je n'en scay pas davantage.

Le Père d'Arouy n'a pas laissé, que nous sachions, d'ouvrages imprimés.

1660

Le 19 août, *Clementia Christiana*, tragédie avec un ballet, dont le programme est ainsi intitulé :

« Le mariage du Lys et de l'Impériale, ballet, dédié à Leurs majestés par les Escoliers du collège de Paris de la compagnie de Jésus, le 19 d'aoust 1660. »

La brusque sortie de Loret, l'année précédente, avait porté ses fruits. L'avertissement avait été compris, et l'on verra de quelles attentions le critique fut cette fois l'objet.

... Jeudy, leurs Ecoliers jouèrent,
Ou, pour mieux dire, ils récitèrent
Un beau sujet latin, en vers,
Tout remply d'incidens divers,
Et, par cy, par là, de tendresse,
Que cette agréable jeunesse
Excélemment reprézenta,
Et dignement s'en aquita ;
Sujet bien plus saint que profane,
Que le sçavant Père Dozane
De Falaize, au païs Normand,
A fait d'un stile tout charmant,

Pièce sans faute et sans macule,
Pièce, enfin, que l'on intitule
Clementia Christiana,
Et dont, certainement, on a
Fort loué la sage conduite
En l'honneur de ce Jezuite.
Ce sujet, bien imaginé,
D'un Balet fut accompagné,
Duquel l'invention galante
Fut, tout à fait, divertissante,
Et quadrant à l'hymen du Roy ;
Bref, je vous puis jurer ma foy
Que cette Action dramatique,
Et le Téatre magnifique,
Des plus beaux et plus éclatans,
Plûrent fort aux sieurs Assistans,
Surtout au Nonce du saint Père,
Qui prit plaisir à ce mistère,
De sa présence l'honora,
Et, mesmes, dit-on, l'admira.
Pour moy, Créature rampante,
La pièce me parut charmante,
Mes yeux furent souvent ravis,
Et, commodément, je la vis
Sans aucun accident sinistre,
Grâce au sage Père ministre,
Autrement, le Père Gelé,
Par qui je fus là, régalé
De vin, de fruits, en abondance,
Et d'une place d'importance.

Le sujet de la tragédie du Père Dozane est emprunté à l'histoire de Naples.

La reine Constance, de Sicile, voit avec joie son fils Alphonse revenir vainqueur d'une guerre contre les Napolitains, avec le prince Charles de Salerne, fils unique du roi de Naples, qui a été fait prisonnier. Elle médite de se venger sur ce prince de la mort de son neveu Conradin qu'elle chérissait. Mais son fils Alphonse s'est lié d'une étroite amitié avec son prisonnier. L'action roule sur les divers moyens qu'il emploie pour le soustraire à la mort qui le menace. Il n'y réussit pas, et c'est à une inspiration chrétienne qu'obéit la reine en abjurant ses projets de vengeance et rendant la vie et la liberté au prisonnier.

Noms des acteurs :

Louis Bruant, parisien,
François-Joseph Ernothon, de Cornouaille,
Pierre Denis, parisien,
Germain-Christophle de Thumery de Boissize, parisien,
Louis Molé, parisien,
René de Serain, de la Fère,
Jean-Baptiste Ravot d'Ombreval, parisien,
François Oursel, parisien,
Blaise de Tallerand de Grignols, de Périgord,
François Macé, parisien,
René-Charles Nollet, parisien,
Emeric-Toussaint Gardereau de Guimondeau, parisien,
Louis Bavot, parisien,
Jean-Baptiste de Hallot, de Languedoc,
Antoine Maistreau, parisien,
Guillaume Allegrain, de Senlis,
Christophle de Bragelongne, parisien,
François Burin, parisien,
Jean de Biou, parisien,
René Jouenne, parisien,
Antoine Cousin, parisien,
Jean Megissier, parisien,
Matthieu Molé, parisien,
Ange de Massac, parisien,
Nicolas Mauril de la Ronce, parisien,
Jean-Jacques de Vouillach, parisien,
Jean Provost, parisien,
André Muloté, parisien.

8.

Le ballet avait pour objet de célébrer le mariage de Louis XIV. Le Père Lejay, dans son traité *De Choreis*, nous en a donné l'analyse.

La première partie représentait la récente victoire du Lys sur un horrible serpent, symbole de la guerre qui divisait depuis si longtemps la France et l'Espagne. On y voyait Louis combattant heureusement le dragon qui avait résisté à tous les dompteurs de monstres. Des amours, après la lutte, venaient couronner de lauriers la tête du vainqueur, pendant que des charlatans recueillaient les restes du monstre pour en faire des médicaments.

La seconde partie montrait l'arrivée de l'Impériale, escortée de fleurs personnifiées, secondée par le zéphyr. La Renommée chantait ses louanges et l'Écho les répétait.

Le mariage des fleurs faisait le sujet de la troisième partie. Il était célébré dans un agréable jardin que le Dieu de l'Hymen avait débarrassé de tous les insectes nuisibles. Junon Pronuba y présidait, représentant Anne d'Autriche, la reine mère. Des danses joyeuses suivaient cette heureuse alliance.

La quatrième partie, anticipant sur l'avenir, montrait à l'avance les fruits précieux de l'auguste hymen. De nouvelles fleurs surgissaient de chaque tige ; les vents retenaient leurs haleines pour leur permettre de s'épanouir en repos, et les peuples charmés chantaient l'espoir d'une longue paix.

Le Père Lejay range ce ballet dans la catégorie de ceux qui sont fondés sur l'allégorie d'imagination. Il aurait pu le mettre dans celle des ballets ennuyeux.

Acteurs du Ballet :

Joseph Le Roy, parisien,
Estienne Decouleur, lyonnois,
François Andreossy, parisien,
Gabriel Le Coigneux, parisien,
Pierre de Roure, de Languedoc,
Jacques Bazin de Bezons, parisien,
François de Damian de Vernegue, d'Aix,
Estienne Casoult, parisien,
Simon Luillier, de Tours,
Jean des Fossés de Coyolles, de Brie,
Simon-François de Toiras Daubijoux, de Languedoc,
Jean-Baptiste Varin, parisien,
Jerosme de Bragelongne, parisien,
Henri Joly, parisien,
Jean-Baptiste René de Grouchy, parisien,
Joseph de Langeron, de Bourbonnois,
Annibal-François de Naugaret de Couisson, de Languedoc,
René Seguin, parisien,
Jean-Antoine de la Ronce, parisien.

1661

Le 23 février, à une heure après-midi, *Manlius*, tragédie, représentée par les élèves de seconde.

Le 18 août, *Justitia Saulis filios immolantis*, tragédie avec un ballet. La tragédie est du Père Darrouy. Loret, bien placé, assista au spectacle et en rendit compte dans sa *Lettre* du 3 septembre.

> ... On a pris ce sujet plauzible
> Au Livre des Roys, dans la Bible,
> (Le grand Livre des Gens-de-bien)
> Chapitre, je ne sçay combien,

Ayant pour titre, au frontispice,
Le Téatre de la Justice.
Père Darroüy, profond docteur,
En est le noble et digne Autheur :
Cette histoire, des mieux traitée,
Fut assez bien réprézentée,
Et les Balets entrelacez
Fort agréablement dancez,
Se trouvant, illec, d'assûrance,
Un des adroits danseurs de France[1]

Des gens de haute extraction
Furent prézens à l'Action,
J'y vis des princes, des princesses,
Des prézidentes, des comtesses,
Quantité d'Esprits de bon sens,
Et des moines plus de deux cents.

Maint Père, bon et charitable,
M'y fit un accueil favorable,
Le Père Bourre, en premier lieu,
Qu'on tient grand serviteur de Dieu,
Celui que Biguet on appelle,
Dont l'âme est excélente et belle,
Et l'obligeant Père Gelé,
A bien faire toujours zélé,
Qui par sa bonté singulière
Me plaça de telle manière,
Qu'à parler, icy, sérieux,
Je ne pouvois paroître mieux.

1662

Le 22 août, *Sigeric*, tragédie, dédiée au Roi, avec *la Destinée de Monseigneur le Dauphin*, ballet.

Loret, qui ne se pique pas d'une exactitude bien scrupuleuse, transforme Sigeric en Egeric. Il nous ap-

---

1. Le sieur Langlois (note de Loret).

prend, toutefois, que le Père Du Bois était l'auteur de cet ouvrage.

> ... Les Ecoliers des Jézuites,
> Dont les personnes sont instruites
> Aux sciences, soir et matin,
> Représentèrent en Latin,
> Sur un Téatre magnifique,
> D'Egeric, l'Histoire tragique,
> Dont les vers, à ce que m'ont dit
> Des Gens d'esprit et de crédit,
> (Et me l'ont dit en conscience)
> Sont pleins d'art et d'intelligence ;
> Le Père Du Bois, ce dit-on,
> Sage et sensé comme un Caton
> (Je n'oze dire davantage)
> Est l'Autheur du susdit Ouvrage,
> Tiré de Grégoire de Tours,
> Et remply de fort beaux Discours.
>
> Des Balets d'Entr'actes servirent,
> Qui plûrent et qui réjouirent,
> Ayans pour vizée et pour fin
> Le sort de Monsieur le Daufin,
> J'en voudrois dire davantage,
> Mais le mal félon qui m'outrage
> Ne me permet ny peu, ny point,
> De bien aprofondir ce point.

Le sujet du ballet se rapportait à un événement considérable, la naissance du Dauphin. Les Jésuites, qui ne laissaient échapper aucune occasion de faire leur cour au roi, leur protecteur déclaré, ne négligèrent point celle-ci.

C'est dans le livre du Père Menestrier que nous trouverons une analyse de ce ballet.

« A l'occasion de la naissance de Mgr. le Dauphin, on fit de sa destinée le sujet d'un ballet. L'Europe, l'Asie, l'Afrique et l'Amérique, qui en composèrent les quatre entrées, cherchèrent cette destinée. L'Europe consulta les Sybilles, qui furent la plupart Européennes ; l'Asie se servit des Astrologues judiciaires, dont les plus habiles furent des Chaldéens; l'Afrique employa les Physionomes et les Devins, qui eurent tant de crédit parmi les Égyptiens et l'Amérique eut recours aux Démons qui sont ses oracles et ses divinités. Les Sybilles firent connoître que c'étoit par la vie du père qu'il falloit juger de celle du fils. Les Astrologues que le ciel en feroit une vie glorieuse et pleine de prodiges, les Physionomes que sa vie seroit de longue durée, et les Démons prenant l'épouvante et la fuite, firent entendre par leur désordre, qu'une vie aussi chrétienne que celle de ce jeune prince porteroit l'effroy jusque dans les Enfers. »

1663

Le 31 janvier, à une heure après-midi, *Alexander et Aristobulus*, tragédie, donnée par les élèves de seconde.

Alexandre et Aristobule sont les deux fils qu'Hérode avait eus de Mariamne. La tragédie roule sur une conspiration de ces deux jeunes gens qui veulent venger la mort de leur mère. Hérode, poussé par sa sœur Salomé qui favorisait Antipater, fils d'un premier mariage, et voulait lui assurer la couronne, se décide à les faire mourir.

Ce sujet avait été traité par La Calprenède, en 1639, sous le titre de *La mort des enfants d'Hérode* ou *la suite de Mariamne*.

Le 6 février, à six heures du soir, *Ostentatores*, comédie. L'intitulé du programme de cette comédie est ainsi rédigé :

« Ostentatores, comœdia, dabitur in theatro a selectis convictoribus Collegii Claromontani, 6 februarii horâ sextâ serotinâ, 1653. »

Ce nom de *convictores* s'appliquait aux pensionnaires par opposition aux externes.

Le 7 août, à une heure de l'après-midi, *Theseus*, tragédie, avec le *Ballet de la vérité*.

La tragédie est du Père Bouchet, qui, si l'on en croit Loret,

> ... Par des grâces non pareilles,
> L'a, dit-on, traitée à merveilles.
> Par divers ornemens nouveaux
> Le téatre étoit des plus beaux ;
> Les *scolares* fort bien jouèrent,
> Et quatre balets qu'ils dansèrent
> Donnèrent, très-assurément,
> Un plaizant divertissement.
> Plus de six mille Hommes, que Femmes,
> Dont étoient pluzieurs belles dames
> Dignes de respect et d'amour,
> Et maints grands seigneurs de la cour,
> Seigneurs de très-rare mérite
> Furent voir la pièce susdite
> Avec un concours merveilleux,
> Mesme jusqu'à des cordons-bleus.
> Sur escabelle, et non sur chaize,
> Je vis le tout bien à mon aize,
> Grâces au Père Gendreau,
> Qui me fit un petit cadeau,
> Par une bonté toute pure,
> De pain, vin, fruit et confiture,
> M'ofrant ce rafraîchissement,
> Tout de bon, fort obligeamment.

Ce feuilleton, qui est du 11 août 1663, est, à notre grand regret, le chant du cygne. L'année suivante, le gazetier n'était plus de ce monde.

La tragédie a pour sujet la reconnaissance de Thésée par son père Égée, au moment même où, par les artifices de Médée, il allait être sacrifié aux dieux. Elle a deux personnages de femme, Médée et Erechthea, qui se disputent l'amour du héros.

Noms des acteurs :

Laurentius le Letier, parisinus,
Jacobus Genevray, rothomagensis,
Franciscus le Mercier, parisinus,
Jacobus Croiset, parisinus,
Maurillius Nicolaus Hastron de la Ronce, parisinus,
Emericus Panagius Gardereau de Guimondeau, parisinus,
Joannes Joly de Fleury, parisinus,
Jacobus Nicolaus Daguinet, parisinus,
Alexander Huguet de Semonville, parisinus,
Michael Preval de la Matracières, parisinus,
Pomponius Guibert, parisinus,
Renatus Jovanne, parisinus,
Antonius Josephus Poncet de la Rivière, parisinus,
Bonaventura Le Clerc de Chasteau du Bois, parisinus,
Joannes Baptista Colbert, parisinus,
Carolus Meterye, parisinus,
Jacobus Berryer, parisinus,
Isaacus Jorel, calvimontensis,
Claudius des Places, parisinus,
Claudius Theophilus Ranchin, parisinus,
Ludovicus de Launay, normannus,
Franciscus de Romezin, parisinus,
Marcus Annas Goislart, parisinus,
Jacobus Renault, parisinus,
Joannes Ludovicus Berryer, parisinus,

Jean-Baptiste Colbert qui jouait, dans cette tragédie, un modeste rôle de seigneur, peut-être celui d'un simple figurant, était le fils du ministre de Louis XIV. Il fut lui-même un ministre de la marine distingué par son caractère et ses talents.

Le Ballet de la vérité fut l'occasion d'une sortie violente faite contre les Pères Jésuites par un brochurier anonyme. Le factum est en vers et nous l'avons trouvé dans un énorme recueil publié de 1764 à 1769, par l'abbé Gazaignes, contre la société qui venait d'être expulsée de France[1].

Nous en citerons quelques passages pour donner une idée de l'urbanité de cette polémique :

> ... On vit une troupe enflammée,
> De l'esprit d'enfer animée,
> Qui, sortant des plus sombres lieux,
> Tout d'un coup vint sauter aux yeux ;
> Et par des efforts impudiques,
> Des sauts frisés, des pas lubriques,
> Fit un épouvantable ébat
> Qu'on n'a jamais fait au sabat.

C'est une entrée de sorciers qui excite à ce point la bile du poète satirique. Il continue :

> Tout leur corps étoit en débauche,
> Et dans ces transports si brulants,
> Dans ces efforts si violents,
> Ils faisoient tant de pirouettes,
> Tant d'écarts, d'élans, de courbettes,
> Et tant d'assauts précipités,
> Qu'on eut dit qu'ils s'étoient frottés
> De cette graisse ensorcelée
> Qui donne une haute volée...

La pièce se poursuit dans ce style et avec un redou-

---

[1]. Annales de la Société des soi-disant Jésuites... depuis 1552, époque de leur naissance en France, jusqu'en 1763, 5 vol in-4°.

blement de violence ; elle est fort longue. On y traite les Jésuites de « parricides des âmes », et c'est là une des moindres injures qu'on leur adresse.

On vient de lire dans la *lettre* de Loret une énumération des personnages haut placés qui assistaient à ce spectacle. Est-il admissible que des scènes inconvenantes aient été représentées devant un semblable public ? A défaut du tact dont les Pères ne manquaient pas, la plus vulgaire prudence devait les détourner d'écarts comme ceux que le libelle leur reproche.

Le programme du ballet ne nous laisse entrevoir aucune de ces monstruosités qui excitent l'indignation du poète satirique. On en jugera :

« La Vérité, qui triomphe dans cette action (celle de la tragédie) des fourbes de Médée, faisant enfin reconnoistre Thésée pour le fils du roy, donne lieu au *Ballet de la Vérité*.

Première partie. — LA VÉRITÉ DÉGUISÉE.

« 1º Après la Renommée et les faux bruits ; 2º la Vérité paroist ; 3º les orateurs la parent ; 4º les poëtes la fardent ; 5º et les courtisans se servent du déguisement pour la travestir.

Deuxième partie. — LA VÉRITÉ CHASSÉE.

« 1º Les Vices taschent de chasser la Vérité, et ne pouvant le faire, 2º ils s'adressent à la Nuit, qui avec toutes ses ombres ne la peut pas mesme cacher. 3º Le Mensonge, l'Erreur, l'Ignorance, la Fourberie et la Calomnie la mettent en fuite ; 4º Les plaideurs l'empeschent de se retirer dans le palais d'Astrée. 5º Elle se réfugie dans un temple des faux dieux, mais ces dieux la chassent et la poursuivent si indignement, qu'elle est contrainte de se jeter dans un puits qu'elle rencontre par hazard.

Troisième partie. — LA VÉRITÉ CHERCHÉE.

« 1º Les bonnes gens du temps passé sont au désespoir de ne plus voir la Vérité. 2º les Faiseurs d'almanachs la cherchent dans les cieux. 3º Les Faiseurs de nouvelles la font chercher par tout le monde par des courriers exprès. 4º Les Magiciens la font chercher dans les enfers. 5º Les Paysans, ayant remarqué chez eux la Simplicité et les autres compagnes de la Vérité, espèrent enfin découvrir le lieu de sa retraite.

Quatrième partie. — LA VÉRITÉ TROUVÉE.

« Les Fous, 2º les Enfans, 3º et les Ivrognes découvrent la Vérité, mais ils ne la peuvent retenir. 4º Les Philosophes font aussi de grands efforts pour l'enlever du puits, mais inutilement, parce qu'ils n'agissent pas de concert. 5º Le Temps enfin tire la Vérité de ces obscuritez et la fait voir à tout le monde. »

Noms des danseurs :

GASPARD DE MERINVILLE, de Languedoc,
JEAN FRANÇOIS LE PRESTRE, de Paris,
LOUIS PROU, de Paris,
ANTOINE JOSEPH PONCET DE LA RIVIÈRE, de Paris,
CHARLES MAURIN, de Paris,
FRANÇOIS LONGUET, de Paris,
JOSEPH LANGERON, du Bourbonnois,
MATHURIN DURAND, de Paris,
MICHEL DE BONNEUIL, de Paris,
PHILIPPE LE SEMELIER, de Paris,
JACQUES DE NAMBUC, de l'Amérique,
CHARLES CHAILLIOU, de Turin,
LOUIS DE MAILLY, de Picardie.

1664

Le 26 février, à sept heures du soir, *Doctor Compendiarius*, comédie, « a selectis convictoribus. »

Le (jour non indiqué) août, à une heure après midi, *Hermenigildus*, tragédie.

Le martyre d'Herménigilde, fils de Leovigilde, roi des

Goths, a été traité par le Père Caussin et par le Père Porée.

Il ne peut être question ici que de l'ouvrage du premier trouvé dans le Recueil de ses tragédies, publiées à Paris en 1620. Elle est en prose, mêlée de chœurs et de morceaux lyriques, et porte le titre d'*Actio oratoria*.

La tragédie du Père Porée nous donnera l'occasion de revenir sur ce sujet qui a son côté intéressant.

1665

Le 6 août, à une heure après midi, *Irlande*, tragédie, avec le *Ballet des comètes*.

Le sujet de la tragédie nous est resté inconnu. Pour le ballet nous aurons recours au Père Menestrier, qui, après avoir recommandé de lier autant que possible le sujet du ballet à celui de la tragédie, ajoute :

« On ne s'est pas toujours assujéti à ces liaisons, mais on a pris quelquefois des sujets que le temps fournissoit, comme l'an 1665 ; à l'occasion des deux comètes qui parurent cette année là, on fit le *Ballet des Comètes* dont on publia le sujet avec cet avertissement :

« Puisque les poëtes nous parlent des mouvemens des cieux comme d'un bal où ils font danser les estoiles toutes les nuits, on a cru qu'il seroit aussi permis de faire le ballet des deux comètes qui ont paru cette année. La première sembloit de mauvais augure à quelques Astrologues à cause du temps et du lieu de sa naissance, de sa lumière sombre et de son cours d'Orient en Occident qui la tenoit au commencement éloignée du soleil. La seconde ne promettoit rien que de bon pour les raisons contraires. Elle alloit d'Occident en Orient et précédoit tous les matins le lever du Soleil, comme pour servir d'avant-courrière à ce Prince des Astres, et y conduire par son éclat les gens de toutes les nations que la nouveauté attiroit sur elle. C'est ce qui a donné sujet de feindre que le Soleil, irrité de ce que les hommes le considèrent moins que les estoiles de la nuit, a fait naître, comme il est le père des lumières, ces deux comètes, l'une pour les punir de leur faute, l'autre pour les instruire de leur devoir. »

Puisqu'il s'agit de comètes, on peut dire que ces développements du sujet sont bien tirés par les cheveux.

1666

Le 3 mars, à deux heures de l'après-midi, *Titus*, tragédie, représentée par les élèves de seconde.

L'intitulé du programme se distingue par une mention particulièrement flatteuse pour les acteurs :

« Titus, tragœdia, dabitur in collegio Claromontano Socie« tatis Jesu, a selecto humanitatis flore, die 3 Martis, horâ « secundâ post meridiem. »

Le 3 août, à une heure après midi, *Gusmanus*, tragédie, avec le *Ballet du Temps*.

Alphonse, gouverneur de Tarise pour le roi de Castille, est assiégé par Machomet, roi des Maures. Son fils Gusman est fait prisonnier dans une sortie. Le roi des Maures, ennemi peu délicat, fait savoir au gouverneur que s'il ne rend pas la place, Gusman périra. Grande lutte entre le devoir et l'amour paternel. Le devoir l'emporte. Gusman est immolé et l'infortuné père n'a que la triste consolation de vaincre et de tuer à son tour le farouche monarque maure.

L'intrigue se complique de l'amitié chevaleresque qui existe entre Gusman et Salamar, fils de Machomet. Ce dernier, détestant la conduite de son père, vient se remettre aux mains d'Alphonse et demande à être traité comme on a traité son ami. Ce sacrifice n'est pas accepté et il est rendu à la liberté par le généreux vainqueur.

Acteurs :

Carolus Meneust de Brequigny. rhedonensis,
Ludovicus Nicolaus de Breteuil, parisinus,
Joannes de la Barre, parisinus,
Ludovicus Mitton, parisinus,
Antonius Poncet de la Rivière, parisinus,
Achilles de Longueval de Manicamp, laudunensis,
Claudius Thiaudière, parisinus,
Hugo Betauld, parisinus,
Philippus Preval, parisinus,
Jacobus Maboul, parisinus,
Trajanus Myron, parisinus,
Stephanus Mocet, parisinus,
Claudius d'Albon de S. Forgeulx, lugdunensis,
Yvo de la Neuville, parisinus,
Petrus Pegere, parisinus,
Ignatius de Valbelle, aquensis,
Michael Gueret, parisinus,
Constantius Constantin, parisinus,
Natalis Verney, parisinus,
Joannes Moreau, parisinus,
Henricus-Franciscus de la Ferté de Senectere, parisinus.

Le ballet, désigné dans le programme latin, sous le nom de *Palæstricum Drama*, comprend quatre parties :

« 1º *La nature du Temps.* — Saturne qui en est l'image, — les Planètes qui le produisent par leur mouvemens, — les momens qui le composent, — les Astrologues qui l'estudient, — les Horlogers qui le mesurent nous font connoistre le Temps.

« 2º *Les changemens du Temps.* — Dans le Printemps, représenté par des fleurs, — dans l'Esté et l'Automne, par des moissonneurs et des vendangeurs, — dans l'Hyver par des frimas, — dans les Vents par des girouettes, — dans les Modes par des gens habillez différemment et d'une manière extravagante.

« 3º *Les ennemis du Temps.* — La crainte du travail, dans des gueux, — le peu d'employ, dans des bergers, — l'oisiveté, dans des soldats en garnison, — le libertinage, dans des pages, — le jeu, dans des joueurs de boules.

« 4º *Les victoires du Temps.* — Sur la force, dans des lutteurs qu'il affoiblit, — sur la dureté du bronze et des marbres, dans des statues qu'il renverse, — sur la beauté, dans de jeunes personnes qu'il couvre d'un vilain masque, — sur l'esprit, dans des vieillards auxquels il en oste l'usage, — sur les passions, dans des Furies, dont il esteint les flambeaux. »

Acteurs du ballet :

Antoine Poncet de la Rivière, parisien,
Joseph de Langeron, nivernois,
Philippe le Semelier, parisien,
René de Champagne de Vilene, du Maine,
René Turpin de Crissé, d'Anjou,
Jacques de Rouvroy, de Beauvais,
Louis Mitton, parisien,
Paul Colar, parisien,
Henri-François de la Ferté Senectere, parisien,
Louis Le Conte, parisien,
Jean Favier, parisien,
George Smith, de Londres,
Guillaume Feugre, de Paris,
Nicolas Vaignard, de Paris.

1667

Le (jour non indiqué) février, une heure après midi *Agapitus*, tragédie, donnée par les élèves de seconde.

Le Père Porée a aussi traité plus tard ce sujet. Agapit subit le martyre à l'âge de quatorze ans, et son sort devait intéresser la jeunesse.

Le 11 août, à 1 heure après midi, *Andronicus martyr*, tragédie, avec un ballet.

Andronicus est un général romain qui, après une campagne heureuse en Orient, est accueilli avec une grande faveur par l'empereur Dioclétien. Cette réception excite la jalousie de l'impératrice Alexandra qui se proposait de mettre son frère Tyrinus à la tête des armées. On découvre qu'Andronicus est chrétien, et on le dénonce à l'empereur qui se décide à le faire périr. Mais Alexandra, touchée par une inspiration céleste, abjure sa haine contre Andronicus et fait en présence de l'empereur profession de sa foi chrétienne. Ils sont l'un et l'autre livrés au supplice.

Acteurs :

Ludovicus Nicolaus de Breteuil, parisinus,
Petrus Henricus de Leurye, parisinus,
Carolus Benignus Hervé, parisinus,
Marcus Goilard, parisinus,
Alexander Milon, turonensis,
Carolus Franciscus Richer, parisinus,
Hugo Betauld, parisinus,
Franciscus Portail de Fresneau, parisinus,
Joannes Ludovicus Rousseau, parisinus,
Thomas l'Empereur, parisinus,
Henricus Franciscus de la Ferté Senectere, parisinus,
Nicolaus Augustinus de Corberon, parisinus,
Stephanus de Lestang, bituricensis,
Franciscus Aubery, parisinus,
Claudius Josephus d'Albon de S. Forgeux, lugdunensis,
Remondus Franciscus de Lescot, parisinus,
Nicolaus Cadeau, parisinus,
Reginaldus Forbet, parisinus,
Joannes Baptista Sergé, parisinus,

Franciscus de Froidour, parisinus,
Antonius Caquelart, parisinus,

Les quatre parties du ballet représentaient : l'innocence menacée, l'innocence persécutée, l'innocence secourue et l'innocence couronnée.

1668

Le 8 février, à 1 heure après-midi, *Agathocles*, tragédie, donnée par les élèves de seconde.

Cette tragédie est du Père La Rue, elle ouvre la grande période littéraire du théâtre de la rue Saint-Jacques. Elle a été plusieurs fois réimprimée avec les autres œuvres du Père La Rue, sous le titre de *Lysimachus*.

Lysimaque, roi de Macédoine, est assiégé dans sa capitale par les Gètes. Au premier acte, il se réveille sous l'impression d'un songe funeste qui lui présage la mort de ses trois fils. Ces trois fils sont Agathocle, son fils d'un premier lit, Séleucus, sorti de son mariage avec Arsinoé, et Amyntas, fils d'Arsinoé et d'un premier mari de celle-ci.

On rassure le roi ; tout annonce une victoire. Séleucus est sorti de la ville sous un déguisement. Revêtu des armes des Gètes, il va s'introduire dans leur camp et les attaquer.

De tristes pressentiments conçus par la reine ne tardent pas à se réaliser. On vient, en effet, lui apprendre la mort de Séleucus. On l'a trouvé, percé de plusieurs coups et dépouillé des armes et du casque gétiques que sa mère lui avait donnés. Ce sont ces armes qui, au milieu des ténèbres, l'ont fait prendre pour un ennemi et ont causé sa mort. Lysimaque jure de venger son fils.

9.

Agathocle arrive. Son père lui ouvre les bras; mais en même temps il aperçoit les dépouilles portées par des soldats; il reconnaît les armes de Séleucus. C'est Agathocle qui a tué son frère.

Arsinoé l'accuse d'avoir commis ce crime par un sentiment de jalousie contre un frère qu'il considérait comme un rival. Agathocle se défend, sa main seule fut coupable. Cependant on s'assure de lui, et le roi promet de le punir si le crime est démontré.

La reine cherche à exciter son fils Amyntas contre Agathocle; mais Amyntas défend son beau-frère et refuse de servir sa mère dans ses projets de vengeance, bien qu'elle lui promette le trône après la disparition d'Agathocle. Resté seul, il se décide au contraire à sauver son frère, en se sacrifiant lui-même.

Au troisième acte, il fait au roi l'aveu de son prétendu crime. Il déclare qu'il a tué volontairement Séleucus dont il connaissait le déguisement. Le roi l'accable de reproches et fait appeler la reine. Celle-ci, toujours animée de sentiments de vengeance contre le meurtrier de Séleucus, excite son mari à sacrifier le coupable.

Le roi la met alors en présence d'Amyntas, qui renouvelle ses aveux. La situation est dramatique. Placée entre l'amour de son fils et la passion de la vengeance, la reine hésite. La vengeance paraît l'emporter dans son cœur, mais sa confidente l'engage à réfléchir et lui suggère qu'Amyntas a pu faire un mensonge pour sauver son ami.

Le quatrième acte s'ouvre par une scène entre les deux frères; Agathocle refuse le sacrifice d'Amyntas, qui persiste dans son dessein. En présence de la reine, l'un et l'autre continuent à revendiquer la responsabilité du crime. Le roi les interroge ensuite devant les principaux de sa cour. La même lutte de générosité se renouvelle.

Un des courtisans engage le roi à employer la ruse pour découvrir la vérité. Cette ruse consiste à dire à chacun des deux frères que l'autre a été condamné à mort. Dans cette situation, ils n'auront plus aucun motif de dissimuler.

Ls roi suit ce conseil, et au cinquième acte, Agathocle, croyant son frère condamné, vient expirer devant la reine. Il a pris du poison qu'il portait dans une bague. Lysimaque arrive et le trouve mourant : Qu'as-tu fait, s'écrie-t-il? Amyntas vit, vivez tous les deux! Il lui dévoile la ruse; mais il est trop tard. Amyntas, croyant aussi que son ami a été sacrifié, a arraché l'épée d'un de ses gardes et s'est frappé au cœur. Les deux frères expirent en s'embrassant.

Nous avons cru nécessaire de donner une analyse assez développée de cet intéressant ouvrage. C'est un des meilleurs, sinon par le style qui est quelquefois recherché et obscur à force de concision, mais par la conduite et le sentiment dramatique, du théâtre spécial dont nous nous occupons. L'imitation de Corneille s'y fait sentir dans de très-nombreuses antithèses qui se balancent dans une série de répliques ingénieusement symétriques et où l'esprit prend souvent la place de la passion.

Elle est, d'ailleurs, dans toutes les règles de l'art, telles qu'on les comprenait alors, et les trois unités y sont scrupuleusement respectées.

Noms des acteurs :
AUGUSTUS JOANNES FRANCISCUS LE MAIRE, parisinus,
JOANNES BAPTISTA GASTIER, parisinus,

Marinus Fournier, meduntanus,
Ludovicus Paulus Mitton, parisinus,
Michael Franciscus de Verthamon de Breaux, parisinus,
Antonius Franciscus le Fevre d'Ormesson, parisinus,
Andreas du Buisson de Varenne, parisinus,
Ludovicus Niobet, parisinus,
Joannes Carolus Doujat, parisinus.

Le 2 août, à une heure après midi, *Aurelius*, tragédie.

1669

Le 27 février, à une heure après midi, *Philadelphus*, tragédie, représentée par les élèves de seconde.

Le 6 août, à une heure après midi, *Jonathas*, tragédie, avec le *Destin*, ballet.

La tragédie est fondée sur un épisode du livre des *Rois*. Jonathas, fils de Saül, ignorant l'ordre paternel, qui prescrivait un jeûne absolu jusqu'au soir, prend un peu de miel au bout d'une baguette et le porte à sa bouche. Fortifié par ce léger aliment, il poursuit et défait les Philistins. Malgré cette victoire, Saül, lié par la promesse qu'il a faite, se propose de sacrifier son fils. Il en est empêché par le peuple et est enfin dégagé de son imprudent serment par le grand prêtre. La triste pompe du sacrifice se change en triomphe.

Acteurs :

Alexander Milon, turonensis.
Jacobus Philippus Herou, parisinus,
Joannes Carolus Doviat, parisinus,
Ludovicus Betaud, parisinus,

Petrus Pucelle, parisinus,
Petrus Dumaitz, parisinus,
Gabriel Polart, parisinus,
Joannes Herault, parisinus,
Michael Manel, parisinus,
Hugo Betaud, parisinus,
Henricus de la Ferté de Senecterre, parisinus,
Carolus Richer, parisinus,
Antonius Collot, cœsanneus,
Franciscus Luce, parisinus,
Petrus Richer, parisinus,
Andreas le Vieux, parisinus,
Franciscus Moreau, parisinus,
Josephus Dorat, parisinus,
Nicolaus Monnerot, parisinus,
Franciscus Bavoy, molinensis,
Jacobus Baussan, burdigalensis,
Nicolaus Bernot, parisinus,
Stephanus La Borie, parisinus,
Petrus Gamore, parisinus,
Leo Monnerot, parisinus.

Le ballet a l'intention de montrer, dans ses quatre parties, les diverses phases de l'empire du Destin. On représente, dans la première, « la naissance du Destin et l'établissement de son empire imaginaire. » Ce sont l'ignorance, le mensonge, l'imprudence et l'erreur qui tirent le Destin de l'enfer et l'installent sur le trône. Les dieux et les hommes sont contraints de lui rendre hommage et s'en retournent chargés de chaînes.

« L'exécution des arrêts irrévocables du Destin » forme le sujet de la seconde partie. Nous y voyons des avares qui s'efforcent en vain de corrompre le Destin et de le porter à force d'argent à révoquer l'arrêt de leur mort, — et des courtisans qui mettent inutilement en usage tous les artifices et toutes les bassesses pour obtenir du dieu qu'il suspende l'arrêt de leur disgrâce.

La troisième partie fait voir la « décadence de l'empire du Destin, » et la quatrième « la ruine entière » de cet empire. Mars et Minerve commencent à se révolter contre son joug. Les autres dieux se joignent à eux, et enfin le Destin, arraché de son trône, retourne dans les enfers avec les Furies qui l'en avaient tiré.

Acteurs du ballet :

Claude de la Croix, de Paris,
Bernard de Gesvres, de Paris,
Henry de la Ferté de Sénecterre, de Paris,
Pierre Viole, de Paris,
Charles de Valpergue de Pianais, de Turin,
Raimond de Lescot, de Paris,
Claude Rouere, de Paris,
Nicolas Monnerot, de Paris.

1670

Le 12 février, à une heure après midi, *Alexander et Aristobulus*, tragédie, donnée par les élèves de seconde. C'est une deuxième représentation.

Le 5 août, à une heure après midi, *Adrastus*, tragédie, avec le *Ballet de la Curiosité*.

On représente dans ce ballet, dit le programme, la curiosité dont le bon ou le mauvais usage peut beaucoup contribuer à perfectionner les esprits ou à les gaster, et pour mieux marquer le bon usage qu'il en faut faire et le mauvais qu'il faut éviter, on a divisé cette pièce en quatre parties qui sont autant d'espèces de curiosité. La première est une curiosité inutile qui court après toutes sortes de bagatelles. La seconde est une curiosité pernicieuse qui recherche des connoissances défendues. La troisième est une curiosité raisonnable qui étudie les secrets de la nature et qui perfectionne les sciences. La quatrième est une curiosité nécessaire qui examine les divers usages de chaque chose et qui a inventé tous les arts. »

Chaque partie du ballet est symétriquement partagée en cinq scènes ou entrées.

Première partie. — 1re Entrée. — La curiosité paroît, accompagnée de quelques jeunes gens auxquels elle tache de plaire par une danse si conforme à la légèreté, et aux inclinations de cet âge, qu'elle les engage facilement à son service.

2me Entrée. — L'oisiveté, mère de la curiosité inutile, lui amène quelques fainéants qui commençoient à se dégoûter de leur vie languissante. La curiosité, qui les reçoit avec joye, fait rompre leur molle cadence par une autre aussi aisée, mais plus agréable, qui les oblige à demeurer sous l'empire de l'oisiveté.

3me Entrée. — Des gazettiers viennent apprendre à des curieux de nouvelles divers bruits ; sur quoy chacun d'eux veut raisonner fortement et forme de vaines et ridicules conjectures.

4me Entrée. — De bonnes gens étudient leur almanach et entrent en contestation sur les différentes prédictions qu'ils y rencontrent.

5me Entrée. — Des superstitieux endormis, à qui les songes se présentent sous diverses formes, consultent des devins pour interpréter ces visions.

Seconde partie. — 1re Entrée. — Quelques esprits forts, recherchant des connoissances qui sont au-dessus d'eux, sont aveuglés par l'Erreur qui leur jette de la poussière aux yeux, tellement qu'ils s'entrechoquent et se retirent en confusion.

2me Entrée. — Des chimistes empressés à la recherche de la pierre philosophale, après avoir longtemps soufflé autour de leur fourneau, marquent par leur dépit qu'ils ont perdu leur temps et leur peine.

3me Entrée. — Des païsans font un sortilège pour deviner l'auteur d'un vol qui s'étoit fait dans leur village.

4me Entrée. — Un curieux qui a recours à la magie pour satisfaire sa passion, est tout à coup environné d'une troupe des lutin qui le font repentir de sa curiosité.

5me Entrée. — Epiméthée, qui a ouvert la boëte de Pandore, d'où tous les maux se sont répandus sur la terre, est poursuivi par divers malheureux qui le veulent punir de sa curiosité indiscrète.

Troisième partie. — 1re Entrée. — La curiosité recherche la vérité; mais ne la pouvant démêler d'avec le mensonge et l'apparence qui en a pris toutes les couleurs, elle a recours à la sagesse qui la lui fait connoître.

2me Entrée. — Des jeunes gens, piqués du désir d'apprendre, viennent, sous la conduite de Mercure, s'adresser à la curiosité qui leur présente divers symboles des sciences. Ils reçoivent ces symboles, et les ayant considérés, il les changent souvent jusqu'à ce que chacun ait rencontré celui qui est conforme à son génie.

3me Entrée. — Diogène, avec sa lanterne, vient chercher un homme en plein midi, et se moquer de tous ceux qui étudient toute autre chose qu'eux-mêmes.

4me Entrée. — Des philosophes, ennuiés de l'ancienne doctrine, viennent, avec Démocrite, jetter leurs vieux manteaux aux pieds de la curiosité, et en reçoivent les instrumens de la nouvelle philosophie.

5me Entrée. — Des voiageurs des quatre parties du monde, qui remarquent curieusement les mœurs et les manières des païs par où ils passent, admirent surtout l'air et l'adresse d'un François qui se joint à eux, et s'efforcent en vain de l'imiter.

Quatrième partie. — 1re Entrée. — Saturne, Tïphys, Pan et Prométhée reçoivent de la curiosité les instrumens des premiers arts qu'ils ont inventés par l'usage qu'ils ont seu faire des quatre élémens.

2me Entrée. — Saturne, ayant retiré des cavernes des gens des premiers siècles qui s'entrefuient dès qu'ils se voyent, il les assemble, et leur faisant remarquer les richesses de la terre, les anime à rechercher les moyens d'en profiter.

3me Entrée. — Pan instruit des bergers à faire parler des roseaux, et à ménager si bien l'air qu'ils en font sortir, qu'il forme enfin un concert agréable.

4me Entrée. — Des matelots, curieux de découvrir de nouveaux païs, apprennent, sous la conduite de Tiphys, à combattre les flots et à se servir des vents pour favoriser leurs desseins.

5me Entrée. — Prométhée, qui a apporté le feu sur la terre, inspire à plusieurs personnes le désir d'apprendre les divers usages qu'on en peut faire.

Dernière Entrée. — Les Nations, qui ont profité de l'invention des arts, après avoir chassé les partisans de la curiosité inutile et de la pernicieuse, s'attachent à la raisonnable et à la nécessaire, dont elles se promettent de grands avantages.

Noms des acteurs :

CLAUDE-FRANÇOIS DE LA CROIX, de Paris,
JEAN-BAPTISTE PROU DU MARTRAY, de Paris,
BERNARD-FRANÇOIS DE GESVRES, de Paris,
CLAUDE-JEAN-BAPTISTE LAMBERT DE THORIGNY, de Paris,
HENRI DE LA FERTÉ SENECTERRE, de Paris,
CHARLES DE VALPERGUE DE PIANAIS, de Turin.
HENRY DE CURTON DE CHABANNES, de Clermont,
FRANÇOIS DE HAUTEFORT DE MONTIGNAC, de Paris,
GABRIEL DE RIEUX, de Languedoc,
ANNE-JEAN DUFRESNOY, de Paris,
JEAN-CHARLES-LOUIS DE BREAUTÉ, de Paris,
JEAN-BAPTISTE D'ESTRÉE, de Paris.

1671

Le 4 février, à une heure après midi, *Hermenigildus*, tragédie, donnée par les élèves de seconde. C'est une deuxième représentation.

Le 5 août, à une heure après midi, la *Prise de Babylone*, tragédie, avec le *Ballet des Songes*.

Ce ballet est un de ceux que le Père Menestrier appelle « ballets d'attache, » c'est-à-dire dont l'idée est liée à celle de la tragédie.

« L'an 1671, le sujet de la tragédie étant la ruine de l'empire des Assyriens, on fit *le ballet des Songes*, parce que le ciel ne se servit pas seulement de la main qui parut sur la muraille de la salle du palais de Balthazar pour prédire ce renversement; il l'avoit fait connoître longtemps auparavant par plusieurs songes. Ce qui fit prendre pour le sujet du ballet qui devoit accompagner la tragédie : *les Songes*. Leurs causes générales et particulières furent exprimées dans les deux premières parties. Les deux dernières en représentèrent les tromperies et la vérité, qui sont les deux effets des songes, dont les uns ne sont que des illusions, tandis que les autres sont mystérieux et des moyens dont la providence se sert quelquefois pour nous découvrir ses secrets.

« Dans la première partie de ce ballet, la Nuit, le Silence, la Paresse et la Lassitude, qui causent naturellement le Sommeil, l'introduisirent pour faire la première entrée. Le Bruit, le Soin, la Jalousie et la Crainte s'efforcèrent de le troubler et firent la seconde entrée. Les Sens, attirez par la douceur du Sommeil, se trouvèrent charmez dans la troisième. L'Imagination avec ses phantômes fut la quatrième. Et les Enfans du sommeil, Morphée, Icelus et Phantasus, qui sont en même temps comme les pères des songes, firent la cinquième.

« La diversité des songes causée par la diversité des humeurs et des tempéramens fit la seconde partie, où le tempérament sanguin fit voir les songes agréables, comme les autres tempéramens en firent voir de mélancoliques, de violens et d'extravagans. »

Ce sujet des Songes a été traité de nouveau par le père Le Jay.

1672

Le 3 août, à une heure après midi, *Catharina*, tragédie, avec le *Ballet de l'Illusion*.

Une note manuscrite du programme que nous avons sous les yeux attribue cette tragédie au Père Lucas.

L'intrigue de la tragédie roule sur le double nom de l'héroïne. Elle est aimée de Maximus, fils de l'empereur Maximin, sous son nom païen de Catherine ; elle est proscrite sous son nom chrétien de Dorothée. Ce n'est qu'au quatrième acte que l'on découvre qu'une seule et même personne se cache sous ces deux noms. Elle est condamnée et décapitée au cinquième acte. Sa tête est apportée sur le théâtre et présentée à son amant infortuné.

Acteurs de la tragédie :

JOANNES PHILIPPUS LE VASSEUR, parisinus,
LUDOVICUS DE LA FERTÉ SENECTERRE, parisinus,
JOSEPHUS DORAT, parisinus,
NICOLAUS JOSEPHUS DE CLERVILLE, rothomagensis,
PETRUS L'HUILLIER, parisinus,
JOANNES AUGUSTINUS DE LINGENDES, parisinus,
HIACINTHUS PROCOPIUS DE MOY DE LIGNE, bruxellensis,
CASPARDUS ALEXANDER RANCHIN, parisinus,
LUDOVICUS SACAZE, parisinus,
CLAUDIUS HENRICUS VINCENT, parisinus,
LUDOVICUS BOURSIER, parisinus,
JACOBUS MATHEY, parisinus,
ANTONIUS DE MONACO DE VALENTINOIS, parisinus,
NICOLAUS PARIS, parisinus,
EMMANUEL DE MEGAUDAYS DE MAROLLES, armoricus,
ANTONIUS LUDOVICUS DE NICOLAY, parisinus,
JOANNES FRANCISCUS JOISEL, parisinus,
CLAUDIUS LONGUET, parisinus,
JOANNES BAPTISTA GILLET, parisinus,
FRANCISCUS DE VOIGNY, burdigalensis,
FRANCISCUS COUART, parisinus,
JOANNES FRANCISCUS CLOPET, parisinus,
FRANCISCUS VAROQUIER, parisinus,
JOANNES DE NOISY, parisinus,
CAROLUS BOUTIN, parisinus.

Le ballet présente des scènes agréables et pouvant

donner lieu à un spectacle amusant. Nous en reproduisons le programme.

PREMIÈRE PARTIE. — *Les Illusions des Sens.*

« 1re entrée. Des Pelerins, engagez dans un précipice par des Ardens (ce sont des feux follets), représentent l'illusion de la veue.

« 2e. Des Bergers, trompez par un Echo, représentent l'illusion de l'ouïe.

« 3e. Des joueurs de Colin Maillard se prenant les uns pour les autres représentent l'illusion du toucher.

« 4e. Des Parfumeurs embaumant un corps mort représentent l'illusion de l'odorat.

« 5e. Des Sorciers, servis par des lutins dans un festin, dont les viandes ne sont qu'apparentes, représentent l'illusion du goust.

DEUXIÈME PARTIE. — *Les Illusions de l'Imagination.*

« 1re entrée. Des Hypocondriaques, troublez par les vapeurs qui leur montent au cerveau, s'imaginent que leur corps est de verre, et se fuient l'un l'autre, de peur de se casser.

« 2e. Des Endormis, séduits par des songes agréables qui leur offrent des couronnes, s'imaginent posséder une grandeur qui s'évanouit à leur réveil.

« 3e et 4e. Des soldats, déjà vaincus par la peur, aux approches de quelques singes qui battent le tambour, s'imaginent estre poursuivis de leurs ennemis.

« 5e. Des Yvrognes, entestez des fumées du vin, s'imaginent que leur maison est changée en un navire qui va périr, et tâchent de se sauver à la nage.

TROISIÈME PARTIE. — *Les Illusions de l'Esprit.*

« 1re entrée. Les Mathématiciens, qui suivent l'opinion de Copernic, se persuadent que la terre tourne sous leurs pieds.

« 2e. Les Logiciens courent après des chimères.

« 3e. Les Chimistes, voulant faire de l'or, ne produisent que de la fumée.

« 4ᵉ. Les Physiciens de la secte d'Epicure, composent l'univers d'atômes diversement arrangez.

« 5ᵉ. Les Médecins d'Arcadie, jugeant que la Lune est malade durant son Eclipse, font un grand bruit avec des bassins d'airain pour la guérir.

QUATRIÈME PARTIE. — *Les Illusions du Cœur.*

1ʳᵉ entrée. Tancrède tuant Clorinde dans un combat, et la reconnoissant après sa mort, fait voir l'illusion de la colère, qui rend les hommes aveugles, jusqu'à méconnoistre les personnes qui leur sont le plus chères.

« 2ᵉ. Des Sculpteurs, charmez de la beauté de leurs statues font voir l'illusion de l'Amour qui s'attache à des objets nullement aimables.

« 3ᵉ. Artémise, au milieu d'une troupe de pleureuses, beuvant les cendres de son mary, fait voir l'illusion de la Douleur, qui déplore avec excès des malheurs irréparables.

« 4ᵉ. Les Pygmées, s'efforçant inutilement d'enchaîner Hercule, font voir l'illusion des Désirs qui se portent à des choses impossibles.

« 5ᵉ. Des Païsans, trompez par un charlatan qui leur gagne leur argent à la blanque, font voir l'illusion de l'Espérance, qui hazarde le bien présent et asseuré pour un bien futur et incertain.

« *Ballet général.* — La Vérité chasse les Illusions par les lumières de la Raison, de l'Expérience, des Sciences et des Arts. »

Acteurs du Ballet :

CHARLES DE VALPERGUE DE PIANESSE, de Turin,
LOUIS ARMAND JEAN DE RICHELIEU, de Paris,
CHARLES MATHIEU DE FLAMENVILLE, de Normandie,
FRANÇOIS HAUTEFORT DE MONTIGNAC, de Paris,
NICOLAS AMÉDÉE DE BUSSY RABUTIN, de Paris,
BALTHAZAR CLAUDE DE LA VALLETTE, de Paris,
CLAUDE ESTIENNE DE LA ROCHE, de Paris,
RENÉ LE GRAS, de Paris.
ANNE JEAN DE FRESNOY, de Paris,

Jean-Baptiste Gaston de Choiseul d'Hostel, de Paris,
Anne François de Paris de la Brosse, de Paris,
Constantin de Hautefort de Montignac, de Paris,
François de Bais, de Lyon,
Antoine de Monaco de Valentinois, de Paris.

1673

Le 8 février, à une heure après midi, *Zangirus*, tragédie, donnée par les élèves de seconde.

Le 2 août, à une heure après midi, *Cyrus restitutus*, tragédie, avec l'*Empire du Soleil*, ballet.

« Pour la tragédie de *Cyrus* qui se représenta, dit le Père Menestrier, l'an 1673, le nom de ce prince signifiant en langue persane le soleil, et cet astre étant la devise du roi qui donnoit les prix, on représenta dans le ballet, l'*Empire du Soleil* sur le ciel, sur les saisons, sur les élémens et sur le temps, et ce fut une allégorie perpétuelle du succès des armes victorieuses du roi. »

Nous ne savons si le *Cyrus restitutus* est la tragédie du Père La Rue, publiée sous le titre de *Cyrus*, et dont nous donnerons l'analyse à l'année 1679.

1674

Le 6 août, à une heure de l'après-midi, *Moses*, tragédie, avec l'*Idolâtrie*, ballet.

« Pour la tragédie de *Moyse* qui fut, dit le Père Menestrier, le législateur des Hébreux, et l'ennemy déclaré de l'Idolâtrie, on fit de l'*Idolâtrie* le sujet du ballet, parce que l'Egypte, qui étoit la scène de la tragédie, a été le premier théâtre des superstitions, aussi bien que des aventures de Moyse. »

1675

Le 12 février, à une heure après midi, *Jovinianus*, tragédie, donnée par les élèves de seconde, avec *Tyrsis*, pastorale en musique pour servir d'intermèdes à la tragédie.

C'est la première fois que nous rencontrons une pastorale et un spectacle composé de deux ouvrages à la représentation de Carnaval.

Le 7 août, à une heure après midi, *Trebellius*, tragédie, avec le *Ballet de la Mode*.

Ce ballet est un de ceux que cite le Père Menestrier, mais sans entrer dans aucun détail. Le sujet en fut de nouveau traité au siècle suivant sous le titre de l'*Empire de la Mode*.

1676

Le 11 mars, à une heure après midi, *Orestes et Pylades*, tragédie, représentée par les élèves de seconde.

Le 5 août, à une heure après midi, *Abimelech*, tragédie, avec un ballet.

Le sujet est emprunté au livre des *Juges :*

« Abimelech s'estant emparé du royaume des Hébreux par le moien des Sichimites, fit égorger tous ses frères, au nombre de soixante-dix, à la réserve d'un seul, nommé Joathan, le plus petit de tous, qui échappa et demeura caché. En suite Joathan alla sur la montagne de Garizim, et par une forte harangue, poussa les Sichimites à se révolter contre Abimelech. Enfin Abimelech voulant mettre le feu à la porte de la Tour de Thebe, qu'il assiégeait, une femme luy jetta sur la teste une grosse pierre du haut de la Tour. »

Il y a un personnage de femme, celui de Respha, mère du jeune Joathan.

Acteurs de la tragédie :

Nicolas Doublet, de Paris,
Louis de la Chastre, de Paris,
Claude Longuet de Chenarville, de Paris,
Claude-Henry Vincent, de Paris,
Denis-Marin de la Chastaigneraye, de Paris,
François Pinault de Bonnefons, de Paris,
Louis de S. Aulaire de Lammary, de Périgueux,
Louis Potier de Novion, de Paris,
Jean-Baptiste Regnault de Sollier, de Valence,
Simon du Clos, de Tours,
Jean de Noisy de Maupeou, de Paris,
Pierre-Antoine Debenoist, de Paris,
Charles-Thomas Jamard, de Paris,
Julien Lagrené, de Paris,
Jean Joseph Cochepin, de Paris,
François Commeau, de Paris,
Jacques Bergerat, de Paris.

Nous ne connaissons du ballet que les noms des danseurs :

Estienne Sarret, de Montpellier,
Alexandre Gilles de Pussay de Chastenay, de Paris,
Constantin de Hautefort de Montignac, de Paris,
Hyacinthe-Procope de Ligne de Moy, de Bruxelles,
Nicolas Doublet, de Paris,
André d'Avigneau, d'Auxerre,
François-Louis de Monlezun de Besmaus, de Paris,
Jean-Baptiste Louis Picon, de Paris,
Joseph Camus Destouches, de Paris,

Pierre Maurel de Volonne, d'Aix.
Pierre de Seuil de Chertemps, de la Rochelle.
Pierre Marin, de Paris.

1677

Le 5 août, à une heure après midi, *Lysimachus*, tragédie, avec *Persée*, tragédie-ballet.

C'est sous un nouveau titre, qui fut le titre définitif, la tragédie d'*Agathocles*, par le Père La Rue.

Noms des acteurs :

Simon de Martonne, du Havre,
Jean Branlard, de Paris,
Pierre Antoine Debenoist, de Paris,
Guillaume Robert, de Paris,
François Besnard de la Chassetière, de Tours,
Claude-Joseph Sanson, de Paris,
Timoléon-Claude Wiet, de Paris,
François Pinault de Bonnefons, de Paris,
Seraphin Gillet, de Paris,
Jean Joseph Cochepin, de Paris,
Charles d'Epinoy, de Soissons,
François de la Bordette, de Paris,
Edmond Pilot, de Paris.

La tragédie-ballet donnée avec *Lysimachus* offre le mélange du récit et de la danse. Elle est divisée en quatre actes dont « l'argument » donnera une idée suffisante :

« On prétend donner en la personne de Persée l'idée d'un conquérant parfait dont les entreprises sont toujours accompagnées des quatre principales qualitez : de la Prudence, de la Promptitude, de la Valeur et du Bon-Heur. La Prudence règle le dessein. La Promptitude et la Valeur règnent dans l'exécution. Le Bon-Heur regarde le succez et la fin de l'entreprise.

« La fable de Persée renferme tous les symboles de ces quatre qualitez, dans les armes que les dieux donnèrent à ce Héros pour aller combattre Méduse. Ces armes estoient : un bouclier en forme de miroir, des aisles, une épée, un casque qui le rendoit invisible aux yeux mortels. Le miroir est le symbole de la Prudence ; les aisles sont les instrumens de la Promptitude ; l'épée est celuy de la Valeur et le casque enchanté est la figure du Bon-Heur.

« Ces quatre qualitez font la matière d'une pièce de quatre actes, dont la division, quoiqu'extraordinaire, est commode au sujet pour lequel on l'a faite, qui est pour servir d'intermèdes à une tragédie régulière. »

Acteurs récitans :

FRANÇOIS NEVEU, de Saint-Malo,
CLAUDE-HENRI VINCENT, de Paris,
JEAN-BAPTISTE COLBERT, de Paris,
JACQUES-GABRIEL RICHER, de Paris,
CLAUDE-TIMOLÉON WIET, de Paris,
JEAN FRANÇOIS ROBINEAU, de Paris,
RENÉ PALLU, de Tours,
JEAN FRANÇOIS BERNARD, de Paris,

Acteurs dançans :

ALEXANDRE-GILLES DE PUSSAY DE CHASTENAY, de Paris,
FRANÇOIS-LOUIS DE MONLEZUN DE BESMAUS, de Paris,
GUILLAUME HERBERT DE MONTGOMMERY, de Londres,
JEAN-BAPTISTE-LOUIS PICON, de Paris,
JOSEPH-GASPARD DE MARIGNANE, d'Aix,
MICHAEL EBERARD, de Saint-Malo,
NICOLAS DE RASSENT, de Paris,
PHILIPPE DE GONTHERY, de Turin,
COSME DE VALBELLE, d'Aix,
ESPRIT BLANE DE VALFÈRE, d'Aix,
CLAUDE DE VALBELLE, d'Aix,
PIERRE DE SEUIL DE CHERTEMPS, de Rheims,

Charles Louis de Maridor, du Mans,
Pierre Marin, de Paris,
Claude Platrier, de Paris,
Laurent Kaiser, de Bruxelles.

1678

Le 16 février, à une heure de l'après-midi, *Apollonius et Philemon*, tragédie, donnée par les élèves de seconde.

Le 18 février, à une heure de l'après-midi, *Annularia*, comédie, donnée « *a selectis rhetoribus.* »

Le 3 août, à une heure de l'après-midi, *Manasses*, tragédie.

1679

Le 8 février, à une heure après midi, *Adrastus*, tragédie, donnée par les élèves de seconde. C'est une deuxième représentation de cet ouvrage.

Le 17 août, à une heure après midi, *Cyrus*, tragédie, avec le *Ballet de la Paix*.
Ce ballet avait pour objet de célébrer le traité signé à Nimègue, le 11 août de cette année, avec la Hollande, à la suite des brillants succès des armées du roi dans ce pays et sur le Rhin. Si l'on se reporte à la date de la représentation, on verra qu'il n'était pas possible de serrer de plus près « l'actualité. »
La tragédie est du Père La Rue; elle est imprimée dans ses œuvres.
On y trouve deux rôles de femme, Mandanc, fille

d'Astyage et mère de Cyrus, et Palmyre, fille d'Harpage. Cet Harpage est un officier d'Astyage auquel ce prince avait confié la mission de faire périr son petit-fils Cyrus, et qui, au lieu d'exécuter cet ordre barbare, a sauvé le prince.

Nous ne voulons pas fatiguer le lecteur d'une nouvelle analyse, après celle que nous avons donnée de *Lysimachus;* quelques fragments de scènes montreront un autre côté du talent dramatique du Père La Rue.

En voici une entre Cyrus et Palmyre qui n'est pas traitée sans délicatesse. Cyrus aime Palmyre et la presse de consentir à leur mariage.

PALMYRE. — Prince, cessez de feindre. Ce visage joyeux n'est pas sincère; prenez celui qui convient à votre sort.

CYRUS. — Mon sort n'est-il pas heureux quand je vois Palmyre? C'est votre présence qui rend mon visage joyeux.

PALMYRE. — Est-il vrai que vous ne cachez aucun souci; qu'aucune inquiétude ne trouble votre âme?

CYRUS. — Si j'ai quelque sujet de plainte, il dépend de vous que je ne me plaigne pas. Cessez de retarder une union tant désirée. Je suis sûr de votre foi, comme vous êtes sûre de la mienne. Quelle crainte vous retient et vous empêche de répondre à mon impatience? Que ce jour qui nous éclaire vienne enfin combler mes vœux et allumer le flambeau de notre hymen.

PALMYRE. — Quoi! lorsque de nouveaux combats vous attendent, lorsque le son de la trompette retentit, et que le soldat est encore altéré de sang, vous voudriez porter au milieu des camps une fête nuptiale, et allumer des torches de mauvais présage?

CYRUS. — Quels présages plus favorables pouvez-vous désirer : un ennemi deux fois vaincu; ses chefs réduits à l'impuissance, la Médie tout entière soumise à mon pouvoir, et mon aïeul devenu mon prisonnier!

PALMYRE. — Vous oubliez votre père qui languit encore

dans les fers de votre aïeul¹, vos ennemis encore debout malgré leur défaite, la fortune indécise entre eux et vous, et le diadème mal assuré sur votre tête. C'est là ce que vous appelez des présages favorables et un moment propice !

Cyrus. — Le diadème chancelle sur ma tête ! C'est cela seulement qui vous afflige, Palmyre ? malheureux que je suis ! Ce n'est pas Cyrus, c'est le roi que vous aimez !

Palmyre. — Comme vous interprétez mal mes paroles !

Cyrus. — Hélas ! qu'ai-je fait ? que fais-je encore ? J'ai voulu plaire par la soumission et par la tendresse. J'ai perdu mon temps. Je ne devais songer qu'à régner, puis que ce n'est qu'en régnant que je peux espérer de plaire. J'irai donc, Palmyre, j'irai, j'attaquerai ce qui me reste d'ennemis. Ce fer assurera mon empire. Oui, je pars, et ce jour verra la fin de la guerre.

Palmyre. — Prince, est-ce ainsi que vous aimez ? Ai-je mérité cet outrage ? Me croyez-vous ambitieuse d'un pouvoir fragile ? Me croyez-vous éprise d'une vaine grandeur ? Moi, je rechercherais un trône ! Il y aurait pour moi quelque chose de meilleur, de plus grand que Cyrus ! Pouvez-vous me prêter des sentiments si bas ? Mais non, ces reproches ne partent point de votre cœur ; vous n'y croyez pas, vous ne pouvez pas y croire, car je vous ai prouvé que ce n'était pas ainsi que j'aimais. Toutes ces vertus que vos ennemis eux-mêmes, que les nations rivales révèrent en vous, je les révère, et, s'il m'est permis de le dire, je les aime. Ce n'est point le sceptre, ce n'est point le double laurier qui couronne votre jeune tête, qui vous ont rendu cher à Palmyre ; c'est votre passion pour l'honneur, la justice et la vertu. C'est cette gloire qui vous a mérité mon cœur, comme elle vous a valu l'admiration des hommes et des dieux.

L'inspiration de Racine ne se laisse-t-elle point voir dans cette scène ? Il nous semble qu'il y a quelque parenté entre Iphigénie et Palmyre.

---

1. Cyrus s'est emparé de son grand-père Astyage, mais son propre père, Cambyse, est encore retenu prisonnier dans le camp des Mèdes.

Cette parenté ressortira peut-être davantage encore d'une autre scène entre Palmyre et son père Harpage. Celui-ci, pour assurer la couronne à Cyrus, se croit obligé de se sacrifier lui-même en se livrant aux Mèdes et de rompre le mariage de sa fille avec Cyrus.

Harpage. — Viens, ô toi qui seule me reste d'une florissante famille; viens, dernier espoir de ton malheureux père.

Palmyre. — Me voici, mon père; que me voulez-vous? Pourquoi vous dites-vous malheureux? N'êtes-vous pas heureux par votre vertu?

Harpage. — J'aime à t'entendre parler ainsi, ma fille. Ce langage me réjouit le cœur. Mais as-tu bien compris ce que tu viens de dire? Sais-tu bien ce que vaut la vertu et combien il est quelquefois difficile de la suivre? Tu me dis heureux de l'avoir suivie? Rappelle-toi ce qu'elle m'a coûté : ma race détruite, ma table couverte des membres déchirés de mes enfants[1]. J'ai vu cela, et j'ai gardé le silence. Je me tairais encore; je tiendrais ma plaie profondément cachée, si le salut de l'Empire le permettait, et s'il ne fallait sauver la tête de Cyrus qui nous est confiée. La véritable vertu est de tout subordonner à la vertu. Nous en avons donné l'exemple. Te sens-tu la force d'y persévérer?

Palmyre. — Quel jour, dans quelle occasion m'avez-vous trouvée lâche et indigne de vous?

Harpage. — Je loue ta conduite passée; c'est sur ta conduite à venir que je t'interroge. Qu'importe ce qui est passé. Un devoir plus pénible s'impose à nous. La crainte rend les dangers à venir plus redoutables.

Palmyre. — Ayez confiance en moi, mon père, mon courage sera supérieur à mes craintes.

Harpage. — Le moment est venu de montrer ce courage, ma fille. Tu vois, dans ce palais, s'allumer les flambeaux de l'hymen; tu entends les chœurs joyeux. Bientôt va venir celui

---

[1]. Astyage, pour punir Harpage d'avoir épargné Cyrus, avait fait assassiner son fils et l'avait fait servir sur la table du malheureux père.

qui t'est plus cher que la lumière, Cyrus. Eh bien! ma fille, c'est lui qu'il faut fuir.

PALMYRE. — Fuir Cyrus! mon père, qu'a-t-il fait pour cela?

HARPAGE. — Rien.

PALMYRE. — S'il n'a rien fait; c'est donc moi qui suis coupable. Ma faute est-elle si grave qu'elle mérite un pareil châtiment?

HARPAGE. — Tu n'as commis aucune faute. Cyrus est digne d'être aimé et respecté; tu es digne d'un tel époux. — Mais tu dois obéir à ton père.

PALMYRE. — Je vous ai obéi, mon père. J'aime Cyrus parce que vous m'avez ordonné de l'aimer[1].

HARPAGE. — Oui, je te l'ai ordonné, et ton amour pour Cyrus est légitime; ne cesse point d'aimer ton fiancé qui t'aime. Et pourtant fuis-le. C'est le témoignage d'amour le plus grand que tu lui puisses donner.

PALMYRE. — Ce témoignage, Cyrus me le demande-t-il?

HARPAGE. — C'est malgré lui que tu le lui donneras.

PALMYRE. — Ce n'est pas lui qui veut que je l'aime en le quittant?

HARPAGE. — C'est malgré lui qu'il le permettra.

PALMYRE. — Il le permettra et il m'aime! Ce n'est pas possible.

HARPAGE. — Je le permets, et j'aime.

PALMYRE. — Cyrus ou votre fille?

HARPAGE. — L'un et l'autre, mais l'honneur plus encore.

PALMYRE. — Quel est cet honneur? Cet honneur qui commande si impérieusement? Quelle est cette vertu si rigide? Rompre la foi jurée, briser une sainte alliance! Est-ce là ce que vous appelez l'honneur? Vous le savez, mon père;

1. Un roi digne de vous a cru voir la journée
Qui devoit éclairer notre illustre hyménée.
Déjà sûr de mon cœur à sa flamme promis,
Il s'estimoit heureux: vous me l'aviez permis.
. . . .
D'un œil aussi content, d'un cœur aussi soumis,
Que j'acceptois l'époux que vous m'aviez promis...

(IPHIGÉNIE.)

ce n'est pas spontanément que cet amour est né et a grandi dans mon cœur. Je ne vous ai point fatigué de mes prières et de mes larmes pour que vous me permissiez d'aimer Cyrus. C'est par vous que cette flamme m'a pénétrée. Et c'est vous qui m'ordonnez d'arracher le trait que vous avez fixé dans mon cœur, d'éteindre les feux que vous avez allumés ! c'est vous qui m'ordonnez de fuir !...

On trouvera sans doute que la Palmyre du Père La Rue ne fait pas trop mauvaise figure au milieu des héroïnes tragiques du XVIIe siècle.

Passons au ballet dont le dessein est expliqué dans la préface du programme.

« L'ouvrage de la paix glorieusement terminé par la France, doit estre le bonheur de l'Europe et faire partout refleurir la vertu, les beaux-arts, l'abondance et la joye : quatre effets de la paix, incompatibles avec les désordres de la guerre.

« Ces quatre effets sont représentez par les quatre couronnes que l'antiquité donnait à la paix. Celle d'olivier qui estoit le symbole de la vertu ; celle de laurier, qui estoit le prix des beaux-arts ; celle d'épics, qui est la marque de l'abondance ; et celle de roses, qui est la figure de la joye.

« Les divinitez qui président à ces mesmes effets, et qui ont ces couronnes sous leur protection, les préparent à la paix. Pallas, déesse de la vertu, lui en forme une d'olivier ; Apollon, dieu des beaux-arts, une de lauriers ; Cères, déesse de l'abondance, une d'épics ; Flore, déesse de la joye, une de roses. Et l'ouvrage de ces quatre divinitez est celuy de Louis-le-Grand.

« C'est le sujet des quatre parties de ce ballet. La première partie a pour scène un temple d'Athènes, la plus religieuse de toutes les villes, fameuse dans la fable par les différens de Neptune et de Pallas, qui se disputoient l'honneur de sa protection, que Pallas remporta pour avoir fait naistre un olivier. La seconde a pour scène le Parnasse, séjour ordinaire d'Apollon, la troisième les campagnes de Cérès, la quatrième les jardins de Flore. »

La partie comique de ce ballet est représentée par une entrée de Scaramouches et de Harlequins sous la direction de Thalie.

Dans le ballet général, « les François assemblent toutes les autres nations pour le couronnement de la Paix. Ils y engagent les Espagnols, les Suédois, les Allemands, les Hollandois. Ils y obligent les Danois et les peuples de Brandebourg et tous se réunissent pour offrir à la Paix les quatre couronnes. »

Acteurs du ballet :

Joseph Camus des Touches, de Paris,
Antoine-François de Longaunay, de Carentan,
Louis Contugy, de Paris,
Louis de Vieilbourg, de Paris,
Pierre-Charles de Longaunay, de Carentan,
Pierre de Seuil de Chertemps, de Rheims,
Robert Raquet, de Soissons,
Louis-Simon Le Noir, de Paris,
Antoine Grondeau, de Paris,
Jean-Baptiste de Seuil de Chertemps, de Rheims,
Jean-Gabriel de Longueval d'Haraucourt, de Paris,
Louis d'Anzesune de Caderousse, de Paris,
Louis de Bautru de Nogent, de Paris,
Louis-François Simon de la Chaussée, de Paris.

1680

Le 28 février, à une heure après midi, *Basilides*, tragédie, représentée par les élèves de seconde.

Le 24 août, à midi, *Erixana*, tragédie, avec *la France victorieuse sous Louis le Grand*, ballet.

Voici « l'argument » de ce ballet :

« Ce n'est pas seulement par les Armes que la France est victorieuse sous Louis le Grand ; elle l'est de plus par les Loix, que ce prince y a si sagement établies ; par les Beaux-Arts qu'il y fait refleurir avec tant d'éclat ; mais surtout par la Paix qu'il a si généreusement accordée à l'Europe. Elle triomphe, par les Loix, des principaux déréglemens que l'injustice avait introduits ; de l'ignorance par les Beaux-Arts ; de ses ennemis par les Armes ; et d'elle-mesme par la Paix. Ces quatre sortes de triomphe qui sont uniquement l'ouvrage de Louis le Grand, et qui rendent sous son règne la France la plus illustre de toutes les nations, feront le sujet des quatre parties de ce ballet. »

Dans la première partie, « la France victorieuse de l'injustice par les lois, » Thémis, accompagnée de la Force et de la Prudence, enchaîne et punit des duellistes, des filous, la chicane et des magiciens. La seconde partie, « la France victorieuse de l'ignorance par les Beaux-Arts, » montre Apollon et les Muses quittant le Parnasse pour s'établir en France, des peintres, des statuaires faisant le portrait et la statue du roi, des auteurs tragiques et comiques choisissant, sous la conduite de Mercure, la France pour y fixer leur demeure.

« La France victorieuse de ses ennemis par les armes » forme le sujet de la troisième partie. On y remarque une entrée « des frimas et des vents » qui s'efforcent de ralentir l'ardeur des Français, montrant que la rigueur de l'hiver n'a point empêché le roi de continuer la guerre. Enfin, dans la quatrième partie, « la France victorieuse d'elle-mesme par la Paix, » on fait intervenir l'Hyménée avec les Jeux et les Ris, pour exprimer « le plus illustre effet de la paix qui a été le mariage de Mademoiselle avec le Roy d'Espagne et de Monseigneur le Dauphin avec la Princesse de Bavière. »

Acteurs du ballet :

Charles Ferrere de Fiesque, prince de Masseran,
Hilaire Le Noir, de Paris,
Charles de Lagny, de La Rochelle,
Jean-Baptiste Amé, de Paris,
Jean-François de Tremoulet de Montpezat, de Languedoc,
Jean-Gabriel de Longueval d'Haraucourt, de Soissons,
Louis Bautru de Nogent, de Paris,
Louis-François Simon de la Chaussée, de Paris,
Philippe de Metz, d'Estampes,
Arthur-Timoléon-Louis de Cossé, de Paris,
Jean-Paul de Rochechouard, de Gascogne,
Jean-Raymond de Quinson, d'Avignon
Pierre Macé, de Paris,
Pierre Prevost, de Paris.

1681

Le 6 février, « Ludus poëticus in recentem Cometam, auctore P. Jacobo de la Beaune, e Societate Jesu. Recitabunt coram Serenissimo Principe duce Borbonio selecti secundani in collegio Parisiensi Societatis Jesu. »

Ce « jeu poëtique » sur la comète n'est pas, à proprement parler, une pièce de théâtre. Il comportait sans doute, non seulement des morceaux de poésie, mais aussi des dialogues.

C'était, pour le duc de Bourbon, un plaisir un peu austère.

Le 6 août, à midi, *Constantinus*, tragédie, avec le

Triomphe de la Religion ou l'idolâtrie vaincue, ballet.

Le sujet de la tragédie est la lutte de Constantin contre Maxence qui s'était fait proclamer empereur à Rome. Après de longues négociations et diverses intrigues qui occupent les trois premiers actes, Constantin se trouve, au quatrième, dans une situation très critique par la trahison de ses meilleurs généraux. Il reconnaît alors qu'il a eu trop de confiance dans les secours humains et implore l'assistance de Jésus-Christ. La croix miraculeuse, portant ces mots : *Hoc signo vinces*, lui apparaît et ranime son courage. La bataille se donne, et il en sort victorieux. Les consuls de Rome lui apportent la tête de Maxence qui, dans sa fuite, s'était noyé dans le Tibre.

Acteurs de la tragédie :

Jean-François Foucquet, de Velay,
Louis-Charles de Machault d'Harnouville, de Paris,
Pierre Blouin, de Paris,
Augustin Le Febvre, de Paris,
Charles de Longueil, de Paris,
Henry-Valentin de Boisseleau des Reynier, de Picardie,
Antoine du Gué, de Paris,
Pierre-Louis du Tertre, de Paris,
Antoine des Marets, de Paris,
Claude René, d'Auxerre,
Jacques Thomas, de Paris,
Noel-François de Brion, de Paris,
Jacques de Clinchant, de Paris,
Claude-César Rasle, de Paris,
Charles-Albert de Lachenays, de Canada,
Louis-Pierre de la Barre, de Paris,

Jacques Langlois, de Paris,
Jacques Améjan, de Paris,
René de Camps, de Paris,
Jacques Guémier, de Paris,
Louis de Baussan, de Paris,
Jean Turmenyves de Nointel, de Paris,
Antoine Favier, de Paris,
Alexandre de Fontenay, de Paris,
Pierre Sorin de Verthamon, de Paris,
Pierre Meneust, de Paris,
Jacques-Claude de Bréhant de Lisle, de Paris,
Michel Joncheray, de Paris.

« Le triomphe de la religion » est un sujet qui, au premier abord, paraît offrir peu de matière à l'art chorégraphique. On va voir comment l'auteur, dont le nom nous est resté inconnu, en a tiré parti.

Dans une première entrée qui sert de prélude, « les démons aïant appris qu'un Heros chrestien devoit un jour ruiner l'Idolatrie, paroissent sous la forme des divinitez payennes, et font sortir du fond de l'abysme quatre monstres horribles, la Passion, l'Ignorance, l'Artifice et la Cruauté, dont ils prétendent se servir pour affermir leur empire. »

Ainsi, dans la première partie, ce sont les passions qui donnent naissance à l'Idolâtrie; c'est l'orgueil qui porte Nabuchodonosor à se faire adorer comme un Dieu; c'est la peur qui pousse les hommes à diviniser la faim, la maladie, les procès, la guerre, dans l'espoir d'en être traités plus favorablement; c'est l'amour du plaisir qui élève des autels à Momus et à Bacchus.

L'Ignorance vient ensuite, et dans cette partie, l'on fait voir, entre autres tableaux, des Égyptiens adorateurs des citrouilles et des oignons, qui achètent à grand prix ces légumes que des paysans portaient au marché-

Pour représenter l'Artifice, on se sert notamment de Vespasien, qui, pour en imposer au peuple par des miracles, se laisse présenter des gens qui contrefont les boiteux et les renvoie après une prétendue guérison. Dans la quatrième partie, la cruauté met en œuvre l'exil, la prison, les persécutions, les tourments, pour combattre la Religion, qui triomphe dans le ballet final et à laquelle toutes les nations de la terre viennent rendre hommage.

Acteurs du Ballet :

Hubert de Choiseul de la Rivière, de Bourgogne,
Charles de Lagny, de la Rochelle,
Walter Belleau, de Dublin,
Antoine Le Moine, de Paris,
Armand Douté, de Paris,
Charles-Estienne Ridele Puisalou, de Paris,
François-Charles Besset, de Brie,
Jean-Laurent Le Noir, de Verneuil,
Louis-Dominique de Biancolelly, d'Italie,
Philippe Douté, de Paris,
Barthelemi Derlach, de Suisse,
Hugues de Vitry, de Châlons-en-Champagne,
Louis Dalance, de Paris,
Philippe de Sequeville, de Paris,
Jean-Estienne Caboud, de Paris,
Louis Cossé de Brissac, de Paris,
Pierre Prevost, de Paris,
Claude-Michel Langlois, de Paris,
Henri-Jacques de Duras-Fort, de Paris,
Philippe-Marie Prince de Montmorency, de Flandres.

On trouve dans cette liste un nom bien connu au théâtre, c'est celui de Biancolelli. Le jeune acteur de ce ballet, Louis-Dominique, était un des fils du célèbre Arlequin qui fit partie de la troupe appelée d'Italie par

Mazarin, et qui mourut en 1688. Il était filleul de Louis XIV et devint un ingénieur militaire distingué, tout en faisant des pièces pour le théâtre italien, parmi lesquelles on cite : *Arlequin défenseur du beau sexe*. Son frère, Pierre-François, qui fut également l'élève des Jésuites, a eu une carrière dramatique beaucoup plus longue, comme acteur et comme auteur, et fut pendant vingt-cinq ans, à ce double titre, un des soutiens du Théâtre-Italien.

1682

Le 4 février, à midi, *Ulfadus*, tragédie, donnée par les élèves de seconde.

Le 5 août, à midi, *Polydorus*, tragédie, avec *Plutus, dieu des richesses*, ballet.

Le sujet de la tragédie se trouve dans ces vers de Virgile :

> Quo non mortalia pectora cogis
> Auri sacra fames!

L'avarice de Polydore, assassiné par Polymnestor, a donné lieu, dit le programme, de faire voir dans le ballet les funestes effets des richesses.

« 1re *partie*. — LA NAISSANCE DE PLUTUS.

« 1re entrée. — Le soleil ayant assemblé les dieux Jupiter, Pluton, Mars et Mercure, frappe la terre plusieurs fois et se prépare à en faire sortir quelque chose d'extraordinaire.

« 2e. On voit paroistre des gens qui travaillent à une mine, et en tirent un petit More fort laid.

« 3e. Les dieux se moquent de cet ouvrage du Soleil ; mais Pluton qui en sçavoit mieux le prix que les autres, luy ayant donné son nom, le met entre les mains des Cyclopes, afin qu'ils lui ostent ce qu'il a de terrestre. Les Cyclopes jettent Plutus dans le feu d'où il sort tout brillant.

« 4e. La Vertu, suivie des héros, s'offre à estre sa nourrice. Elle est chassée par la Fortune, qui a pour suite la Folie, le Destin, le Hazard, l'Occasion, qui emmaillottent Plutus dans le voile de la Fortune et le bercent sur sa boule comme dans un berceau.

« 2me *partie*. — SES PREMIÈRES AVANTURES.

« 1re entrée. — De jeunes prodigues, accompagnez des Ris, des Jeux et des Plaisirs, ayant Plutus entre leurs mains, se le renvoyent de l'un à l'autre, et le jouent sans le ménager.

« 2e. Un vieil avare vient, avec ses lunettes et une lanterne à la main, chercher Plutus. Ces prodigues, pour se divertir, le luy abandonnent. L'avare luy donne mille marques de son respect et de sa joye.

« 3e. Lorsqu'il commence à se croire heureux, il se voit investi par une troupe de petits soins qui troublent son sommeil, et luy font toutes sortes de malices. Pour se mettre en repos, il veut cacher Plutus dans la terre; il l'enferme dans un coffre.

« 4e. Quoiqu'il fasse, des voleurs le luy enlèvent, et se battent à qui l'aura. Mercure survient qui s'en saisit.

« 3me *partie*. — SON RÈGNE.

« 1re entrée. — Mercure, suivi d'une troupe de génies, portant les marques de la royauté, établit Plutus sur le thrône, d'où sortent incontinent après comme de la boëte de Pandore...

« 2e. La Discorde représentée par des gens qui se battent à l'épée,

« 3e. La Débauche, représentée par des ivrognes,

« 4e. Divers lutins, l'Injustice, la Flatterie, la Jalousie, la Mollesse, qui chassent l'Innocence marquée par des Bergers,

« 5e. La Perfidie, représentée par des gens empoisonnez. Tant de maux n'empeschent pas que tout le monde ne se soûmette à l'Empire de Plutus.

« 4me *partie*. — SON TRIOMPHE.

« 1re Entrée. — Plutus paroist dans son char de triomphe

avec Mercure, qui en descend pour luy amener toutes les nations,

« 2ᵉ. Les Européens représentez par des François, des Anglois et des Espagnols,

« 3ᵉ. Les Asiatiques représentez par des Indiens,

« 4ᵉ. Les Africains représentez par des Egyptiens avec leurs tambours de basque,

« 5ᵉ. Les Américains représentez par des Canadois.

Ballet général.

« Ces peuples se joindront ensemble pour faire un triomphe à Plutus, où tous ces esclaves porteront avec joye les marques de leur servitude. »

1683

Le 1ᵉʳ mars, à une heure après midi, *Coriolanus*, tragédie, donnée par les élèves de seconde, avec *Sylvandre*, pastorale en musique.

Nous avons dit, dans l'*Introduction*, que c'était à cette date qu'apparaissait pour la première fois, dans les programmes, le nom de collège Louis-le-Grand.

Nous n'avons pas la composition du spectacle d'août.

1684

Le 14 février, à une heure *précise* après midi (*hora ipsa post meridiem prima*) *Eustachius martyr*, tragédie donnée par les élèves de seconde, avec *Eustache*, tragédie en musique, « pour servir d'intermèdes à la pièce latine. »

C'est la pièce de début du Père Lejay, un des plus féconds auteurs de notre théâtre. Elle est imprimée dans ses œuvres. Dans sa préface, il déclare qu'il se décide à livrer à l'impression cet ouvrage, « sorti d'une main encore inexpérimentée, et à une époque où il ignorait combien c'est chose périlleuse que de tenter, pour la première fois, la fortune d'une œuvre dramatique. « Mais, ajoute-t-il, de même que les parents ont toujours une préférence pour leur premier enfant, même lorsque ceux qui sont venus après ont plus de grâce et de force, » de même il a gardé pour cette tragédie une affection particulière.

En voici la donnée : Eustache, de retour à Rome, après avoir vaincu les Daces, refuse de rendre à Jupiter les honneurs ordinaires. Il proclame sa foi chrétienne et est exécuté par ordre d'Adrien, avec ses deux fils.

Il y a, dans cette tragédie, un moyen de reconnaissance qui a depuis rendu bien des services aux dramaturges. Les fils d'Eustache, séparés très jeunes de leur père, combattent dans l'armée des Daces et sont faits prisonniers par les Romains. La reconnaissance s'opère au moyen d'une croix qu'Eustache a tracée sur la poitrine de ses enfants au moment de leur naissance.

Eustache a beaucoup de parenté avec *Polyeucte*. Il a, comme celui-ci, une femme qui n'est pas chrétienne et qui lui reproche amèrement de tout sacrifier, honneurs, famille, à son Dieu. Sa réponse est d'un assez beau mouvement :

« Cesse de m'accabler d'outrages que je n'ai point mérités. Aie confiance, j'aurai ce fragile triomphe que tu désires si ardemment. Tu m'y verras courir. J'apaiserai cette soif de vaine gloire qui te dévore. Au milieu du peuple en délire, au bruit des applaudissements, j'irai, la tête couronnée d'un détestable laurier, j'irai au Capitole. Je regarderai en face ces faux dieux que la foule crédule et éprise de mensonge, entoure d'un culte inutile. — Mais je ne brûlerai pas l'encens sur l'autel de ces idoles. Au milieu du sacrifice, en présence de l'Empereur lui-même, je confesserai le Dieu mort sur la croix pour le salut des hommes. Je maudirai ces vains honneurs que le peuple rend à Jupiter, et bravant les fureurs déchaînées sur ma tête, je proclamerai que le Christ seul doit être adoré. »

A la fin de la tragédie, Trajana, c'est le nom de la femme d'Eustache, se convertit, comme Pauline, à la foi chrétienne. « C'en est fait, s'écrie-t-elle, je cède à un pouvoir plus fort. Tu as vaincu, ô Dieu! Ah! César, immole mon époux, si tel est ton désir; joins les enfants au père; va plus loin, condamne la mère au même supplice... »

Ne croirait-on pas entendre Pauline?

> Père barbare, achève, achève ton ouvrage ;
> Cette seconde hostie est digne de ta rage ;
> Joins ta fille à ton gendre, ose : que tardes-tu ?
> . . . .
> Je vois, je sais, je crois, je suis désabusée.

La tragédie en musique se composait de quelques scènes françaises, avec des récitatifs et des chœurs, intercalées entre les actes de la tragédie latine. Nous en trouverons plus loin d'autres modèles.

Il y a une pièce française de Baro (1639) sur le même sujet.

Le 17 août, à une heure après midi, *Carolus magnus*, tragédie, avec le *Héros ou les Actions d'un grand prince représentées dans celles de Louis le Grand*, ballet,

C'est le second ballet en l'honneur de Louis XIV. Nous en verrons bientôt un troisième.

Le sujet de la tragédie est la conquête de la Saxe par Charlemagne et la mort de Vitikind.

1685

Le 5 mars, à une heure après midi, *Demetrius*, tragédie, donnée par les élèves de seconde, avec *Demetrius*, tragédie en musique, « pour servir d'intermèdes à la pièce latine. »

Le 6 août, à une heure après midi, *Clissonus*, tragédie, avec le *Ballet des Arts*.

Nous avons donné, dans l'introduction, une idée de ce ballet.

1686

Le 20 février, à une heure après midi, *Jephtes*, tragédie, représentée par les élèves de seconde, avec *Jephté*, tragédie en musique « pour servir d'intermèdes à la pièce latine. »

Nous avons sous les yeux le programme de la « tragédie en musique. » Ce programme est en prose vulgaire et indique seulement la matière de chacun des cinq actes :

« Le sujet est tiré du chapitre onzième du livre des *Juges*. Jephté, général des armées du peuple d'Israël, se voyant sur le point d'être défait dans une bataille qu'il donna aux Ammonites, fit vœu, s'il en sortoit victorieux, de sacrifier la première personne de sa famille qu'il rencontreroit au retour de la guerre. Il vainquit et la première personne qu'il rencontra fut sa propre fille. Il la sacrifia donc; la faisant mourir, suivant le sentiment de quelques interprètes de l'Ecriture, ou plutôt, suivant l'opinion de quelques autres l'obligeant de consacrer à Dieu sa virginité.

« Pour rendre cette histoire plus propre au théâtre, on y a ajouté une circonstance : Que Jephté dans le temps du même combat, promit de donner sa fille unique en mariage à celuy de son armée qui lui apporteroit la tête du général des Ammonites. Jaïre, un des principaux capitaines, la luy apporta. »

Ce Jaïre, en amant bien épris, fait tous ses efforts pour sauver les jours de sa fiancée. Il soulève une partie de l'armée et livre bataille à Jephté pour lui arracher sa victime. Il est vaincu et tué dans le combat.

L'auteur a choisi la version la moins sanglante pour le dénouement de sa tragédie. Le grand prêtre, au moment du sacrifice, se sent tout à coup inspiré et déclare que Dieu se contentera que la victime fasse aux pieds des autels le sacrifice de sa virginité.

Il y avait quatre chœurs : les sacrificateurs, les captifs ammonites, la suite de Seïle, fille de Jephté, et les soldats et le peuple.

1686

Le 7 août, à une heure après midi, *Clovis*, tragédie, avec les *Travaux d'Hercule*, ballet.

Ce ballet est cité comme « très ingénieux » par le Père Lejay, dans son traité *De Choreis*. Il est tout au moins fort curieux, en ce que l'auteur a trouvé dans les travaux d'Hercule une allégorie continuelle des faits et gestes de Louis XIV.

Les travaux d'Hercule sont divisés en quatre groupes. Le héros entreprend les uns pour sa propre gloire, les autres pour l'utilité des peuples qu'il protège, les troisièmes pour défendre et venger ses amis, les derniers pour rendre aux dieux les honneurs qui leur sont dus.

Première partie. — Hercule tue le lion de Némée, et par ce premier exploit fait bien augurer de son courage. — C'est la conquête de la Flandre.

Vainqueur du lion de Némée, Hercule est, pendant son sommeil, entouré par les Pygmées qui veulent lui enlever sa massue. Il se réveille et met en fuite cette troupe débile. — Ce sont les troubles, au dedans et au dehors, apaisés par le roi.

Géryon, fier de son triple corps, attaque Hercule. Il est terrassé et vaincu — C'est la rupture de la triple alliance.

Hercule franchit le fleuve Alphée, malgré les Centaures qui s'opposent à son passage. — Allusion au passage du Rhin.

Il pénètre dans le fertile royaume des Hespérides, et satisfait de ce succès, il n'en emporte que quelques pommes d'or qu'il distribue à ses compagnons d'expédition. — La Hollande occupée et abandonnée après une heureuse campagne.

Seconde partie. — Hercule intervient dans la querelle des Centaures et des Lapithes et parvient à les apaiser. — Ce sont les édits qui ont mis fin aux duels.

Hercule, voyant plusieurs personnes mourir par l'effet d'un poison mystérieux, arrache des enfers Cerbère qu'il considère comme l'auteur de ces crimes, et le tue après l'avoir amené à la lumière du jour. — Les empoisonnements découverts et punis.

Il contraint Acheloüs à demander la paix, et d'une corne qu'il lui arrache fait une corne d'abondance. — La paix accordée ou imposée par le roi.

Le héros, pour développer le commerce, engage la jeunesse de la Grèce dans l'expédition de la Colchide. — Encouragements et développements donnés au commerce.

Afin de rendre la navigation plus facile, Hercule ouvre un chemin à l'Océan entre les montagnes de la

Bétique et celles de la Mauritanie. — On célèbre par cet exploit la jonction de l'Océan à la Méditerranée par le canal de Riquet.

Troisième partie. — Hercule, voyant ses amis tourmentés par les horreurs de la guerre, attaque le roi de Thrace, et, après l'avoir vaincu, lui défend de sortir de ses frontières. — Les secours envoyés par le roi aux Hongrois et aux Crétois.

Il vient au secours d'Admète, lui faire rendre Alceste, son épouse, et défend ce vieil ami contre toute injure. — On désigne par là le protectorat sur la Suisse.

Pour venger les outrages faits à son peuple, il foudroie Busiris et les autres enfants de Neptune. — On reconnaît là le bombardement de Tripoli et d'Alger.

Un trésor enlevé par les Furies et caché dans les enfers est recouvré par Hercule. — C'est la délivrance des captifs retenus par les infidèles.

Prométhée, cloué sur le Caucase par les Cyclopes, est délivré par Hercule. — Ce sont les alliés du roi vengés des injures de leurs ennemis.

Quatrième partie. — Hercule résiste aux efforts des Géants qui menacent le ciel; il terrasse le plus redoutable et met les autres en fuite. — Allusion à la guerre faite à l'impiété.

Il punit Laomédon, oublieux de la foi jurée aux dieux, en détruisant Ilion de fond en comble. — C'est la démolition des temples protestants.

Il vient soulager Atlas, fatigué de porter le ciel sur ses épaules. — On entend par là le support donné à la religion.

L'hydre, ayant pris naissance dans les entrailles de la terre, les dieux des marais veulent en faire une divinité pour faire injure aux dieux de l'Olympe. — Hercule se met en devoir de la combattre. — C'est la guerre au protestantisme.

Hercule montre les têtes de l'hydre vaincue. — C'est l'hérésie détruite.

Enfin, pour couronner l'ouvrage, tous les peuples de la terre élèvent deux colonnes à Hercule, comme un monument de son courage et de leur reconnaissance. — Ce sont les monuments élevés à Louis le Grand et qui recommanderont sa mémoire à la postérité.

Ce n'est assurément pas par des ouvrages de cette nature que les Jésuites prêchaient la fameuse doctrine de la désobéissance aux rois qu'on leur a si fort reprochée.

Acteurs du Ballet :

RENÉ DE TOURNEMINE, de Bretagne,
ANTOINE DE LUNA, de Gand,
LOUIS REGNAULT, de Valence,
JOSEPH DE CHEVIERRY, de Bayonne,
FRANÇOIS CLERMONT, de Paris,
LOUIS-FRANÇOIS DE SOURCHES, de Paris,
LOUIS-VINCENT DE SOURCHES, de Paris,
CHARLES DE MORANGIES, de Mende,
JACQUES BULKELEY, de Londres,
JEAN-JACQUES DE MESMES, de Paris,
MALO-JEAN-BAPTISTE DE COUESQUEN, de Bretagne,
FRANÇOIS-PAUL DE VILLEROY, de Paris,
LOUIS DE VILLEROY, de Paris,
LAURENT GALVOU, de Lisbonne,

1687

Le 10 février, à une heure après midi, *Celsus*, tragédie, représentée par les élèves de seconde, avec *Celse, martyr*, tragédie en musique, « pour servir d'intermèdes à a pièce latine. »

La tragédie latine est en trois actes.

Marcien, gouverneur d'Antioche sous le règne de Dioclétien, persécute cruellement les chrétiens. Il a signé l'arrêt de mort d'un jeune homme attaché à la religion nouvelle, quand il apprend que ce jeune homme, du nom de Celsus, est son propre fils, qu'il a, pour des raisons qu'il est inutile de rapporter, perdu de vue depuis de longues années. Celsus est vainement sollicité par son père, qui se découvre à lui, de renoncer à la foi chrétienne. Conduit au temple pour y adorer les faux dieux, le jeune homme renverse les idoles. Cependant le peuple se soulève et réclame la mort du sacrilège. Marcien essaye en vain de le calmer et d'obtenir de son fils qu'il dissimule au moins sa religion. Celui-ci ne fait aucune concession. Le peuple, en ce moment, pénètre par force dans le temple et massacre Celsus au pied de l'autel.

Cette pièce, d'après une note manuscrite du programme que nous avons sous les yeux, est du Père M. Pattu. La tragédie française est de la composition du Père Bretonneau. La musique est de Charpentier.

Elle est en cinq actes, et l'on peut dire que c'était plutôt la pièce latine en trois actes qui servait d'intermèdes à la pièce française. L'action est peu différente de celle de la tragédie latine. Nous y voyons seulement un personnage nouveau, celui de Marcionille, femme du gouverneur d'Antioche et mère de Celse. Des récitatifs, des airs, des chœurs nombreux font de cet ouvrage un véritable opéra.

Le 6 août, à midi, *Erixana*, avec la *France victorieuse sous Louis le Grand*, ballet.

La tragédie et le ballet avaient été déjà représenté

1688

Le 25 février, à une heure après midi, *Saül*, tragédie, représentée par les élèves de seconde, avec *David et Jonathas*, tragédie en musique.

La tragédie latine est du Père Pierre Chamillart[1]; les vers de la tragédie en musique sont du Père Bretonneau.

Les deux ouvrages ont le même sujet; la mort de Saül et de ses fils et l'avènement de David au trône d'Israël.

Comme la tragédie latine, la tragédie en musique est en cinq actes. Elle est précédée d'un prologue où l'on voit Saül, à la veille de livrer bataille, en consultation chez la pythonisse. Là, grande évocation de démons, qui se termine par l'apparition de l'ombre de Samuel. Celui-ci prédit à Saül sa ruine prochaine :

> Téméraire, où vas-tu? quel criminel effort
> T'a fait précipiter et ta honte et ta mort?
> Enfans, amis, gloire, couronne,
> Le ciel va te ravir tout ce qu'il t'a donné,
> Après tant de faveurs, ingrat, il t'abandonne
> Comme tu l'as abandonné.

La partie musicale est très développée; nous y remarquons une *chaconne* sur ces paroles :

> Goûtons, goûtons les charmes
> D'une aimable paix,
> Les soins et les allarmes
> Cessent pour jamais ;
> Goûtons, goûtons les charmes
> D'une aimable paix.

---

1. Le Père Chamillard (1656-1730) est surtout connu par des ouvrages sur la numismatique.

La musique est de Charpentier.

Voici les noms des acteurs de la tragédie latine :

Joannes Baptista Molé de Champlatreux, parisinus,
Franciscus Colbert de Maulevrier, parisinus,
Armandus Le Noir, parisinus,
Joannes Dominicus de Montmorency, bruxellensis,
Petrus de Tourmont, parisinus,
Carolus de Morangies, monspeliensis,
Claudius de Condé, parisinus.

Le 17 août, à une heure après midi, *Heraclius sivè Crux recepta*, tragédie, avec le *Ballet des Saisons*.

Il y a, dans les ballets de Benserade, un *Ballet des Saisons* qui fut dansé à Fontainebleau, en 1661. Le roi y dansa le personnage de Cérès et celui du Printemps.

La tragédie met en présence Héraclius, empereur d'Orient, et Cosroës, roi des Perses. Après une longue guerre, Cosroës demande la paix. Heraclius impose, pour première condition, que la sainte croix lui soit rendue. Cette proposition est repoussée par le roi des Perses, à l'instigation des prêtres du soleil. Il faut donc en venir aux mains une dernière fois. Cosroës est tué par mégarde dans la bataille de la main même de son fils, et la croix est rendue aux chrétiens.

Acteurs :

Charles René de Coetlogon, de Rennes,
Augustin Beissier, de Paris,
François-Jean Dumont, de Tours,
Guillaume du Coudray, de Paris,
André de Lalouette, de Paris,
André Royon, d'Argentan,
Denys Morin, de Paris,
François Abraham, de Paris,
Jean-Baptiste Chanteau, de Paris,

Jean de Lasseré, de Paris,
Thomas Tardif, de Paris,
Paul Methwen, de Londres,
Jean-Jacques Dumont, de Paris,
François Moignon, de Paris,
Nicolas de Belloy, de Gisors,
Louis-François Prozelle, de Paris,
Claude Monhers, de Paris.

1689

Le 17 août, à une heure après midi, *Polymnestor*, tragédie, avec *Sigalion* ou *le secret*, ballet.

Polymnestor est un roi de Thrace qui a reçu en dépôt, au commencement de la guerre de Troie, un fils de Priam et d'Hécube, appelé Polydore. Pour mieux défendre ce précieux rejeton, Ilionée, femme de Polymnestor et sœur de l'enfant, l'élève sous le nom de Deiphile, son propre fils. Elle meurt sans avoir informé son époux de cette substitution. Quand, après la guerre, les Grecs, poursuivant les derniers débris de la famille de Priam, viennent réclamer Polydore pour le faire périr, le malheureux roi livre son fils dont l'identité lui est révélée, mais trop tard, par une lettre laissée par Ilionée. Le vrai Polydore meurt aussi en voulant défendre son ami.

Acteurs :

Joannes de la Mare, e portu Gratiæ,
Petrus de Tourmont, parisinus,
Joannes Jacobus Dumont, parisinus,
Guilielmus Boirat, parisinus,
Joannes Franciscus Haustome, parisinus,
Bernardus Augustus d'Aguerre, parisinus,
Franciscus du Mesnil, e castro Theodorici,
Joannes du Boïs, parisinus,

Maturinus Baroy, parisinus,
Petrus de Villeneuve, parisinus,
Alexius René, parisinus,
Stephanus Guiller, parisinus,
Petrus Franciscus de Chamfleury, parisinus,
Joannes Baptista Chanteau, parisinus,
Thomas Vassal, parisinus.
Ludovicus Machinet, parisinus.

1690

Le 2 août, à une heure après midi, *Alexander Magnus*, tragédie, avec *Orphée*, ballet mêlé de récits.

1691

Le 21 février, à une heure après midi, *Cyrus*, tragédie, représentée par les élèves de seconde.

C'est la pièce du Père La Rue.

Le 6 août, à une heure après midi, *Idoménée*, tragédie, avec le *Ballet des Passions*.

1692

Le 16 février, *Sophronie*, tragédie, représentée par les élèves de seconde, avec des « Intermèdes en musique qui seront chantez à la tragédie de *Sophronie*, composés de l'union de la Victoire et de la Paix, prologue, les Enchantemens d'Ismène, les Bergers du Jourdain, la Constance des Chrétiens, et le Triomphe de la religion. »

Le 12 août, à une heure de l'après-midi, *Maximien*, tragédie, avec le *Ballet de la vérité*. C'est la seconde représentation de ce ballet.

1693

Le 12 août, à une heure de l'après-midi, *Eustachius*, tragédie, avec *Romulus*, pastorale en forme de ballet.

C'est une seconde représentation de la pièce du Père Lejay.

1696

Damocles, sive Philosophus regnans, drame. Nous n'avons pas la date de la représentation de cet ouvrage du Père Lejay. Elle eut lieu probablement aux fêtes du carnaval.

Cette pièce, auquel son auteur a donné le titre de « drama, » est imprimée dans ses œuvres. Elle est dédiée à Marc René de Voyer d'Argenson, *urbanæ disciplinæ præfecto*, c'est-à-dire lieutenant de police.

« Il paraîtra peut-être étonnant, dit le Père Lejay, dans sa préface, que du courtisan dépeint par l'histoire, le poète ait fait un philosophe, et qu'il ait négligé dans Damoclès l'épisode que tout le monde connaît. Qui ne sait, en effet, que ce Damoclès fut un des courtisans de Denis de Sicile, qui, épris des charmes de la toute-puissance, voulut expérimenter la fortune des rois? On sait aussi qu'effrayé par une épée nue que l'on suspendit par un fil au-dessus de sa tête, il reconnut que la condition royale n'était pas aussi heureuse qu'il l'avait pensé.

L'auteur a donc donné ce léger accroc à l'histoire; il a fait en outre de Denys un monarque paternel. Son ouvrage n'en a pas moins d'agrément.

Denys est entouré de ses courtisans qui l'accablent de louanges et déposent aux pieds du trône les bénédictions du peuple. Il y a cependant une voix dissonante dans ce concert. On rapporte au roi qu'il a dans le phis losophe Damoclès un censeur impitoyable. Ce philosophe a fait un traité de l'art de régner où il expose son système. Plus de guerre, plus d'armée, plus d'administration, plus d'impôts, tel est le programme de ce réformateur et le seul qui, selon lui, puisse rendre les peuples heureux. Denys conçoit la pensée de se divertir en donnant une leçon à ce philosophe qui veut régenter les rois. Damoclès est mandé à la cour.

Denys le conjure de prendre sa place et de gouverner la Sicile. Damoclès accepte. Ce n'est point la couronne, la pourpre, l'éclat du trône qui le tentent; il veut seulement faire le bonheur du peuple. On veut le revêtir du costume royal et couper sa barbe. Il s'y refuse énergiquement.

« Je ne souffrirai pas, s'écrie-t-il, qu'on enlève un seul poil de toute la moisson. Ou reprends ton royaume, ou laisse mes richesses intactes. »

Il est installé et expose, dans un monologue, le programme de son gouvernement.

« L'âge d'or est enfin revenu; les philosophes règnent. Loin d'ici le tumulte de la guerre. Je veux, quoi qu'il arrive, une paix éternelle au dedans et au dehors. Qu'un amour mutuel unisse le peuple et le roi. Il me plaît de supprimer et d'abroger tous les impôts. Aucun tribut, sous mon règne, ne pèsera sur la Sicile. Un prince est assez riche quand il possède l'amour de ses peuples. »

Un courtisan, déguisé en envoyé carthaginois, vient lui proposer un traité de paix. Il y adhère; mais l'envoyé lui demande ensuite des secours pour repousser l'invasion des Épirotes qui ravagent le territoire carthaginois. Damoclès refuse; il ne veut point de guerre. L'envoyé lui déclare que s'il ne fait point alliance offensive et défensive avec Carthage, il aura la guerre avec Carthage.

Arrive ensuite un faux envoyé des Épirotes qui lui fait les mêmes propositions, et le menace de la guerre s'il ne s'allie à l'Epire contre Carthage. Damoclès est fort embarrassé; il a recours à son livre; mais il n'y trouve pas la solution de cette difficulté.

Nouvelle complication. Une sédition éclate dans le peuple effrayé; on maudit le nouveau roi qui expose le pays à une double guerre. Damoclès prend son parti et ordonne qu'on fasse des préparatifs pour résister à la fois aux Carthaginois et aux Épirotes. Mais il faut de l'argent et le trésor est vide. « C'est avec le fer et non avec l'argent que l'on combat, » s'écrie Damoclès. Cependant, il finit par reconnaître la nécessité de nourrir son armée et ordonne qu'on lève un impôt sur le peuple. Son livre, dans cette circonstance difficile, l'a laissé encore sans conseil.

Au troisième acte, la sédition simulée a pénétré jusque dans le palais. On y voit un soldat l'épée à la main poursuivant le malheureux philosophe qui se cache derrière une tenture. Denys l'y découvre et lui reproche sa terreur.

« Ah! s'écrie le philosophe, reprends ce sceptre que tu m'as donné; je te le rends volontiers. Règne, gouverne Syracuse. Moi, je retourne dans mon obscure retraite où je retrouverai un loisir bien préférable aux soucis du trône. »

Denys feint une grande colère; il a remis à Damoclès un royaume tranquille, un peuple fidèle et aimant son roi. Que retrouve-t-il? Un peuple en fureur, maudissant son prince, et une ville assiégée par de puissants ennemis.

Il reprend cependant la couronne et décide que la tête de Damoclès, auteur de tant de maux, va tomber. Celui-ci confesse ses torts.

« Ah! quelle fatale erreur a causé ma perte! Pourquoi ai-je voulu être sage, et chercher un remède inutile à d'incurables maux?... Vous voyez en moi un triste exemple de ce qu'il en coûte de tenter une œuvre au-dessus de ses forces. »

Enfin, on fait grâce au malheureux à condition qu'il sacrifiera sa barbe. Il résiste avec l'énergie du désespoir, mais placé entre la perte de sa vie et celle de sa barbe, il cède, et les satellites du tyran le livrent au barbier.

1695

Le 3 août, à une heure après-midi, *Josephus fratres agnoscens*, tragédie, avec *Comus* ou *l'origine des festins*, ballet.

La tragédie et le ballet sont du Père Lejay.

La tragédie est dédiée à Henri Feydeau, Président de chambre des enquêtes.

« Je me souviens, dit l'auteur, dans cette dédicace, que mon *Joseph* ne fut pas désapprouvé par vous, lorsqu'il parut sur la scène; et il n'était pas facile à un excellent père de ne pas applaudir à des acteurs, au nombre desquels se trouvait ton Henri qui a rempli avec noblesse le personnage du roi. »

L'histoire de Joseph a fourni trois tragédies, une trilogie, au Père Lejay. Elle est trop connue pour qu'une analyse soit nécessaire.

Acteurs de la tragédie :

HENRICUS FEYDEAU DE CALENDRE, parisinus,

Carolus Henricus de Bercy de Conflans, parisinus,
Andreas le Fèvre d'Eaubonne, parisinus,
Ludovicus d'Houdetot, rothomagœus,
Philippus Josephus Thibert, parisinus,
Joannes Baptista Brunet de Rancy, parisinus,
Henricus Franciscus a Paula le Fèvre d'Ormesson
   d'Amboile, parisinus,
Claudius Cherandie, parisinus.

Le ballet a beaucoup d'agrément et une véritable originalité.

Le prologue nous montre Jupiter qui se propose de donner un splendide festin aux dieux qui l'ont soutenu dans sa lutte contre les Titans. Comus est chargé d'organiser cette fête gastronomique, mais il est fort embarrassé, ne sachant comment il pourra satisfaire les goûts de tous les convives. Momus arrive et lui conseille de s'adresser aux quatre âges et aux divinités qui en dépendent. Comus goûte cet avis et fait comparaître successivement les quatre âges en sa présence.

Saturne avec Sylvain et les faunes, divinités de l'âge d'or, apportent à Comus le gland dont ils vantent les agréments. Les dieux des champs viennent avec les herbes et les légumes, qui offrent à Esculape l'occasion de faire à ses disciples une leçon sur les vertus et les dangers des plantes. Vertumne présente les fruits, et les Génies des fleuves et des fontaines l'eau de leurs urnes, qui est reçue avec peu de faveur. Comus et Momus se montrent peu satisfaits de ce premier service.

L'âge d'argent fournit des aliments plus solides. Comus et Momus reçoivent successivement Osiris et ses laboureurs qui apportent le pain, Bacchus et ses vignerons le vin, les bergers de Palès le lait qu'ils veulent que l'on préfère au vin. Comus ne l'accepte qu'à condition qu'on en fera du fromage. Tout cela n'avance guère le menu du festin.

Mais l'âge d'airain amène avec lui Pan et ses gras troupeaux. Pour faire cuire les viandes, les prêtres d'Isis offrent leurs services, mais Momus les congédie de crainte qu'il n'en soit comme des victimes dont les dieux n'ont que la fumée. Les chasseurs célèbres, Actéon, Méléagre et Céphale se chargent de fournir la venaison, et Orion le gibier à plumes. Enfin Vulcain et ses cyclopes apparaissent portant une superbe batterie de cuisine.

Mars semble craindre que le repas ne soit un peu fade. Les dieux de l'âge de fer arrivent à propos pour l'assaisonner. Neptune et l'Océan donnent le sel et les épices, Apollon une branche de sa couronne de laurier, ce qui lui vaut de Comus ce compliment qu'on n'a jamais eu tant d'esprit sur le Parnasse. Hercule donne le citron qu'il a conquis au jardin des Hespérides. Enfin Silène, qui s'était endormi au soleil avec sa bouteille encore à moitié pleine, arrive avec son vin devenu aigre, on l'emploiera comme vinaigre.

Jupiter s'impatiente et pour le distraire jusqu'à ce que le repas soit préparé, tous les dieux mis en gaieté par Momus donnent au monarque céleste le spectacle d'un ballet général.

Acteurs du ballet (récitans) :

Henry-François de Paule Le Fèvre d'Ormesson d'Amboile, de Paris,
André Le Fèvre d'Eaubonne, de Paris,
Joachim Dreux, de Paris,
Augustin de la Coudraye, de Paris,
Antoine-Justin de Cherière, de Paris,
Simon-Philippe d'Itteville, de Paris,

Jacques Maréchal, de Paris,
Philippe-Joseph Thibert, de Paris,
Claude Cherandie, de Paris

Acteurs dansans :

Pierre Le Roy, de Lisieux,
Guillaume de la Mésangère, de Paris,
Guillaume Widdrington, d'York,
Henry Feydeau de Calendre, de Paris,
Louis Noleau, de Paris,
Jean-Baptiste de Gacé de Matignon, de Paris,
Pierre Poulletier, de Paris,
Jean Dromont de Milford, d'Écosse,
Henry-Louis de Saint-Oler, du Périgord,
Jacques-Antoine de Beaufremont de Listenois, du comté de Bourgogne,
Jean-Baptiste-Louis Laugeois, de Paris,
Louis Bénigne de Beaufremont, du comté de Bourgogne,
René-François de Messey de Margival, de Dijon,
Louis-François des Espoesse, de Paris.

1696

« *Ludis prioribus,* » c'est-à-dire aux fêtes du carnaval, *Curiositas multata, seu Gygis annulus,* drame. Cette pièce est du Père Lejay.

Gygès, devenu roi de Lydie, après la mort de Candaule, se sert de l'anneau qui le rend invisible pour savoir ce qu'on pense de lui. Il entend successivement le double langage des courtisans, des ambassadeurs, d'un poète qui lui débite une pièce de vers à sa louange et qui a une satire dans sa poche, et enfin de son propre fils. Dégoûté par ces expériences, il donne à tous une bonne leçon et brise son talisman.

Le Père Lejay n'ignorait pas qu'au point de vue théâtral sa pièce a un inconvénient. Les spectateurs qui ne cessent point de voir Gygès, ont quelque peine à s'imaginer que, par la vertu de son anneau, il se rende invisible aux autres acteurs. L'objection est juste et il est difficile d'admettre que l'illusion théâtrale aille jusque-là.

Le (sans indication du jour) juin, à 2 heures après midi, *Géromée* ou *le Vieillard rajeuni*, drame, représenté « par les petits pensionnaires du collège Louis-le-Grand. »

« Géromée, ennuyé des incommodités de la vieillesse, et charmé des divertissements de l'enfance, soupire après ses premières années. Mercure déguisé luy promet de le faire revenir à l'âge qu'il voudra par le moyen d'une eau dont luy seul sait la composition. Géromée accepte l'offre de Mercure qui fait préparer la fontaine et rajeunit le vieillard. La nouvelle de cette métamorphose s'étant répandue, on accourt de toutes parts pour avoir de l'eau de cette fontaine. Mais Géromée, ressentant les peines attachées à l'enfance, commence à se repentir de son imprudence, et veut être rétabli dans son premier état. Mercure, indigné de l'inconstance des hommes, se retiroit, lorsque le tribun le fait arrêter. Plusieurs vieillards rajeunis demandent justice et obtiennent la condamnation de Mercure, qui, se faisant connoître, reproche aux hommes leur ingratitude, et leur apprend qu'il faut se contenter de son état. »

Cette analyse est empruntée à un programme d'une représentation donnée au collège d'Amiens. Elle est précédée de la note suivante :

« Le succès que cette pièce a eu toutes les fois qu'elle a été représentée à Paris par les plus jeunes pensionnaires du collège Louis-le-Grand, a fait espérer qu'elle plaira plus que tout ce qu'on auroit pu faire de nouveau. »

Le 6 août, à une heure après midi, *Chosroes*, tragédie, avec le *Ballet de Mars*.

Cette tragédie, du Père de Jouvancy, est la même que nous avons analysée précédemment sous le titre de *Heraclius sive Crux recepta*.

Le ballet est du même auteur. En voici le programme :

Première partie. — LES CAUSES DE LA GUERRE.

« Anonyme de Tessé expliquera en vers françois le sujet du ballet.

« Les principales causes de la guerre sont l'Ambition, l'Interest, la Vengeance, l'Envie et la Religion.

« 1º Un Fantosme agréable séduit des ambitieux, qui, courant après des lauriers et des couronnes qu'il leur présente d'une main, ne trouvent que des cimeterres et des épées qu'il leur donne de l'autre main, et dont ils s'arment les uns contre les autres.

« 2º L'Interest jette une pomme de discorde au milieu d'une troupe de jeunes héros qui s'empressent pour la ramasser, prennent querelle et se battent.

« 3º Des Sauvages, cherchant de quoy satisfaire leur vengeance, se font des armes de tout ce qu'ils rencontrent.

« 4º L'Envie divise des amis qui estoient parfaitement d'accord auparavant.

« 5º Le démon de l'Impiété fait sortir du sein de la terre une bande de petits lutins qui se repandent de tous costez. Le génie de la véritable religion les poursuit et les met en fuite.

« *Deuxième partie.* — LES PRÉPARATIFS DE LA GUERRE.

« Emmanuel du Bourg et Juste-Henry du Bourg de Rochefort diront le prologue.

« Pour faire la guerre avec succès, il faut avoir de l'argent, des vivres, des hommes, des armes et de bonnes fortifications.

« 1º Mars, voyant toutes choses disposées à la guerre, entre en société avec Plutus, qui luy donne de l'argent.

« 2º Cérès et Bacchus luy fournissent des vivres.

« 3º Vulcain forge des armes d'une nouvelle façon, des machines infernales, etc.

« 4º Mercure luy amène des milices, qu'il enrôle, et à qui il fait faire l'exercice.

« 5º Apollon et Neptune, déguisez en massons, viennent avec des pionniers, pour mettre les villes et leurs fortifications en état de défense.

« *Troisième partie.* — L'EXÉCUTION DE LA GUERRE.

« Alexandre de la Vieuxville et Pierre de la Vieuxville diront le prologue.

« On a fait la guerre à pied, à cheval, à force ouverte ou par adresse : on donne des batailles et on assiège des places, etc. Le Hazard a beaucoup de part à tout cela.

« 1º Un parti d'infanterie, étant surpris par un escadron de cavalerie, est obligé de céder à la force.

« 2º Un Brave, investi par plusieurs ennemis, les défait en les attaquant l'un après l'autre.

« 3º Le Hazard, survenant à pas d'aveugle au milieu d'une troupe de gens armez, les met en désordre.

« 4º Mars, aidé de Morphée et des songes, endort des sentinelles et les désarme.

« 5º Quelques soldats, ayant mis leurs boucliers sur leurs testes, font monter leurs compagnons dessus et escaladent une place.

« *Quatrième partie.* — LES SUITES DE LA GUERRE.

« Emmanuel du Bourg, Juste-Henry du Bourg de Rochefort et Anonyme de Tessé diront le prologue.

« La misère, la mortalité, la victoire, la gloire et la paix sont les suites et les effets différens de la guerre.

« 1º Des malheureux et des estropiez se plaignent de leurs blessures et de leur misère.

« 2º La Mort, accompagnée des Ombres, triomphe de la perte de plusieurs hommes.

« 3º Les victorieux reviennent chargez des dépouilles de leurs ennemis, et dressent un trophée pour servir de monument à la postérité.

« 4º Des captifs, chargez de chaînes, sont contraints de danser autour de ce trophée.

« 5º Les hommes, ennuyez de la Guerre, appellent la Paix qui retourne sur la terre avec le Repos, les Jeux et les Beaux-Arts. »

Acteurs du ballet :

JACQUES DU LOJOU, de Bretagne,
HENRY FEYDEAU DE CALENDRE, de Paris,
LOUIS-CLAUDE BECHAMEIL DE NOINTEL, de Paris,
PIERRE POULLETIER DE NAINVILLE, de Paris,
ROBERT-HENRY DE TOURMONT DE GOURNAY, de Paris,
CLAUDE DE MARNAIS, de Grenoble,
HENRY LANGLOIS, de Paris,
JEAN DRUMMONT FORTH DE MELFORT, d'Écosse,
ANONYME DE TESSÉ, de Caen,
ALEXANDRE DE LA VIEUXVILLE, de Paris,
CHARLES DE COETLOGON, de Rennes,
PIERRE DE LA VIEUXVILLE, de Paris,
SÉBASTIEN DE LANGLE, de Bretagne,
CHARLES DE DOLOMIEU, de Grenoble,
JEAN-BAPTISTE CONSTANT, de Lyon.

1697

Le 7 août, à midi, *Posthumius dictator*, tragédie, avec le *Ballet de la Jeunesse*, dédié à Monseigneur le duc de Bourgogne.

Le ballet est du Père Lejay. Il est précédé d'une pièce de vers : La Jeunesse du collège Louis-le-Grand, à Monseigneur le duc de Bourgogne.

Le prince avait alors quinze ans, et il est probable qu'il assista à la représentation au début de laquelle on lui adressa ces vers :

... Ton esprit, éclairé de brillantes lumières,
Est toujours au-dessus des plus hautes matières,
Et des autres esprits ce qui fait le tourment

Pour ton rare génie est un amusement...
Dans tout ce que tu fais règne la politesse,
A la noble fierté tu sais joindre l'adresse ;
A la danse, à la chasse, à pied comme à cheval,
Tout est grand dans ton air et tout est martial.
Si quittant quelquefois ces nobles exercices,
Tu consens à gouster d'innocentes délices,
Il faut, pour t'arracher ces moments de loisir,
Vaincre en toy le mépris que tu fais du plaisir...

Voici maintenant le dessein du ballet :

« Quatre choses sont nécessaires pour élever et former une jeunesse qui doit estre un jour l'appuy et l'ornement d'un Estat. Il faut luy éclairer l'esprit par l'estude des sciences. On doit luy régler le cœur, en luy inspirant de l'horreur pour le vice et de l'amour pour la vertu. Les exercices du corps sont nécessaires aussi pour la disposer aux fonctions d'un âge plus avancé. Enfin, comme la jeunesse n'est pas capable d'une application continuelle, elle ne peut se passer de quelques divertissements honnestes qui interrompent de temps en temps les plus sérieuses occupations. »

C'est tout un plan d'éducation en quatre actes et un grand nombre de tableaux.

Dans la première partie, consacrée aux sciences, figurent la grammaire, l'éloquence, la poésie, la philosophie, les mathématiques, la jurisprudence et l'histoire, représentées par des épisodes plus ou moins ingénieux. Ainsi pour la philosophie, l'auteur met en scène Platon, Aristote, Démocrite et Épicure, suivis des philosophes modernes, et cherchant à l'envi la Vérité. « Elle paraît à leurs yeux, mais comme chacun d'eux veut l'avoir de son côté, ne pouvant être à tous, elle s'échappe de leurs mains, non sans perdre quelque chose de ses vêtements dont ils font trophée. »

Les vêtements de la vérité ! Cela est contraire à toutes les traditions.

L'entrée de l'histoire offre un assez joli sujet de pendule : « Le temps, après avoir renversé les plus beaux monumens, entreprend de triompher de la valeur, de la force et des autres vertus. Mais l'histoire vient à leur secours, et enchaîne le temps luy-même. »

La seconde partie, qui doit former le cœur du héros, lui montre, en différents tableaux, les dangers de l'ambition, de la colère, de l'avarice, de la débauche, de l'oisiveté, du luxe et de la volupté. Ces dernières divinités, si on peut leur donner ce nom, acccompagnées des jeux et des plaisirs, circonviennent Annibal victorieux et lui font tomber les armes des mains.

Pour les exercices du corps, Mars, qui y préside, va chercher dans l'antiquité tous les héros qui ont brillé par la lutte, l'escrime, la danse, la chasse, la course à pied et à cheval, etc., et les met en scène. Momus fait de même pour les « recréations honnestes et agreables. » Ce sont des jeux que nous avons déjà rencontrés dans le ballet de ce nom, les échecs, le ballon, le collin-maillard, les quilles, la paulme.

Il y a beaucoup de vers dans ce *Ballet de la jeunesse*. Outre le prologue général, chaque partie a son prologue particulier. Dans le prologue général, la Jeunesse s'entretient avec Tyrcis et Lycidas... Pourquoi, dit Tyrcis,

> Pourquoi faut-il que les roses
> Ne soient belles qu'un matin.

LYCIDAS

> Cher Tyrcis, les belles choses
> Durent peu, c'est leur destin.

Apollon paraît dans le prologue de la première partie et se félicite du spectacle qui s'offre à ses yeux ;

... Le temps n'est plus où l'ignorance
Regnoit impunément dans le sein de la France;
Qu'à toute la noblesse on faisoit un devoir,
De vivre sans estude et de ne rien sçavoir...
 Mais à présent tout a changé de face;
  Grâces aux bienfaits inouis
  Dont nous comble le grand Louis,
On se fait un honneur d'avoir rang au Parnasse;
  Et je m'aperçois chaque jour
Que mon crédit augmente aussi bien que ma cour.
  Chacun s'estudie à me plaire;
 Grands et petits, tous s'en font une affaire;
Et je compte aujourd'huy parmi mes nourrissons,
Des princes assidus à prendre mes leçons...

Acteurs récitans :

François Dubois,
Henry Orry,
Sébastien de Langle,
Charles de Coetlogon,
Jean Dorinière,
Antoine-Hugues Lambotte,
Benjamin Thouret.

Acteurs dansans :

Henry-Robert de Tourmont de Gournay, de Paris,
Claude-François Ricouard d'Hérouville, de Paris,
Estienne Lambert, de Paris.
Henry Langlois, de Paris,
Jacques-Antoine Ricouard d'Herouville, de Paris,
Jean Hurault de Manoncourt, de la Martinique,
Louis-François de la Baume de Suze, du Dauphiné,
Pierre-Denis Béchet, de Paris,
Simon-Philippe du Breuil Loyseau d'Iteville, de Paris,
Charles de Coetlogon, de Bretagne,
Sébastien de Langle, de Bretagne,
Claude de Romanet, de Paris,

François Baudran, de Saint-Malo,
Jean-Baptiste Mabire, de Paris,
Jean de Romanet, de Paris,
Louis-Marie René de Luigné, de Nantes,
Anne-François de Matignon, de Paris,
Nicolas Baudran, de Saint-Malo,
Pierre-Louis du Cambout, de Nantes,
Joseph de Belmont, de Grenoble,
Charles-Jean-Baptiste Fleuriau d'Armenonville, de Paris,
Pierre-Claude de Saint-Maurice, de Paris,
Jean-Baptiste Constant, de Lyon.

La composition des airs et de la danse du *Ballet de la jeunesse* sont de Beauchamps.

Le 15 décembre, à une heure après midi, *Philochrysus seu Avarus*, drame.

Cette pièce est du Père Lejay, qui, dans sa préface, s'excuse de traiter ce sujet après Plaute et après Molière, « le prince de la comédie française. » Il croit cependant que la matière est assez abondante pour fournir à un poète des traits nouveaux.

Voici son sujet : Philochrysus, riche et avare, avait enfoui un trésor dans un bois voisin de sa maison. Il avait mis dans la confidence de cette cachette son ami Panurgus. Celui-ci déterra le trésor et s'en empara. Désespoir de Philochrysus en voyant la cassette enlevée. Son esclave lui suggère alors une ruse pour la recouvrer. L'avare va chez son voisin, il lui annonce qu'il vient d'hériter d'une somme considérable et qu'il se propose de la joindre à celle qui est déjà dans la cassette. Panurgus approuve ce projet et se hâte d'aller reporter la cassette, se réservant de la reprendre quand elle aura été enrichie d'un nouveau dépôt. Philochrysus rentre ainsi en possession de son trésor, et, revenu à de meilleurs sentiments, il donne la liberté à son esclave et de l'argent à ses enfants.

Nous traduisons le monologue de l'avare. après qu'il s'est aperçu de la disparition de la cassette. On l'entend dans la coulisse :

« Par ici, par ici! Au secours! Arrêtez les fuyards! Tuez-les!... (Il entre en scène.) Malheur à moi! Où aller? Que faire? Tout me manque, les forces, l'âme, la voix. Quoi? Qu'est-ce? J'entends, je vois des voleurs ici, là, partout. Ils s'enfuient de ce côté... Ah! je les tiens... Misérables! Rendez-moi mon argent ou bien... Mais non, mes yeux me trompent... Ils s'échappent de mes mains... Je n'ai plus qu'à mourir. A quoi bon vivre si la joie, l'honneur de ma vie, si mon or m'est enlevé. (Ses enfants, son frère, son esclave accourent.) Ah! voilà les traîtres, voilà cette bande de voleurs. Quels supplices leur infliger? Courez, courez! que l'on prépare les chaînes, les prisons, le fer, les croix; que toute cette infâme maison périsse! Ah! détestables enfants qui avez commis ce crime! Et vous n'en avez point de honte! (On lui demande de quel crime il s'agit.) Quel crime? Vous demandez quel crime vous avez commis; alors que vous dépouillez votre père? Rendez-moi mon argent, où vous périrez. (Il menace son fils aîné qui proteste.) C'est donc le plus jeune qui est le coupable. Viens ici; avoue ton crime, ou je te corrigerai si bien que tu rendras ton âme sous les coups (Le plus jeune se défend, montre ses poches. — A son neveu.) C'est donc le fils de Pamphile qui a conseillé ce crime (Celui-ci réclame. — A son esclave.) Je t'attendais, voleur; par quel sortilège as-tu réussi jusqu'à présent à éviter la mort de mes propres mains... Mais rien n'est perdu. Cette main frappera ta tête criminelle. (Il le frappe... son frère intervient.) Toi aussi, tu es leur complice; tu ne rougis pas de tremper dans de pareilles machinations. Hélas! que devenir? Toute ma maison conspire contre moi. Domestiques, frère, enfants, tout le monde en veut à ma vie. (Il s'attendrit.) Vous tous, par ces genoux que j'embrasse, que j'inonde de mes larmes, rendez-moi mon argent si vous l'avez. »

Cette pièce était accompagnée de récits en musique, formant intermèdes, c'est-à-dire intercalés dans les entr'actes. On y trouve des chœurs et des soli. Le Père Lejay s'y montre passé maître dans le style de l'opéra comique. Ses petits vers ont le vrai cachet du genre.
Aux plaintes de l'avare, une voix répond :

>Des folles richesses
>Fuyons l'embarras,
>Toutes leurs caresses
>Ne méritent pas
>Que nous suivions leurs pas.
>Fortune peu sage,
>Malgré tes attraits
>Ton humeur volage
>Ne donne jamais
>De véritable paix

Cette cavatine de l'avare converti est aussi bien coupée par le chant :

>Evitons, fuyons l'avarice,
>Que ce caprice
>Cause d'ennuy !
>Est-il supplice
>Pareil à celuy
>D'amasser pour autruy,
>Que sert l'opulence ?
>C'est un embarras
>Pour qui n'en use pas.
>La riche abondance
>Ne suit point nos pas
>Au-delà du trépas.

La musique de ces intermèdes est de Campra.

1698

Le 24 mai, à trois heures après midi, *Josephus venditus*, drame tragique, *a selectis rhetoribus*.

La pièce est du Père Lejay. C'est la première partie de sa trilogie sur Joseph, mais elle a été composée et représentée la seconde. C'est la mise en scène fidèle de l'épisode de l'histoire sainte.

Le 6 août, à une heure après midi, *Carolus magnus*, tragédie, avec le *Ballet de la Paix*.

C'est une seconde représentation de la tragédie.

Un programme manuscrit, que nous avons sous les yeux, se rapporte spécialement à cette représentation. Il comprend un « prologue général » en vers libres, un prologue en vers alexandrins pour chaque acte sous forme de dialogue entre deux personnages qui s'entretiennent des divers incidents de la tragédie et un épilogue « au Roy » en vers libres.

Le prologue général indique le sujet de la tragédie qui est la conquête de la Saxe par Charlemagne. En voici quelques vers :

> ... C'est l'invincible Charlemagne
> Suivi de ses nobles guerriers;
> Il va faire en ces lieux une illustre conqueste,
> Et, pour s'en couronner la teste,
> Moissonner de nouveaux lauriers.
> Ses riches étendars couvrent déjà la plaine,
> Les Saxons que son bras a vaincus tant de fois,
> Indignes de pardon et dignes de sa haine,
> Vont sentir ce que peut le plus puissant des Roys.
> Dieu des chrestiens, que Charlemagne adore,
> Si pour vous jusqu'icy ce prince a combattu,
> Affermissez son bras, secondez sa vertu ;
> Que, par vous, il triomphe encore...

Dans l'épilogue, le poète compare Louis XIV à Auguste, mais avec cet avantage qu'Auguste mourut sans postérité directe, tandis que Louis revit dans ses enfants.

>   Auguste, hélas! Auguste éprouva la disgrâce
>   De voir en luy s'éteindre et son nom et sa race;
>   Toujours vainqueur, toujours en apparence heureux,
>   Il gémit en secret d'un sort si rigoureux,
>   Et, suivant à la fin l'arrêt des destinées,
>   Tout Auguste finit avecque ses années.
>   Tu l'égales, grand roy, par tes fameux exploits,
>   Par ta valeur et ta clémence,
>   Tu fais le bonheur de la France,
>   Il le fit des Romains qui vivoient sous ses loys.
>   . . . .
>   Mais Auguste transmit à des neveux indignes
>   Ses conquestes, les fruits de ses vertus insignes,
>   Pour toy, nous te voyons ayeul de trois héros,
>   Tous dignes successeurs de tes nobles travaux.
>   Et le premier d'entre eux qui reçut la lumière.
>   Tes délices, grand roi, tes délices de père,
>   Par le plus beau lien, par le nœud le plus fort,
>   Avec une princesse unit déjà son sort...

Une allusion au camp de Compiègne nous a donné la date de ce programme :

>   Compiègne va bientôt, dans ses fertiles plaines,
>   Admirer tes braves soldats,
>   Dressés sur ton exemple aux fatigues, aux peines,
>   Et plus habiles aux combats
>   Que ne l'estoient jadis les plus grands capitaines.

C'est à ce camp de Compiègne que l'on vit le roi, tête nue, debout, expliquer à la veuve de Scarron, assise dans sa chaise à porteurs, les diverses opérations de la petite guerre.

Le *Ballet de la Paix* avait pour objet de célébrer le traité de Ryswick, conclu l'année précédente.

« Le génie de l'Europe, voulant y rétablir la paix, persuade aux héros françois d'entrer dans son dessein, malgré les avantages que la victoire leur promet, s'ils veulent continuer la guerre. »

C'est en ces termes que le programme explique la scène d'ouverture du ballet, exagérant beaucoup les avantages que la continuation de la guerre pouvait procurer à la France épuisée d'hommes et d'argent. Mais un ballet n'est pas de l'histoire.

Les quatre parties du ballet sont : les préparatifs de la paix, les négociations de la paix, la publication de la paix et les fruits de la paix.

Enfin, un ballet général ayant pour sujet : « Janus ouvrant le temple de la paix aux nations de l'Europe, » fut donné après la distribution des prix.

Une plus longue analyse de cet ouvrage serait sans intérêt. Nous donnerons seulement les noms des élèves qui y figurèrent :

JEAN HURAULT DE MANONCOURT, de la Martinique,
CHARLES DE COETLOGON, de Bretagne,
JOSEPH-FRANÇOIS DE MALPAS DE MANTRY, de Franche-Comté,
JACQUES BALLET, de Bretagne,
LOUIS VALLÉE DE VILLENEUVE, de Paris,
JEAN-BAPTISTE MABIRE, de Paris,
JEAN-LOUIS LE NOIR, de Paris,
LOUIS-MARIE RENÉ DE LUIGNÉ, de Bretagne,
CLAUDE RAULIN, de l'Isle en Flandre,
GABRIEL DE SASSENAGE, de Grenoble,
JACQUES WALDEGRAVE, de Londres,
EDMOND DU BREUIL, de Troyes en Champagne,
FRANÇOIS GOMÉ, de Toul,
GASPARD-MADELAINE-HUBERT DE VINTIMILLE DE MARCELLE DU LUC, de Provence,
GUILLAUME STRAFFORD, de Londres,

Jean-François de Varenne, de Paris,
Charles-François Saillant d'Estaing du Terraille, de Clermont.

Les autres danseurs, appartenant au corps de balle de l'Opéra, étaient :

> Blondy,
> Drouen,
> Morel,
> Guyot,
> Durand,
> Du Moulin,
> D'Angerville.
> Philippe,
> Froment,
> Fleuris,
> Rougemont,
> De l'Etang,
> Dubuisson,
> Boutteville,
> Germain,
> Boucher,
> Ferrand,
> Guérin.

On voit dans quelle large mesure le personnel de l'Opéra participait aux représentations du théâtre de la rue Saint-Jacques.

1699

Le (sans indication de jour) mai, à deux heures après midi, *La Défaite du Solécisme*, drame « représenté par les petits pensionnaires du collège Louis-le-Grand. »

La pièce est du Père Du Cerceau. Elle n'a pas été imprimée.

Le 12 août, à une heure apres midi, *Josephus*

Egypto Præfectus, tragédie, avec les *Songes*, ballet.

Les deux ouvrages sont du Père Lejay.

La tragédie est dédiée à Michel de Chamillart, trésorier du trésor royal, que le poète compare à Joseph, non assurément à cause de son talent au jeu du billard, mais à cause de sa fonction, qui rappelait celle de Joseph administrant les finances de l'Égypte.

Il n'est fait, dans la tragédie, que délicatement allusion à l'aventure de Joseph avec la femme de Putiphar. Celle-ci, au dénouement, se donne la mort après avoir proclamé l'innocence de Joseph. Putiphar, qui avait été jusqu'alors son ennemi, et qui croyait avoir des raisons pour cela, reconnaît à son tour qu'il s'est trompé, se réconcilie avec lui et lui donne la main de sa fille.

L'origine de la fortune de Joseph étant l'explication des songes, le sujet du ballet était tout indiqué. Il est, comme d'usage, divisé en quatre parties :

> La nature forme les songes,
> Les inclinations les entretiennent,
> Les passions les animent,
> La superstition les autorise.

La théorie des quatre humeurs, chère à l'ancienne médecine, et des quatre tempéraments qui en découlent, forme le thème de la première partie. On y représente divers songes inspirés par les tempéraments bilieux, mélancoliques, sanguins et phlegmatiques.

Dans la seconde partie, l'inclination pour les finances est figurée par Midas, qui voit en songe tous les dieux disposés à lui accorder leurs faveurs et qui choisit Plutus. Ennius, qui s'est endormi en étudiant Homère, voit paraître en songe l'auteur de l'*Iliade* escorté de tous les principaux poètes de la Grèce. C'est l'inclination pour les lettres. Hippolyte, l'intrépide chasseur, croit entendre, pendant son sommeil, le son du cor qui l'appelle dans les forêts. Hercule combat encore, en dormant, des monstres imaginaires. Ces deux tableaux peignent l'inclination pour les divertissements et pour les armes.

Parmi les tableaux des deux dernières parties, il suffira de signaler Orphée, animé par l'amour et voyant aux enfers son Eurydice, et la mise en scène de cette coutume des Égyptiens de faire coucher leurs malades dans le temple d'Esculape pour que le dieu leur indique, pendant leur sommeil, les remèdes qui doivent les guérir.

Au ballet général, la Vérité, secondée par la Lumière, triomphe de la vanité des songes.

1700

Le *Destin du nouveau siècle*, ballet, avec des intermèdes, mis en musique par Campra.

Ces intermèdes sont dans les œuvres du Père Du Cerceau. La date exacte de la représentation n'y est pas indiquée. Ce fut peut-être le 1ᵉʳ janvier.

Au prologue, « Saturne, en qualité de dieu qui préside au temps, se prépare à donner au monde un nouveau siècle. Il invite les Parques à en régler la destinée au gré des peuples. Ceux-ci se trouvent divisés en deux partis, l'un demande la paix et l'autre la guerre; ils tâchent, chacun de leur côté, de se rendre les Parques favorables. »

Le premier intermède est consacré à Mars et à l'éloge de la guerre ; le second à la paix qui console et rassure les humains. Le troisième fait intervenir Pallas, qui met tout le monde d'accord en chantant :

> Un peu de guerre au lieu de nuire,
> Relève un courage abattu.
> Un peu de paix fait qu'on respire
> Après que l'on a combattu.
> Une trop longue guerre affoiblit un empire,
> Une trop longue paix fait languir la vertu.

Et le chœur conclut :

> Mêlons les travaux de la guerre
> Aux plaisirs de la paix.

La même année, aux fêtes du carnaval, *ludis prioribus*, *Abdolonimus*, drame.

Cette pièce, du Père Lejay, est dédiée à Louis de Chauvelin, qui avait alors ses deux fils au collège Louis-le-Grand. Le plus jeune avait joué le rôle d'Abdolomine. Il joua plus tard un rôle plus important dans la politique. Nous pensons qu'il s'agit ici de Louis-Germain de Chauvelin, né en 1685, et qui fut un habile ministre des affaires étrangères sous le règne suivant.

L'auteur avoue, dans sa préface, que cette pièce est celle qu'il préfère de tout son théâtre, non seulement à son propre jugement, mais encore au jugement de tout le monde.

Le sujet est emprunté à Quinte-Curce. Après la prise de Sidon, Alexandre permit à Ephestion, son favori, de désigner pour roi celui des habitants de cette ville qu'il préférerait. Ephestion jeta les yeux sur deux jeunes gens distingués dont il avait été l'hôte. Ceux-ci, toutefois, refusèrent cet honneur, les lois de la nation voulant que la couronne appartînt à un membre de la famille royale. Ils désignèrent un certain Abdolonime, de cette famille, qui vivait misérablement en cultivant un petit jardin dans les faubourgs. Celui-ci, après avoir longtemps résisté, est amené devant Alexandre et proclamé roi de Sidon.

Pour donner un peu de mouvement à l'action, l'auteur a imaginé qu'un des deux jeunes Sidoniens a l'ambition secrète de devenir roi et s'efforce de supplanter Abdolonime.

Il se félicite aussi beaucoup d'avoir inventé le personnage d'Elinius, fils d'Abdolonime, qui a été, dit-il, très goûté du public.

Le début de la pièce est assez agréable. C'est le matin, aux premiers rayons du jour. Abdolonime se lève et réveille son fils pour l'emmener aux champs. Le jeune homme résiste, demande à rester dans son lit. Il se lève enfin et raconte à son père le songe qu'il faisait. Il rêvait que son père était roi.

Cette pièce était accompagnée de récits en musique. Ce sont des scènes d'opéra comique. En voici deux couplets chantés par un berger :

I

Toute la parure
Dont brillent les roys,
Fut-elle à mon choix,
J'aime mieux cent fois
La simple verdure
Qui couvre nos bois.

II

Quand l'herbe naissante
De mille ornemens
A paré nos champs,

> Les palais des grands
> N'ont plus rien qui tente
> Et charme mes sens.

Le 22 décembre, à 2 heures après midi, *Crœsus*, tragédie, *a selectis rethoribus*, avec *Timandre*, pastorale, « en l'honneur de Philippe de France, duc d'Anjou, pour son heureux avènement à la couronne d'Espagne, par les rhétoriciens. »

La tragédie et la pastorale sont du Père Lejay.

Le sujet de la tragédie est tiré d'Hérodote. C'est l'histoire de Crésus, roi des Lydiens, vaincu et fait prisonnier par Cyrus, qui lui fit grâce au moment même où on le conduisait au supplice.

Solon est le moraliste de la pièce. Il avait dit à Crésus vantant devant lui ses richesses et son bonheur, que nul homme ne pouvait être réputé heureux avant qu'il fût mort. A l'heure de l'adversité, il rappelle au monarque vaincu cette parole.

En cela, Solon montrait, ce nous semble, plus d'amour-propre que de charité.

Les intermèdes français, chantés pendant les entr'actes de la tragédie, sont dans le style d'opéra comique dont nous avons déjà donné des échantillons.

On annonce la paix ; un Lydien chante :

> Recevons cet heureux présage,
> De nos maux le ciel est content ;
> Ne craignons plus qu'il nous engage
>   Dans un plus long tourment.
>   Sa colère
>   Ne dure guère,
>   Et souvent
>   Le changement
>   N'est l'affaire
>   Que d'un moment

Ce chœur des Lydiens est assez anacréontique :

> Les plaisirs seroient moins aimables,
> Si les chagrins n'avoient leurs cours;
> Et les beaux jours
> Seroient moins agréables
> S'ils duroient toujours.

Venons à la pastorale.

« Une occasion solennelle, dit le Père Lejay, d'écrire une pastorale s'est offerte à nous. Ce fut quand Philippe de France, duc d'Anjou, fut demandé pour roi par les Espagnols. Nous avons édité ce poème après qu'il eut offert à Paris et dans les principales villes de France, un spectacle très agréable. »

En voici le sujet, d'après l'auteur lui-même :

« Les bergers de l'Hespérie, ayant perdu leur chef, furent avertis par l'oracle d'aller chercher sur les bords de la Seine celuy qu'ils devoient mettre en sa place. On chargea Myrtille de cette affaire. Dès qu'il arrive au terme marqué par l'oracle, il est plus embarrassé que jamais par le nombre de ceux qu'il trouve capables de commander. Mais le génie qui veille au bonheur de l'Hespérie le tire d'embarras, et lui fait voir, pendant le sommeil, celuy d'entre les bergers sur qui doit tomber le choix. Myrtille, ayant fait le récit de ce songe mistérieux, apprend que cet heureux berger est Timandre, petit-fils du grand Timandre, maistre des bergers de Galacie. Le jeune Timandre, instruit de son sort, mais qui aimoit mieux obéir dans son pays que d'aller régner dans un autre, ne s'y résout enfin que dans la veue d'establir une paix éternelle entre tous les bergers. »

La pièce est en trois petits actes et en vers libres, assez coulants comme on en jugera par quelques fragments :

Myrtille a vu en songe Versailles et le roi.

> ... Le sommeil avoit de ses pavots
> Répandu la douce influence;
> Le jour bien-tost alloit par sa présence
> Rappeler les mortels aux pénibles travaux,
> Lorsqu'un ample vallon s'est offert à ma vue.
> Où de verts arbrisseaux, à la ligne dressez,
> De mille fleurs entrelassez,
> Formoient de toutes parts une agréable issue.
> Là, près d'un long canal, dont les tranquilles eaux
> Coulent se partager en différents canaux,
> Un illustre berger en pompeux équipage,
> M'a paru s'avancer vers le prochain bocage.
> Cent autres transportez et de zèle et d'amour,
> S'empressoient à l'envi de luy faire leur cour.
> Tout estoit grand dans sa personne,
> Son air, son port majestueux;
> Mais avec tout l'éclat que sa grandeur lui donne
> Il paroissait affable, obligeant, généreux...

L'ambassadeur des bergers d'Hespérie voit encore, toujours en songe, le dauphin, « l'incomparable fils » du grand berger ; puis

> Trois bergers à la suite,
> Jeunes, bien faits et pleins d'appas.

Le berger lui répond :

> Ils sont fils du noble berger
> Que nous venons de te faire connoître
> Et petit-fils de nostre maistre.
> — Si je vous demandois l'aisné
> Vous diriez qu'il est destiné
> Pour gouverner icy l'empire après son père.
> — Sans doute. — Mais pour son frère
> Qui le suit de plus près me le donnerez-vous?...

On a reconnu dans ces trois bergers le duc de Bourgogne, le duc d'Anjou et le duc de Berry, les trois fils du grand dauphin.

1701

Le 26 avril, à deux heures après midi, la *Fontaine de Jouvence*, drame, par les petits pensionnaires. C'est sous un autre titre la pièce du *Vieillard rajeuni*.

Le 3 août, à midi, *Daniel seu verus Dei cultus in Oriente restitutus*, tragédie avec *Jason ou la Conquête de la Toison d'or*, ballet, mêlé de récits en musique.

La tragédie et le ballet sont du Père Lejay ; les récits du Père Du Cerceau.

La tragédie est dédiée à J. B. Fleuriau d'Armenonville, trésorier du Trésor royal, dont le fils était un des élèves du Père Lejay. En voici le sujet en quelques lignes :

Darius, roi des Babyloniens, avait mis Daniel à la tête des principaux satrapes de son royaume, et le trouvant supérieur à tous en sagesse, songeait à lui confier la direction complète des affaires. Jaloux de ce crédit, les satrapes, pour perdre Daniel, obtinrent de Darius une loi ordonnant que pendant trente jours il ne serait adressé aucune prière aux dieux, si ce n'est à Darius lui-même.

Malgré cet édit, Daniel ne cessa pas de rendre à Dieu son hommage accoutumé. Accusé par les satrapes d'avoir violé la loi, il fut, en dépit des résistances de Darius, qui est un prince assez bonhomme, condamné aux lions.

Il sortit sain et sauf de cette épreuve, et réussit à établir, en vertu d'un édit solennel, le culte du vrai Dieu dans tout l'empire. Les satrapes allèrent à leur tour dans la fosse aux lions et n'en revinrent pas.

Le ballet célèbre, sous la forme chorégraphique, l'événement chanté l'année précédente sous la forme pastorale, la prise de possession du trône d'Espagne par le duc d'Anjou.

Le dessein de la conquête de la Toison, les préparatifs nécessaires pour le voyage, les divers incidents d'une route longue et difficile, enfin l'exécution de l'entreprise fournissent la matière aux quatre parties du ballet.

L'auteur y fait un tel abus de la mythologie que nous renonçons à le suivre. Les entrées de la seconde partie nous paraissent offrir seules quelque originalité.

On y voit une grande affluence de gens de tous états qui viennent offrir leurs services à Jason. Il repousse les simples mortels et n'accepte que le concours de la noblesse. Minerve vient ensuite annoncer qu'elle prend l'entreprise sous sa protection et qu'elle fera présent d'un navire aux voyageurs. Elle est suivie des faunes et des satyres conduits par Sylvain. Ils sont chargés des arbres qu'ils ont coupés dans la forêt de Dodone et qui doivent servir à la construction du navire. Mars, de son côté fait faire de nouvelles armes pour les soldats de Jason et leur apprend à s'en servir. Enfin, Triptolème, Bacchus et le fleuve Pénée apportent le biscuit, le vin et l'eau pour la traversée.

Les récits en musique, intercalés dans le ballet, ont été recueillis par les éditeurs du Père Du Cerceau. Ils forment en quelque sorte le programme de chaque partie.

Dans le prologue, « Saturne annonce aux conquérants qui avoient précédé le siècle de Jason la conquête de la Toison d'or que ce héros alloit entreprendre, et qui devoit se renouveler dans la suite des temps en faveur d'un prince à qui le ciel en destine la possession. »

> Je veux qu'une conquête et si grande et si belle
> Dans l'avenir se renouvelle.
> Un prince aimé des dieux, issu du sang des rois,
> Dont pour ce coup fameux les destins ont fait choix,
> A leurs ordres sera fidèle, etc.

Première partie. — Tandis que Jason s'amuse aux divertissements agréables d'une fête champêtre, l'ombre de Phryxus, qui le premier avait possédé la Toison, se fait voir à lui et l'excite à en tenter la conquête.

Jason s'arrache à la poésie amollissante des bergers qui lui chantent :

> C'est dans nos bocages
> Que règne la paix ;
> Les vents ni les orages
> N'insultent jamais
> Ces tendres feuillages, etc.

2ᵉ partie. — Les Argonautes, animés par la voix de Jason, se préparent à le suivre dans sa glorieuse campagne.

3ᵉ partie. — L'indolence emploie les plaisirs pour arrêter Jason au milieu de son entreprise. Déjà près de succomber à leurs charmes, il en est délivré par la voix d'un héros qui le rappelle à ce que la gloire attend de lui.

> Tel résiste souvent à la force des armes
> Qui ne peut résister aux charmes
> Des plus faibles plaisirs,

lui dit ce héros dans lequel on reconnaît le roi Louis XIV.

4ᵉ partie. — Le dieu Mars, voulant s'opposer à l'entreprise de Jason, fait sortir des furies de l'enfer pour défendre l'entrée du bois fatal où se conserve la Toison. Mais Pallas, ayant chassé les furies, en ouvre le chemin à Jason.

Mᵐᵉ de Maintenon pourrait bien être cette Minerve.

Ballet général. — La Renommée publie le triomphe de Jason dans la conquête de la Toison d'or et annonce, sous le nom de ce héros, la gloire future d'un prince à qui le ciel destine la possession de ce trésor.

Le chœur chante :

Que du couchant à l'aurore
On entende le bruit de ses faits glorieux ;
Que, s'il se peut, son nom vole plus loin encore !

Ce « plus loin encore » fait rêver.

Ces récits ont été mis en musique par Cochereau.

1702

Sans date (*ludis prioribus*) *Damocles sive philosophus regnans*, drame.

C'est une seconde représentation de la pièce du Père Lejay.

Le 2 juin, deux heures après midi, *Maxime*, tragédie chrétienne, par les petits pensionnaires du collège.

Saint-Maxime avait de bonnes raisons pour être célébré au collège Louis-le-Grand. Depuis quelques années déjà, ce collège était en possession du corps de ce saint dont le pape lui avait fait présent.

On a conservé une lettre du Père Doucin, général, au

Père Guillaume Ayrauld, recteur du collège lui annonçant l'envoi de cette relique.

« Mon Révérend Père,

« Sa Sainteté a fait aux élèves de votre maison le plus beau présent qu'ils puissent recevoir de la munificence pontificale; c'est le corps de saint Maxime, mort le 13 septembre à l'âge de 15 ans, 3 mois et 5 jours, ainsi que le porte son épitaphe...

« Le Saint-Père vouloit donner à ses fils bien-aimés de France un gage de sa tendresse paternelle; il s'est félicité de l'heureuse convenance de ce choix qui les place sous le patronage d'un enfant soldat de la foi, qui a confessé Jésus-Christ à l'âge où nos élèves étudient les éléments de la science dans nos collèges... »

On fit grand accueil au présent pontifical :

« L'arrivée du corps du saint donna lieu à de grandes réjouissances. Il fut déposé dans la chapelle, renfermé dans une châsse précieuse revêtue de drap de velours pourpre. De chaque côté du maître-autel dont l'élégant tabernacle reflétait les feux de cinq cents bougies, sous l'azur d'un ample dais semé d'étoiles d'or, dans les deux tribunes de droite et de gauche, se tenaient les élèves qui devaient exécuter les morceaux de musique et les cantates composés pour la circonstance. Ils attachaient un regard d'impatience sur le maître de chapelle qui devait donner le signal; mais celui-ci attendait l'organiste, et l'organiste ne venait point. Un jeune homme se présente pour le remplacer; il s'empare du clavier et en tire des sons qui enlèvent l'auditoire. C'était Marchand, le rival futur du fameux d'Aquin, Marchand, le maître de Rameau, qui devait porter au dernier degré la perfection de son art, et qui préféra constamment aux offres brillantes de la cour la modeste position d'organiste du collège Louis-le-Grand. Pendant toute la durée du jour, les chœurs se succédèrent sans discontinuer. La petitesse du local n'avait pas permis de recevoir le public; mais après la retraite des écoliers, les portes furent ouvertes, et la foule fut admise dans la chapelle, jusqu'à la clôture des offices [1]. »

1. Emond. *Histoire du collège Louis-le-Grand.*

Le 2 août, à une heure après midi, *Adonias*, tragédie.

Nous n'avons point retrouvé le titre du ballet de de cette année :

1703

Le 6 août, à midi, *Posthumius*, tragédie, avec *les Nouvelles*, ballet.

Le ballet, qui est de l'infatigable Père Lejay, contient des détails assez ingénieux. Le programme en expose ainsi le sujet :

« On peut considérer les nouvelles sous quatre différentes idées : ou dans leurs sources, qui en font la matière, ou dans leurs auteurs, qui les répandent ; ou dans les impressions qu'elles ont coutume de faire, ou enfin dans le sort qu'elles ont auprès de ceux qui les reçoivent. Ces quatre divers rapports qu'ont les nouvelles fournissent le sujet des quatre parties du ballet.

Première partie. — LA SOURCE DES NOUVELLES.

1º Les armes. — Mars suivi des démons de la guerre et des guerriers, sort du temple de Janus, et ouvre par là un vaste champ aux nouvelles que produisent les armes.

2º Les lettres. — Cadmus invente les lettres de l'alphabet et donne naissance à toutes les nouvelles de littérature dont les lettres ont été les sources fécondes.

3º La vie civile. — Momus donne à Jupiter le spectacle agréable des nouvelles arrivées dans les familles particulières des dieux ; il lui montre Neptune devenu maçon et bâtissant la ville de Troie, Apollon gardant les troupeaux d'Admète, Vulcain exerçant le métier de forgeron, Hercule abandonnant sa massue et ses flèches pour tenir une quenouille et des fuseaux.

4º Le commerce. — Bacchus, Hercule, Jason et Lusus, après avoir parcouru les quatre parties du monde, apportent des nouvelles des découvertes qu'ils ont faites. Bacchus, conquérant des Indes, revient de l'Orient chargé de perles, de corail et de coquilles précieuses. Hercule, suivi des Africains, rapporte des îles occidentales les fruits du jardin des Hespérides. Jason arrive des parties méridionales avec la Toison d'or, et Lusus, après plusieurs expéditions glorieuses, retourne aux pays du Nord avec les diverses fourrures qui y sont en usage.

Deuxième partie. — LES AUTEURS DES NOUVELLES.

1º Les politiques les inventent. — Les partisans de Romulus, pour consacrer les lois de ce prince, persuadent au peuple qu'il a été enlevé dans le ciel. Les Romains crédules font son apothéose.

2º Les curieux les recherchent. — Les compagnons d'Ulysse, curieux de savoir ce qui étoit renfermé dans l'outre d'Eole, l'ouvrent. Il en sort la tempête, qui les punit de leur curiosité.

3º Les gazetiers les débitent. — Le jeune Apollon, envoyé par Latone pour puiser de l'eau dans une fontaine de la Lycie, est repoussé par une troupe de paysans. Mais, en punition de leur insolence, ils sont changés en grenouilles, qui, par leurs croacemens, annoncent les différents changements de temps.

On disait déjà du mal de ces infortunés journalistes.

4º Les nouvellistes les augmentent. — La Renommée, après avoir fait entendre le son de sa trompette, est bientôt suivie d'une infinité de petits bruits qui, se succédant les uns aux autres et augmentant en un moment, altèrent la vérité des nouvelles qu'elle a publiées.

Troisième partie. — LES IMPRESSIONS QUE FONT LES NOUVELLES.

1º La surprise. — Epiméthée ouvre la boîte de Pandore; il en voit sortir tous les maux : la Discorde, l'Envie, la Guerre, etc., et manifeste une surprise bien justifiée.

2º La douleur. — Achille, à la nouvelle de la mort de Patrocle, témoigne une grande douleur et organise une pompe funèbre en l'honneur de son ami.

3º La joie. — Les Romains apprenant la ruine de Carthage, expriment leur allégresse par une feste solennelle terminée par un feu d'artifice.

Voilà la poudre inventée de bien bonne heure.

4º Le désespoir. — Les bacchantes, indignées des mépris d'Orphée, le tuent et le déchirent en pièces.

Quatrième partie. — LE SORT DES NOUVELLES.

La prise de Troie est une preuve naturelle de cette quatrième partie, en montrant l'interprétation que les différents intérêts font des nouvelles.

1º Le cheval de Troie est reçu diversement par les Troyens. Il est considéré comme une faveur du ciel par les simples; par les gens de guerre, comme un artifice qu'ils veulent détruire; par la jeunesse, comme une occasion de plaisir.

2º On croit les fausses nouvelles. — Le traître Sinon, raillé et bafoué d'abord par les Troyens, finit par leur faire ajouter foi aux faussetés qu'il leur débite.

3º On ne croit point les véritables. — Les Troyens raillent et chassent Cassandre qui leur prédit leur sort.

4º On ne croit les nouvelles que lorsqu'il n'est plus temps. — Les Troyens, endormis par la débauche, sont surpris par les Grecs sortis des flancs du cheval, et massacrés.

Ballet général :

Mercure, envoyé par la Victoire, fait espérer le prompt retour de la paix. Cette nouvelle cause une joie universelle à tous les peuples de l'Europe, qui témoignent, par une réjouissance publique, l'extrême désir qu'ils ont de la paix.

1704

Le 27 février, *Joseph vendu par ses frères*, tragédie française. C'est la traduction de la tragédie latine du Père Lejay, par le Père Lejay lui-même.

« La satisfaction avec laquelle la pièce latine qui porte le mesme nom fut, dit l'auteur, représentée sur le théâtre, et l'approbation dont le public continua de l'honorer après qu'elle eut esté imprimée, me firent espérer qu'elle plairoit en françois, en luy conservant tout le naturel et tout le tendre qui luy avoient attiré quelque succès. »

La pièce est en trois actes, à l'exemple de quelques pièces de Molière, « le plus célèbre auteur qu'ait eu la comédie dans le siècle passé, et qu'on a regardé comme un modèle digne d'être mis en parallèle avec ce que l'antiquité a produit de plus parfait en ce genre. »

Elle est précédée d'un « prologue chanté, dont le sujet est allégorique à la pièce françoise qu'on représentoit au lieu d'une pièce latine. » En voici le sujet : « Apollon se préparoit à célébrer une feste avec les Muses et ses disciples, lorsqu'il est interrompu par le Génie de la langue françoise et le Génie de la langue latine, entre lesquels il termine le différend. »

APOLLON.

Que vois-je? qui vient en ces lieux
Troubler nos chants mélodieux?

LE GÉNIE DE LA LANGUE FRANÇOISE.

Contre un injuste et sévère caprice,
Triste, confus, je viens à toy
De tes sages arrests implorer la justice.
Sois sensible à mes vœux, Apollon, venge-moy.

Apollon lui donne audience. Le Génie dit qu'on lui fait partout bon accueil :

On me trouve poli, noble, judicieux;
Je suis chéri des hommes et des dieux.
Faut-il qu'à mes désirs la fortune contraire
Rende icy mon nom odieux.

LE GÉNIE DE LA LANGUE LATINE.

Grand Apollon, c'est un ambitieux.
Si parmy nous tu le souffres paroistre,
Il y sera bientôt le maistre.

Après quelques répliques, Apollon les met d'accord.

Vivez unis, vivez ensemble;
Est-il rien de plus beau?
Le mesme interest vous rassemble.
Travaillez à former un spectacle nouveau.

La pièce en français a un style facile, mais sans couleur. Les adieux de Joseph à ses frères, au moment où le marchand va l'emmener, en feront juger.

Vous tous pour qui mon cœur toujours tendre et fidelle,
Ressent plus que jamais et d'amour et de zèle,
Puisqu'il me faut enfin abandonner ces lieux,
Ecoutez ma prière et mes tristes adieux.
Que le ciel qu'avec vous j'adore et je révère,
Des secrets de mon cœur, témoin, dépositaire,
Qui vous a jusqu'icy comblez de ses faveurs,
Qui ne m'a réservé désormais que des pleurs,
Satisfait de mes maux et de mon sacrifice,
Ce Dieu ne cesse point de vous estre propice!
Et faisant sur moi seul tomber tout son courroux,
N'ait que de la tendresse et des bontez pour vous!
Que le sage vieillard dont vous pristes naissance,
. . . . pendant bien des années
Jouisse avecque vous d'heureuses destinées!
Que n'ayant jamais eu que d'agréables jours,
Dans un repos tranquille, il en borne le cours.

Les intermèdes chantés dans les entr'actes comprennent des récitatifs, des chœurs et des symphonies, notamment une « symphonie pour marquer l'enthousiasme avec lequel le Génie d'Israël doit annoncer la destinée de Joseph. »

La musique de ces intermèdes était de Campra.

Le 6 août, à une heure précise, *Moïse*, tragédie, avec la *Naissance du duc de Bretagne*, ballet.

Le duc de Bretagne, fils du duc de Bourgogne, ne fournit pas une longue carrière. Il mourut le 13 avril de l'année suivante.

1705

Le 18 février, à deux heures précises après midi, *Jonas*, tragédie, représentée par les élèves de seconde.

On voudrait savoir si le metteur en scène du théâtre de Louis-le-Grand a poussé la vérité historique jusqu'à représenter l'intérieur de la baleine.

Pour le spectacle d'août, on donna une nouvelle représentation de *Crésus*, tragédie par le Père Lejay. Nous ne connaissons point le sujet du ballet.

1706

Le 16 février, à deux heures après midi, *Saül*, tragédie, donnée par les élèves de seconde. C'est une deuxième représentation de cet ouvrage.

Nous n'avons pas retrouvé la composition du spectacle d'août.

1707

Le 2 mars, *Narcisse*, tragédie en musique, en trois actes avec un prologue, après *Ménophis*, tragédie.

La musique de *Narcisse* est de Lachapelle.

Le 3 août, à une heure précise après midi, *Josephus*

Egypto Præfectus, tragédie, avec *Jupiter vainqueur des Titans*, ballet.

C'est une nouvelle représentation de la pièce du Père Lejay. Le ballet est également de lui. Il est mêlé de récits.

« Jupiter ayant été déclaré roy du ciel et reconnu par tous les dieux de l'Olympe, Titanus, sous de vains prétextes, se crut lézé dans le partage de l'empire du monde entre les enfans de Saturne, et, soutenu par les Titans ses frères, déclara la guerre à Jupiter. Celui-ci, après quelques désavantages, aidé de Pallas et d'Hercule, terrasse les Titans et reste paisible possesseur du ciel.

« Dans cette guerre, on peut considérer le projet ou le commencement, les moyens que les Titans emploient pour le faire réussir, les avantages qu'ils remportèrent pendant quelque temps, enfin le succès qui termina cette guerre. De là, les quatre parties du ballet. »

Tels sont, expliqués par l'auteur, le sujet et la division de ce ballet, qui dut exiger un grand déploiement de mise en scène.

Titanus, au début de la première partie, expose son projet :

> ... J'irois, l'encens en main, flatter l'usurpateur !
> Ah ! plus tost ne songeons qu'à réparer ma honte,
> Faisons sentir au ciel un trop juste courroux,
>   Et par une vengeance prompte,
> Contraignons mon rival à plier sous mes coups...

Il fait sortir du sein de la Terre les Titans, et se fait rendre par eux les mêmes hommages que les autres divinités ont rendus à Jupiter.

La Terre, mère de Titanus, s'adresse, dans la seconde partie, à Pluton, aux enfants de Neptune et aux Démons, pour les engager dans la querelle de son fils. « Bornez-vous, dit-elle, à Pluton. »

> Bornez-vous vostre gloire à ces demeures sombres,
>   Et content de ce triste sort,
> N'aspirez-vous qu'à régner sur les ombres,
>   Parmi les horreurs de la mort?
> Tandis que Jupiter, maistre d'un grand empire,
> Habite les palais les plus délicieux;
> Et règne en souverain sur tout ce qui respire
>   Et sur la terre et sur les cieux...

La Terre réussit à former cette coalition; les nations de la Terre, appelées ensuite par elle, viennent adorer, chacune à leur manière, la statue de Titanus, qui a remplacé celle de Jupiter.

La troisième partie nous montre les Titans installés dans l'Olympe. Les dieux, pris de panique, se sont réfugiés sur la terre sous la figure de divers animaux. Silène et quelques satyres ont été faits prisonniers et sont conduits devant le vainqueur qui banquète aux dépens des dieux. Il s'adresse à Hébé:

> Approchez, charmante déesse,
> Versez-nous à longs traits ce nectar précieux
> Que vous faites servir à la table des dieux
>   Par cette brillante jeunesse...

Cependant Pallas reproche aux dieux leur lâcheté. « Quoy, fuirons-nous toujours? s'écrie-t-elle,

>   Qu'est devenu nostre courage?
> Avons-nous oublié la foy de nos sermens?
>   Sont-ce là les empressemens
>   Où nostre devoir nous engage?

Elle demande à Vulcain de nouveaux tonnerres. Le dieu se met à l'œuvre avec ses Cyclopes. De son côté, Mercure engage les peuples du Nord à défendre la cause de Jupiter:

> Malgré la neige et les frimats
> Où ces peuples ont pris naissance,
> Ils bruslent tous d'impatience
> De signaler pour nous leur courage et leur bras.

Pour en finir, une dernière bataille est livrée; les Titans paraissent sur la scène armés de rochers et d'arbres et tentent un nouvel assaut. Grâce aux carreaux nouvellement forgés par Vulcain, Jupiter en a raison et remporte sur eux une victoire complète. Pour la célébrer, il fonde les jeux olympiques qui fournissent matière au ballet final.

1708

Aux fêtes du Carnaval (*ludis prioribus*) *Philochrysus seu Avarus*, drame, par le Père Lejay. C'est une seconde représentation.

Le 1er août, à une heure après midi, *Brutus*, tragédie, avec *le Triomphe de Plutus, dieu des richesses*, ballet.

La tragédie est du Père Porée; elle est le premier ouvrage qu'il fit représenter sur la scène de Louis-le-Grand. On la trouve, avec toutes celles que nous rencontrerons dans la suite de ce répertoire, dans ses œuvres éditées, après sa mort, par le Père Griffet.

Saint-Marc Girardin, comparant le *Brutus* du Père Porée au *Brutus* de Voltaire, n'est pas éloigné de donner la préférence au premier : « Dans son *Brutus*, dit ce critique, Porée a fait un admirable usage de l'amour fraternel. Dans Voltaire, c'est l'amour que Titus a pour la fille de Tarquin, amour qui paraît gauche et mal à l'aise au milieu de l'austérité républicaine (du sujet, qui pousse Titus à trahir sa patrie.

Dans Porée, c'est pour sauver son frère que Titus consent à devenir coupable, et c'est de là que naît le pathétique du drame. »

Brutus, qui ne connaît pas toute l'étendue de son malheur, croit qu'un seul de ses fils est criminel. Il les interroge, mais les deux frères, dans un de ces combats de générosité si chers à la muse tragique du temps, et que nous avons déjà rencontrés dans le *Lysimachus*, du Père La Rue, se déclarent l'un et l'autre coupables, et cherchent à attirer, chacun sur sa tête, le châtiment de la trahison.

Grand embarras du consul qui s'écrie dans le style sentencieux et antithétique familiers aux latinistes du temps :

« Justes Dieux ! se peut-il que la fureur les entraîne si loin que chacun revendique l'honneur d'être l'ennemi de la patrie, et que, prenant pour lui le crime d'un autre, il craigne plus d'être reconnu innocent que coupable. »

Il les envoie devant le sénat pour être jugés.

Publius Valerius, l'autre consul, prêche la clémence et demande à son collègue ce qu'il ferait si le sénat condamnait ses enfants à mort.

BRUTUS. — Le Sénat ferait son devoir ; il ferait ce que moi-même, père, je ferais.

P. VALERIUS. — Vous, père, vous verriez vos enfants attachés au poteau d'infamie et frappés par la main des licteurs !

BRUTUS. — Je les verrais d'un œil sec.

P. VALERIUS. — Ah ! je vous en supplie, apprenez mieux à être père.

BRUTUS — Je l'ai assez appris. Un père ne doit pas craindre de répandre son propre sang, quand ce sang est corrompu.

P. Valerius. — S'il sied à un père d'être orgueilleux, qu'il soit aussi clément; et qu'il épargne ses enfants. La nature condamne un père dur et inhumain.

Brutus. — La patrie condamne un consul capable de faiblesse et se refuse à voir en lui le père des citoyens.

Le Sénat se récuse et renvoie les coupables à Brutus pour les juger.

Brutus. — Quelle redoutable fonction tu m'imposes, ô ma patrie! Quel trouble, quels combats terribles agitent mon esprit! Malheureux père! Infortuné consul! A quel parti me résoudre? D'un côté la patrie exhorte le consul; de l'autre, l'amour paternel retient le père; la patrie réclame une main vengeresse; la nature arrête cette main vengeresse. Nature, patrie; laquelle de vous triomphera? Est-ce le consul qui vaincra le père, ou le père qui vaincra le consul? Si j'épargne mes enfants, si j'obéis à la voix du sang, que dira Rome qui m'a nommé consul pour la défendre, qui m'a remis la hache pour punir le crime, qui, enfin, m'a livré mes fils pour les juger? Si j'immole mes enfants et si j'obéis à la voix de la patrie, que pensera de moi le monde entier? De quel œil la postérité verra-t-elle ce crime barbare d'un père? Pourrai-je moi-même entendre cette voix du sang dont les plaintes viendront jusqu'à moi? O destins trop cruels qui m'ordonnez ou d'être un consul lâche, ou d'être un père impitoyable! Reprends, ô Rome, reprends ces faisceaux qui me coûtent trop cher s'ils doivent me coûter la vie de mes enfants. Ah! vivez tous les deux, vivez, mes enfants, je le veux. Le Sénat vous permet de vivre, votre père vous le permet aussi. Mais quoi! rebelles, traîtres, impies, vous vivrez tranquilles dans le sein de votre patrie, et à côté de votre père, et Brutus, Brutus consul verra votre impunité! Non! qu'ils périssent! qu'ils périssent par l'ordre de leur père. Licteurs, approchez. »

Le sacrifice est consommé. Les trois jeunes gens, car le fils de Publius Valerius était aussi du complot, tombent sous la hache. Brutus s'écrie :

« C'est bien! Rome est vengée. Maintenant, ô dieux tutélaires, écoutez ma prière si elle est juste. J'ai arraché ma patrie à un joug odieux. Si, plus tard, un homme entreprenait de la réduire en esclavage, faites, ô dieux, sortir de mon sang, un citoyen, impatient de la servitude, qui, à la face de Rome, frappe ce nouveau tyran. Que le nom de Brutus soit fatal à tous les tyrans. Telle est ma seule prière. Accordez, ô dieux, cette grâce au père, au consul, au vengeur ! »

C'est sur cette évocation du futur meurtrier de César que se termine la pièce.

1709

Le 25 février, à deux heures après midi, *David Sauli reconciliatus*, tragédie, représentée par les élèves de seconde.

C'est une nouvelle représentation de cette tragédie.

Le 7 août, à une heure précise après midi, *Josephus agnoscens fratres*, tragédie, avec le *Ballet de l'Espérance*, mêlé de récits et de chants.

La tragédie, déjà représentée, est du Père Lejay, qui et aussi l'auteur du ballet.

Ce ballet, qui fut donné « l'année de la stérilité causée par le grand hiver et dans le temps que la guerre était le plus allumée » est, à sa manière, une pièce politique.

Une note marginale du programme nous fait connaître cette particularité que le spectacle n'eut point lieu sur le théâtre ordinaire. La dureté des temps ne permit point de donner à la représentation la pompe ordinaire.

On sait quelle était à cette date la situation de la France. « La guerre avait épuisé toutes les ressources du royaume. Le crédit était anéanti ; la dette publique s'élevait à deux milliards. Le cruel hiver de 1709 avait mis le comble à la misère générale. Louis XIV et les grands seigneurs envoyèrent leur vaisselle à la Monnaie. Le peuple, en plusieurs provinces, périssait moissonné par la famine. Des révoltes éclatèrent [1]. » Il fallait quelque hardiesse pour entreprendre de peindre cette situation dans un ballet, même avec toutes les ressources que la mythologie pouvait fournir.

« Jupiter, fatigué de l'impiété, de l'injustice et généralement de tous les crimes des mortels, résolut de les punir : il mit à la main de Pandore une boëte fatale remplie de tous les maux capables de désoler la terre. Aussitost que la boëte fut ouverte, un déluge de malheurs désola l'univers. La seule déesse, l'Espérance, restée au fond de la boëte, fut une ressource et une consolation au milieu de tant de calamités. On se promit de là que la colère des dieux ne dureroit pas toujours. »

Un prologue nous montre Pandore tenant en main la boîte classique et se préparant à exécuter l'arrêt des dieux :

C'est trop loin pousser l'injustice,
Tremblez, mortels audacieux,
Les dieux ont résolu de punir la malice
De vos projets séditieux.
. . . .
C'est de cette boëte fatale
Qu'un déluge de maux, une troupe infernale,
Franchissant les horreurs d'une étroite prison,
Vont répandre par tout un dangereux poison.

Pandore ouvre la boîte. Aussitôt la stérilité, les maladies, la discorde, la guerre et mille autres monstres s'en échappent, et effrayée des désastres dont la terre est menacée, Pandore finit ainsi son récit :

1. *Biographie générale.* — *Louis XIV.*

Dans cet état triste et funeste,
Parmi tant d'ennemis jaloux,
Tant de persécuteurs animés contre vous,
Consolez-vous, mortels, l'Espérance vous reste.

« *Division du ballet*. — Les dieux qui prennent intérêt à la conservation des hommes, adoucissent l'affliction commune en faisant sortir l'Espérance du fond de la boëte où elle étoit restée. L'Espérance promet : 1º à Cerès que l'abondance succédera à la stérilité ; 2º à Plutus que l'opulence réparera le dommage de l'indigence ; 3º à Apollon qu'elle rendra leur lustre aux beaux arts ; 4º à la Paix, qu'elle règnera seule après avoir fait cesser la guerre. »

Première partie. — Cérès paraît désolée au milieu des frimas et des aquilons qui ont désolé son empire. Elle s'en plaint amèrement :

Jusqu'au fond de mon cœur la chaleur s'est éteinte,
Cette vive et douce chaleur
Qui donne à mes moissons leur force et leur couleur.
Dieux, qui voyez notre misère,
Soyez touchés des vœux qu'on fait à vos autels,
Ou, si nous ne pouvons fléchir votre colère,
Délivrez-nous du soin de nourrir les mortels.

Bacchus, Flore, Pomone, Vertumne participent au deuil général. Les Egypans, réduits à boire l'eau des fontaines, en marquent leur dépit. Bacchus se moque d'eux :

Pour punir le mauvais usage
Que tant de beuveurs imprudents
Ont fait du savoureux breuvage
Que la vigne aux humains fournissoit tous les ans,
Jupiter, armé de sa foudre,
A changé mes raisins en poudre
Et réduit les mortels à l'eau,
Dont la fade liqueur supplée au vin nouveau.

> Beuvez, beuvez à tasses pleines
> Du pur crystal que les fontaines
> Font icy couler à foison.
> Si leur liqueur est insipide
> Elle sçaura du moins épargner la raison
> Que le ciel nous donna pour guide.

Les Egypans se mettent à danser, mais probablement sans beaucoup d'entrain. Flore vient ensuite faire ses doléances :

> A peine de quelques soucis
> Ai-je pu composer l'ornement de ma teste :
> Me montreray-je à cette feste
> Objet d'un indigne mépris?...

Pomone est bien plus à plaindre. « Mes arbres, dit-elle,

> Mes arbres languissants, desséchez, abatus,
> Ont perdu pour jamais leur sève et leurs vertus.

Et Vertumne :

> Au défaut de Cérès, devenu nécessaire,
> Mes légumes, du moins, vous étoient un recours.
> Ah! quel effort m'a-t-on veu faire
> Pour fournir aux humains un reste de secours!
> Mais à peine l'herbe naissante,
> Pour nous aider dans nos besoins,
> En dépit des frimats répondant à nos soins,
> Sembloit seconder nostre attente,
> Les aquilons cruels exerçant leur courroux
> Les faisoient à l'instant expirer sous leurs coups.

L'entrée suivante amène les habitants des campagnes qui offrent un sacrifice à l'Espérance. Le sacrificateur lui adresse une prière :

> ... Déesse, c'est toy que j'implore,
> Des peuples affligez toi seule es le soutien :
> Heureux qui, dans ses maux, peut espérer encore,
> Malheureux qui n'espère rien.

Les bergers dansent autour de l'autel sur lequel le sacrificateur verse du vin et dispose une corbeille de fruits et une gerbe de blé. Enfin l'Espérance apparaît :

> Les disgrâces sont passagères,
> Les plaisirs dureront toujours.

dit-elle ; et cette maxime consolante donne un nouvel élan à la danse à laquelle se mêlent les divinités champêtres.

Deuxième partie. — Elle s'ouvre par un récit de Plutus :

> Où fuir, hélas! où fuir? Tout en veut à ma vie :
> Me verray-je toujours trahi, persécuté?
> Toujours en proie aux fureurs de l'Envie,
> Ne pourray-je trouver un lieu de seureté?
> Dans quelque endroit que je me trouve,
> Du costé des mortels je souffre également ;
> Libre ou captif, Plutus éprouve
> Le plus injuste traitement.
> Si je me plains avec justice
> De l'avare jaloux qui me tient en prison,
> N'ay-je pas autant de raison
> D'accuser le malin caprice
> Du prodigue insensé qui ne m'expose au jour
> Que pour servir son jeu, son luxe et son amour?...

Après ce récit, Plutus prend la fuite, poursuivi par des Harpyes qui personnifient les voleurs publics et particuliers. Les Jeux et les Plaisirs, qui le cherchent à leur tour, se plaignent de ne point le trouver :

> Dieux ! dans quel embarras nous réduit son absence,

Le moyen de briller sans luy, sans sa présence !
Les plaisirs et les jeux, mornes et languissants,
Séparez de Plutus, perdent leurs agréments.

Arrive l'Espérance ; elle conduit une troupe de Mexicains, chargés de lingots d'or, et s'engage à remettre en liberté Plutus que de riches et cupides vieillards retiennent prisonnier. Elle s'adresse à ses Mexicains :

>Paroissez, troupe incomparable,
>Vostre aspect n'a rien que d'aimable.
>Despechez, faites à nos yeux
>Briller ce métal précieux...

Les Mexicains s'unissent, dans une danse joyeuse, aux Jeux et aux Plaisirs.

Troisième partie. — Terpsichore préside à un spectacle mêlé de sérieux et de comique :

>Melpomène, ma sœur, d'un ennuyeux tragique,
>Vous fatigua longtemps par de vaines clameurs ;
>C'est à la danse, à la musique
>Que le théatre doit ce qu'il a de douceurs...

Mais à peine la danse est-elle commencée que le bruit des tambours et des trompettes vient l'interrompre. Terpsichore se plaint :

>C'est icy le séjour tranquille
>Dont les Muzes font leur azile ;
>C'est dans ce paisible vallon
>Qu'habite le docte Apollon.
>De ses travaux la compagne fidèle,
>J'allois d'une scène nouvelle
>Etaler au grand jour les pompeux ornements,
>Et, par des spectacles charmants,
>Relever l'éclat d'une feste
>Où le Pinde à l'envy s'appreste

A récompenser par des prix
Les pénibles travaux de cent jeunes esprits.
Mais une trompette cruelle
M'oblige à transporter l'appareil de mes jeux ;
Contentons-nous d'ouvrir une scène moins belle
Sur un théâtre moins pompeux.

Terpsichore fait place à un peintre et à un architecte qui abandonnent les instruments de leur art. Un paysan se joint à eux et quitte l'agriculture pour la guerre.

LE PEINTRE

... Pour moy, je quitte et pinceaux et palette
Ami, nous sommes dans un temps,
Où notre art est peu nécessaire.
On a beau dire, on a beau faire,
Rien n'est tel que de suivre Mars,
Rangeons-nous sous ses étendards...

L'ARCHITECTE

... Mais les instruments de mon art,
Dans un camp ou sur un rempart,
Ne sont pas un meuble inutile ;
Pour estre ingénieur je me sens du talent...

LE PAYSAN

Pargué, j'en veux taster itou,
J'avons un peu l'âme poltrone.
Mais l'on dit qu'à suivre Bellone,
On ne risque ni peu ni prou...
. . . .
Je sçaurons comme un autre escroquer la poularde,
Piller l'hoste, yvrogner, faire le fier-à-bras,
Mais au fort du péril, giller, doubler le pas.
C'en est plus qu'il ne faut pour former un soudrille.
Quittons pour servir Mars et charrue et faucille ;
Et puisque la moisson ne nous fournit plus rien,

Le mousquet sur l'épaule, allons chercher du bien.
> Brusquons fortune ; il n'est que chance
> Au mestier que je choisissons,
> Et plus d'un maréchau de France
> A commencé par où je commençons.

Après une danse des paysans, passe un capitaine qui les enrôle tous.

Le tableau suivant nous transporte sur le Parnasse. Apollon y chante un grand air :

> ... Tout, dans mon empire
> Languit et soupire
> Et les tendres sons
> Du luth, de la lyre
> Ne forment plus que de tristes chansons...

Il s'adresse aux poètes :

> ... Et vous, compagnons de ma gloire ;
> Qui placez les héros du Temple de mémoire,
> Arrachez vos lauriers, deschirez vos écrits,
> Et vengez Apollon d'un insolent mépris.

Les poètes qui aiment fort les lauriers et encore plus leurs écrits, obéissent cependant à Apollon et, dans un pas vif et animé, dispersent les débris de leurs couronnes et de leurs poèmes. L'Espérance les arrête :

Quelle aveugle fureur vous aigrit, vous transporte ?

Elle promet de rétablir dans sa splendeur le règne d'Apollon. Celui-ci descend du Parnasse ; il y place l'Espérance, et termine l'acte par quelques légers couplets, comme celui-ci :

> Les biens que donne l'Espérance,
> Sont toujours des biens charmants ;

> On sent son bonheur par avance,
> On le goûte à tous moments.
> Les biens que donne l'Espérance
> Sont toujours des biens charmants.

Quatrième partie. — Mercure assemble les peuples qui sont désunis et les exhorte à la paix dans un grand discours :

> ... Le héros des François, conquérant pacifique,
> Céda jadis ses droits à la cause publique
> Et, cherchant dans la paix un triomphe plus beau,
> Du démon de la Guerre éteignit le flambeau.
> Vous vous en souvenez ; à sa course rapide
> Vous n'opposiez alors qu'une vertu timide ;
> Entré victorieux au sein de vos Etats,
> Il vous donna la Paix, et ne la vendit pas.
> Son exemple est pour vous un bel exemple à suivre...

Les nations se laissent convaincre par cette harangue et se mettent à danser en signe d'alliance, quand la Discorde intervient et réussit à les brouiller de nouveau. Elles reprennent les armes et se préparent à recommencer la guerre. « Goustons, s'écrie la Discorde,

> Goustons, goustons les fruits d'une belle victoire,
> En vain, pour en ternir la gloire,
> D'un ministre zélé Jupiter a fait choix ;
> D'un spécieux accord a proposé les loix ;
> Plus heureuse que luy, j'ai su me faire entendre...

Ce « ministre zélé » nous paraît être Torcy, qui fut chargé de négocier la paix avec la Hollande, de concert avec le président Rouillé. Les prétentions excessives du grand pensionnaire firent échouer les négociations.

Une musique douce annonce l'arrivée de l'Espérance.

Elle montre aux peuples la **Paix** au travers d'un nuage. Celle-ci annonce son prochain retour sur la terre.

> Je quittay, malgré moy, ce séjour enchanté,
> D'y reparoistre impatiente,
> J'abandonne le ciel, je préviens votre attente,
> Je devance le jour par les dieux arresté ;
> On me verra dans peu descendre sur la terre...

Elle devait, cependant, se faire attendre encore quelques années, puisque la paix d'Utrecht ne fut signée qu'en 1713.

Les peuples, dans un ballet général, rendent grâces à l'Espérance qui les a consolés dans leurs malheurs.

1710

Le 6 août, *Mauritius Imperator*, tragédie avec *l'Empire du monde partagé entre les dieux de la Fable*, ballet.

La tragédie est du Père Porée ; les danses du ballet de Pécourt, de l'Opéra, et la musique de La Chapelle.

Voici une courte analyse de la tragédie.

Maurice, empereur d'Orient, ayant perdu dans une bataille plusieurs milliers de ses soldats faits prisonniers, refuse de payer leur rançon et les laisse massacrer par l'ennemi. Les remords s'emparent de lui et il conjure le ciel de lui faire expier son crime sur cette terre. Un songe l'avertit que son vœu sera exaucé. C'est à ce moment que commence la pièce.

Phocas, l'usurpateur, soulève le peuple et l'armée, et s'empare de l'empereur et de ses deux fils qu'il fait exécuter, malgré les supplications de Maurice qui voudrait détourner sur sa seule tête la vengeance de Dieu. Il s'incline toutefois devant la volonté céleste et, après avoir maudit l'usurpateur, il marche au supplice.

« Je ne t'imputerai pas, Phocas, dit-il à son bourreau, la mort injuste à laquelle tu me condamnes. Tu ne fais que prêter ton bras à la vengeance céleste. Ton bras est injuste, mais la vengeance de Dieu est juste. Dieu me frappe aujourd'hui, moi coupable, par ta main, mais il te frappera à ton tour par la main d'un autre et te fera expier tes crimes. Dieu me l'a promis, Dieu qui, après m'avoir montré mon sort, m'a aussi montré le tien, terrible et atroce. Tu pâlis, tu trembles? C'est peu de craindre. La crainte n'arrête pas le châtiment; le châtiment poursuit qui le fuit. Ne le fuis pas; demande au contraire qu'il arrive et t'atteigne encore vivant, afin que Dieu te fasse grâce pour l'éternité. Tels sont les vœux que Maurice en mourant forme pour toi. »

Phocas, resté seul, est très ému de ses menaces; il est à son tour obsédé de remords et, dans une hallucination, croit voir se dresser devant lui les ombres de ses victimes. La pièce se termine par cette double sentence, que s'il y a de la douceur dans la conception du crime, il y a beaucoup d'amertume dans l'exécution.

O dulce, tunc cum mente concipitur scelus !
O triste, tunc cum dextra perficit scelus !

1711

Le 5 août, à midi précis, *Crœsus*, tragédie, avec *Apollon législateur* ou le *Parnasse réformé*, ballet mêlé de chants et de déclamation.

La tragédie et le ballet sont du Père Lejay. La tragédie avait été déjà représentée deux fois.

L'auteur expose en ces termes le sujet et la division

du ballet qui est, comme on le verra, tout un art poétique.

« Toute agréable qu'est la poésie, les abus qui s'y sont glissez ont fait douter, dans tous les temps, si elle estoit également avantageuse. On a banni les poètes de quelques Estats, comme préjudiciables au bien public. Il seroit aisé de rendre la poésie aussy utile qu'elle est agréable par la réforme des abus et l'establissement de bonnes lois. C'est ce qu'on a proposé dans les quatre parties de ce ballet.
Première partie : Les abus du Parnasse à réformer. — *Deuxième partie* : Les obstacles à la réforme du Parnasse. — *Troisième partie* : La réforme du Parnasse. — *Quatrième partie* : Les lois pour maintenir la réforme du Parnasse.

Après un prologue dans lequel Apollon invite les poètes à l'aider dans son entreprise, commence, avec la première partie, le tableau des abus à réformer.
Apollon trouve le Parnasse infecté de ces abus soit dans les mœurs, soit dans les ouvrages des poètes :

. . . . . . Loin d'icy l'indigne molesse
Dont le fatal poison et le charme trompeur
De l'austère vertu surprenant la foiblesse,
Séduisent la raison et corrompent le cœur.
Loin d'icy ces esprits bornez, mais téméraires,
Ces auteurs languissants, ces doctes plagiaires,
Dont les fades écrits ne brillent aujourd'huy
Que de traits empruntez et des travaux d'autruy...

Le dieu du Parnasse a successivement à lutter contre les plaisirs frivoles, qui circonviennent les héros, et les forcent à danser avec eux; contre la haine et la vengeance qui inspirent aux écrivains des satires violentes et personnelles, et contre les plagiaires qui, conduits par Mercure sur le Parnasse, en ravissent les lauriers et s'en couronnent sans mérite.

15

Mercure encourage leurs larcins :
Vous sur qui Phœbus et sa troupe
Ne daigna jamais, en naissant,
Jetter un regard caressant,
Et que le Pinde, sur sa croupe,
Ne vit jamais qu'en frémissant,
. . . .
Je sçais une route facile
De conduire à leur but vos louables desseins,
Je peux, par d'utiles larcins,
Rétablir dans l'honneur une veine stérile...
Il est des écrits aujourd'huy
Que la Grèce et que Rome ont laissez au pillage ;
Ne craignez point le sort d'un ancien brigandage ;
Plus d'un auteur fameux brille aux dépens d'autruy.
Venez, suivez mes pas, occupés le Parnasse...

Mercure et les Plagiaires, après avoir dansé leur pas, sont remplacés par les Farceurs et les Bateleurs qui, soutenus par Momus, se sont emparés du théâtre.

Le Pinde est bien changé, le peux-tu reconnoître ?

dit Momus à son acolyte Morion. Celui-ci répond :

Je le vois occupé par de francs poliçons
Dont je suis le premier, seigneur, et le plus drosle...
. . . . . . Par mes fadaises comiques,
Je sçauray démonter cent langoureux tragiques.
Les rieurs sont pour moy, mais gare le succès !
De nos rivaux jaloux quand la scène déserte
Ne s'ouvrira qu'à pure perte,
Seigneur Momus mis en procès
Du serein Jupin essuiera les arrets ;
Et sur nous Apollon, acharné comme un dogue,
Viendra confondre nos projets
Et nous réduire au monologue.

Cet épisode du ballet montre que le Père Lejay était

au courant des démêlés de la Comédie-Française avec les spectacles de la foire Saint-Laurent. Ces démêlés durèrent de longues années. A plusieurs reprises, les dialogues furent interdits aux forains, mais ils réussirent à éluder cette défense, en faisant parler un acteur pendant que les autres mimaient la réplique.

La seconde partie du ballet expose les obstacles que rencontre Apollon pour réformer le Parnasse. C'est d'abord l'ignorance de Midas qui vient de donner la préférence à Pan sur Apollon lui-même. Pour récompense de son mauvais goût, Midas reçoit les honneurs du triomphe que Pan lui décerne. Les chèvre-pieds se joignent aux Arcadiens pour rendre la pompe plus magnifique. Le chant se mêle à la danse. Midas célèbre sa victoire.

> Tremblez, sçavants, sous mon empire ;
> Je suis juge de vos écrits.
> Craignez-en les tristes débris,
> Si les accords de vostre lyre
> Ne trouvent de flatteurs appas
> Pour les oreilles de Midas.

Après un chœur, il reprend :

> Mais par quelle triste aventure
> Mes oreilles, en ce moment,
> Ont-elles pris cette figure ?
> Hélas ! quel affreux changement !
> Quel cruel affront ! quelle injure !
> O Dieu ? auriez-vous écouté
> Les vœux d'Apollon irrité,
> Auteur d'une telle parure ?

« Consolez-vous, lui dit un Arcadien,
Consolez-vous, consolez-vous
Sur l'accident de vos oreilles

On en voit souvent de pareilles
Que l'on dérobe aux yeux jaloux...
Craignez surtout la confidence,
C'est le plus grand de tous les maux ;
On ne peut garder le silence,
On ira le dire aux roseaux...

Apollon est également troublé dans ses projets de réforme par des poètes ivrognes qui préfèrent les faveurs de Bacchus aux sciences, et par des poètes avides et intéressés qui se détachent de lui pour courir après le dieu des richesses.

Plutus leur donne d'assez bonnes raisons pour attirer ces dernières à lui.

... Suivez mes pas, auteurs fameux,
Apollon ne fait que des gueux,
A l'opulent Plutus donnez la préférence ;
Vous qui sur l'Hélicon grimpez avec effort,
Ecrivains affamez, images de la mort,
Et vrays portraits de l'indigence,
Abandonnez Pégase et sa fade liqueur...
Le nombre harmonieux des plus doctes paroles
Ne produit après tout que de vaines chansons :
Le plus charmant de tous les sons
Est celuy que font les pistoles.

Les poètes séduits se joignent à la danse de Plutus.

Des poètes avares, nous passons aux poètes impies qui engagent Prométhée à leur faire de nouveaux dieux. Celui-ci anime des statues avec le feu qu'il a dérobé au ciel, et l'acte finit par une danse des poètes avec les statues animées.

Apollon se dispose à sévir. La troisième partie du ballet nous montre Marsyas écorché par ses ordres. La peau de ce critique ignorant sert à faire des tambours de basque. La punition de la débauche est représentée par Ovide, relégué chez les Sarmates et poursuivi par les vents et les frimas. Le poète gémit sur son sort :

> Rome dont je fus les délices,
> Pour jamais t'ay-je donc quitté?
> Ton arrêt fut plein d'équité
> Et le plus grand de mes supplices,
> C'est de l'avoir trop mérité.
> O toy dont j'ay suivi l'empire,
> Et dont je dictay les leçons,
> Amour, cruel amour, qui causes mon martyre,
> Tes feux sont bien punis par l'horreur des glaçons.

Il est douteux qu'Ovide eût écrit ce dernier vers.

Le poète Chérile sert d'exemple aux poètes avares. Il avait accepté le marché de recevoir autant de pièces d'or qu'il ferait de bons vers, et autant de coups de bâton qu'il en ferait de mauvais. Des jeunes gens exécutent le jugement prononcé par Apollon :

> Nous te prenons au mot et, sans tant de paroles,
> Ton jugement est tout porté ;
> Phœbus lui-même l'a dicté :
> Au lieu d'écus, reçois des croquignoles.

L'impiété est punie dans la personne du poète Stésichore qui avait composé des vers contre les dieux. Il est frappé d'aveuglement, et Apollon le condamne à jouer de la vielle dans les fêtes de village. Le poète se lamente :

> ... Je vois changer ma lyre en vielle.
> Faut-il qu'on m'oste encor la lumière du jour,
> Et que, me réduisant désormais au village,
> J'aille en menestrier, de village en village,
> Faire danser les rustres d'alentour?

Un de ces rustres essaye de le consoler :

> Un vielleux des mortels est le plus heureux homme,

C'est un Roger Bontemps, c'est un vray sans soucy,
Qui va fripper partout, chez stilà, chez sticy,
Et qui, sans boute-feu, ni broche, ni marmite,
Trouve chez le voisin la viande toute cuite.
Testigué! raisonnons; autrefois, qu'estois-tu?
Quand, sur ton Hélicon, mal chaussé, mal vestu,
Chantre malencontreux, biau diseur de sornettes,
Tu brillois parmi ceux qu'on appelle poëtes.
Beuveur de certaine iau, sans maille ni denier,
Souvent, pour tout régal, tu mâchois du laurier;
Toujours triste et pantois, toujours rêveur et sombre,
Tu grignotois tes doigts, plus décharné qu'une ombre,
Aujourd'huy, gros et gras, etc.

Enfin, il le félicite de ne plus voir, car

Le plus grand de nos maux est de voir tous les jours
Les grands et les petits aller tout à rebours.

Stésichore se résigne, et fait danser les villageois au son de sa vielle.

Dans la quatrième partie, Apollon proclame les lois qui doivent désormais régir le Parnasse.

... Que personne n'ait la manie
De se produire icy sans élévation.
Le succès de l'Invention
Est l'effet d'un rare génie.
Un sujet ne paraît heureux
Qu'autant qu'il a de la noblesse;
Rien ne plaist tant et n'interesse
Que le grand et le merveilleux.
Dans les différentes images
Faites briller l'aménité;
Qu'on bannisse des personnages
La grossière rusticité.
Qu'une diction simple et pure
Brille dans la narration;
Qu'elle emprunte de la nature
Les beautez de l'expression...

Ce programme est exécuté. Orphée, doué du génie de l'invention, attire par ses chants les arbres et les rochers qui viennent se ranger autour de lui; Homère bannit de ses poèmes tout ce qui n'est pas grand et merveilleux; Théocrite fait chanter dans ses idylles, non de rustiques villageois, mais des bergers héroïques; Esope, par un apologue, vient donner un modèle de naïveté et enseigner le vrai langage de la nature.

On a pu juger par l'analyse de ce ballet et par celle du *Ballet de l'Espérance*, de l'importance que le Père Lejay avait donnée à ce genre de spectacle. Par leur développement, par le mélange de la danse, du chant et de la déclamation, par la variété des tableaux et de la mise en scène, ces ouvrages offrent de telles complications qu'on a peine à croire qu'ils aient été représentés sur une scène de collège. Aussi n'y parvenait-on, comme nous l'avons dit, que grâce au secours du personnel de l'Opéra.

Nous n'osons affirmer qu'après le Père Lejay, le ballet entra dans une période de décadence; mais on ne peut contester à ce Père le mérite de l'avoir porté à son plus haut point de perfection.

1713

Le 2 août, *Théocaris, martyr du Japon*, avec le *Ballet de la Paix*; danses de Blondy, de l'Opéra.

C'est l'année de la paix d'Utrecht.

Nous n'avons trouvé aucun renseignement sur les spectacles des années 1714, 1715 et 1716. On peut croire qu'il n'y eut point de représentation en 1715. Au mois d'août de cette année, la santé du roi faisait présager sa fin prochaine, et il eût paru malséant de se divertir au collège qui portait son nom.

1717

C'est dans cette année, probablement au carnaval, que fut représentée pour la première fois la pièce la plus connue du Père du Cerceau : les *Incommodités de la grandeur*. Elle est quelquefois intitulée : *Grégoire* ou le *Faux duc de Bourgogne*. Elle est en cinq actes et en vers français.

Le sujet n'est pas de l'invention du Père du Cerceau qui le trouva dans une anedocte fort connue de la vie de Philippe le Bon, duc de Bourgogne. Il s'agit d'un paysan du nom de Grégoire, récemment enrôlé et gris par conséquent, que le duc trouve endormi sur la place publique.

> Voyant ce malheureux dormir paisiblement,
> Dans la place exposé, sans risque pour sa vie,
> Je n'ai pu m'empêcher de lui porter envie.
> Cet ivrogne, ai-je dit, couché sur le pavé,
> Attend tranquillement que son vin soit cuvé,
> Et d'un profond sommeil, sans trouble, sans alarmes,
> Quand il veut, comme il veut, il peut goûter les charmes.
> Et moi, qui règne ici, loin d'un bonheur pareil,
> Il faut qu'au poids de l'or j'achète le sommeil,
> Et si, la nuit, ma garde, autour de moi rangée,
> En armes pour moi seul à veiller obligée,
> Ne m'assure un repos qu'il trouve à peu de frais,
> Je n'ose fermer l'œil au fond de mon palais.
> Cette réflexion, dans mon âme tracée,
> M'a sur ce malheureux fait naître une pensée ;
> Je me suis dans le cœur fait un plaisir malin
> De troubler un bonheur où j'aspirois en vain.
> Je veux, en le chargeant du poids de ma couronne,

Lui faire ressentir les soucis qu'elle donne,
Et pour le rendre enfin misérable à son tour,
Lui prêter ma grandeur et mon nom pour un jour...

Ce projet se réalise. Grégoire, pendant son sommeil, est transporté au Palais, où il se réveille entouré de ses courtisans. Alors commence pour lui une journée de tribulations sans nombre. Il lui faut écouter des discours, recevoir des ambassadeurs, lire des placets, entendre des vers en son honneur, etc. Au moment où il va se mettre à table arrive son médecin qui, sous prétexte de santé, ne lui permet que quelques fruits et de l'eau claire. Il chasse ce médecin; mais au même instant une lettre le prévient que l'on conspire contre sa vie et que les plats sont empoisonnés. Il commence à se dégoûter fort de sa grandeur. Enfin, l'empereur de Chine qui assiège sa capitale le défie dans un combat singulier. Devant ce dernier coup, il est tout près d'abdiquer.

Bref, on l'enivre de nouveau et on le reporte à la place où on l'a pris. Il redevient Grégoire, et finira ses jours dans un bon emploi à l'office du prince.

La pièce n'est pas dépourvue de gaieté. Le Père du Cerceau avait le sens comique, et il a beaucoup mieux réussi le rôle de Grégoire que celui du duc qui est trop sermonneur. La scène du médecin est spirituellement traitée :

GRÉGOIRE (*à table*).

Quel est cet homme-là?

ORONTE.

C'est votre médecin.

GRÉGOIRE.

Mon médecin! Pourquoi? Je ne suis pas malade.

Ça, ça, donnons d'abord dessus cette salade :
Compère, pourquoi donc est-ce que vous l'ôtez ?

LE MÉDECIN (*avec une baguette dont il touche les plats pour les faire ôter*).

Les herbes, monseigneur, causent des crudités,
Et comme mon devoir veut que je m'intéresse
A conserver toujours en santé votre Altesse,
Je ne dois point du tout souffrir qu'on serve ici
Aucuns mets malfaisants et tels que celui-ci.

GRÉGOIRE.

Ces canards que je vois ont assez bonne mine,
Et me feront grand bien gîtés dans ma poitrine.

(*On ôte le plat.*)

Encore ! est-ce pour rire ou me faire enrager ?

LE MÉDECIN.

Monseigneur, cette viande est un mauvais manger,
Nous avons condamné toutes ces chairs noirâtres,
Dures à l'estomac et trop opiniâtres ;
Car ce n'est pas le tout, monseigneur, d'ingérer,
Il faut encor songer à pouvoir digérer.
Je vous interdis donc ces oiseaux aquatiques,
Lesquels rendent d'ailleurs les gens mélancholiques.

GRÉGOIRE.

J'aperçois un ragoût là-bas de bonne odeur ;
Essayons-e n.

LE MÉDECIN.

Non pas, s'il vous plaît, monseigneur.

GRÉGOIRE.

Et pourquoi ?

LE MÉDECIN.

Monseigneur, toutes les fricassées,
Tous ces mets de haut goût, ces viandes épicées,

Mettent dans l'estomac un feu tout dévorant,
Irritent trop la soif par ce feu consumant.
Or, qui boit trop éteint cette humeur radicale
Qui seule soutient l'homme et la vie animale.

GRÉGOIRE.

Les fruits du moins, ami, pourront me rafraîchir,
Et...

LE MÉDECIN.

Non pas, monseigneur, je ne le puis souffrir ;
Je sais trop mon devoir ; il y va de ma vie.

GRÉGOIRE.

Ils me semblent fort beaux et me font grande envie.

LE MÉDECIN.

Refrénez, monseigneur, cette cupidité ;
Ces fruits sont dangereux et pleins d'humidité ;
C'est un suc flatueux, triste, fluxionnaire.
Hippocrate, en cent lieux, que j'ai pris soin d'extraire,
Par de fortes raisons le prouve évidemment,
Et je suis en cela fort de son sentiment.

GRÉGOIRE.

Mais que voulez-vous donc, s'il vous plaît, que je mange ?

LE MÉDECIN.

Vous prendrez, monseigneur, cette écorce d'orange,
Avec une douzaine environ de cornets ;
Vous pourrez prendre encore une couple d'œufs frais,
Et, si vous le voulez, cette petite pêche,
Mettant sur tout cela deux grands verres d'eau fraîche.

GRÉGOIRE.

Ah ! traître, empoisonneur, scélérat, inhumain,
Tu me veux donc ainsi faire mourir de faim ?
Le coquin a bien fait d'éviter ma vengeance ;
Il faut chasser d'ici cette maudite engeance.

Or, mangeons maintenant, je suis en liberté;
Vengeons-nous en donnant d'abord sur ce pâté.

Le style est un peu lâche, mais l'allure est vive et bien dans le ton de la comédie.

1718

Juillet. Le *Point d'honneur*, comédie par le Père du Cerceau. C'est à cette représentation que Madame, mère du régent, éprouva le petit accident que nous rapportons dans notre introduction.

On a vu qu'elle citait au nombre des acteurs « son petit cousin la Trémouille. »

Le 3 août, à midi, *Herménigilde*, tragédie, avec l'*Art de vivre heureux*, ballet.

La tragédie est du Père Porée. Le sujet en avait été déjà traité par le Père Caussin, dont la tragédie fut représentée en 1664.

Herménigilde, catholique, se révolte contre le roi des Goths son père qui est arien. Pour motiver cette révolte d'un fils contre son père, d'un sujet contre son roi, le poète a imaginé le personnage d'une belle-mère, arienne, qui persécute Herménigilde et veut le forcer à partager ses erreurs.

Il lui fait aussi donner de sages conseils par un de ses amis.

VALAMIRUS : Il ne t'est point permis de combattre contre ton père et ton roi. Un chrétien doit toujours respecter les têtes sacrées des rois, même des rois impies.

HERMENIGILDE : Mais il doit respecter Dieu avant tout.

VALAMIRUS : En respectant les rois, tu respectes le roi des rois; en les méprisant, tu méprises le Dieu vengeur des rois.

On ne peut contester l'orthodoxie de cette doctrine. Et, pourtant, malgré ces précautions, la pièce ne trouva point grâce devant les journalistes rédacteurs des *Nouvelles ecclésiastiques*. Nous dirons quelques mots de leurs critiques qui ne se produisirent que plus tard.

Il y a, dans la pièce, une scène « des trois fauteuils » qui rappelle, — de très loin, — celle de *Cesma*. Le roi Léovigilde délibère avec ses deux conseillers, Sigerie et Agilphe, pour savoir s'il laissera sa couronne, dont le fardeau lui pèse, à son fils catholique, ou à son fils arien. Il se décide pour le second.

La pièce se termine par l'exécution d'Herménigilde et la conversion de son frère à la foi catholique.

1719

Le 11 janvier, *Annibal ad aras*, tragédie, avec trois intermèdes français en vers libres, musique de Campra. C. S.

1721

Le 8 mai, les *Incommodités de la grandeur* sont représentées par les petits pensionnaires au collège, et deux jours plus tard devant le jeune roi Louis, alors âgé de onze ans, sur un théâtre dressé dans la galerie des ambassadeurs, aux Tuileries.

On a conservé les noms des interprètes de l'ouvrage dans cette représentation. Ce sont :

Charles-Armand de la Trémouille,
Paul-Louis de Mortemart,
Jean-Etienne de Blanes,
Aimard-Jean de Nicolaï,

Armand-Louis de Béthune Charost,
J.-B. Fleuriau d'Armenonville,
Jean-Victor de Rochechouart de Mortemart,
Victor Méliand,
Jean de Tourmont,
François de Paris,
Jean-Gabriel de Riquet de Bonrepos.

Cette année même, le jeune roi fit une maladie qui mit ses jours en danger. Son rétablissement, qui causa une joie si vive parmi le peuple, fut fêté au collège Louis-le-Grand d'une façon assez piquante, si nous en croyons le récit suivant :

« Les élèves s'habillaient pour la représentation d'une tragédie, quand arriva un officier du château, que, par une attention tout amicale, le jeune roi envoyait lui-même pour faire savoir qu'il était parfaitement rétabli. Un élève, en costume de villageois, s'avança sur le théâtre, et chanta ces couplets improvisés :

> Ma foi, j'avons sujet de rire,
> Louis est en bonne santé ;
> Il vient de nous l'envoyer dire,
> Voyez un peu quelle bonté !
> Il n'a pas fait cela sans cause ;
> Il sait comme je l'aimons tous !
> Que je l'aimions, c'est peu de chose,
> Qu'il le sache, c'est tout pour nous.
> Il faut lui payer son message
> Par une chanson impromptu ;
> Du cœur parlons-lui le langage :
> L'amour parle mieux que Phœbu.
> Que les ris chassent la tristesse !
> Venez tous chanter avec moi,
> Et disons, dans notre allégresse,
> Notre roi vit ; vive le roi ![1]

---

1. Emond. *Histoire du collège Louis-le-Grand*

1722

Le 20 mars. — *Agapitus, martyr*, tragédie, avec des intermèdes en vers français, musique de Campra.

La tragédie, en trois actes, est du Père Porée.

Au prologue, de jeunes païens adorent Hébé, déesse de la jeunesse. Agapit, accompagné de jeunes chrétiens, vient renverser l'idole. L'un de ces derniers dit ces vers qui sont assez bien tournés, comme paraphrase du *patiens quia œternus* :

> Sa bonté, sa lenteur à se venger du crime
> Ne doit pas rassurer le cœur du criminel ;
> Il sçaura bien toujours retrouver sa victime ;
> S'il est lent à punir, c'est qu'il est éternel.

Notons aussi, en passant, dans le premier acte, un joli vers qui fait sentence :

> Leves amicos perdere est damnum leve.

« C'est une perte légère que de perdre des amis légers. »

Le père d'Agapit sollicite le gouverneur de Préneste pour que son fils soit appelé à Rome comme « page » du fils de l'empereur. On le lui promet. A ce moment, on vient annoncer le désordre fait dans le temple par les jeunes chrétiens, les autels renversés, les statues brisées. Lysander, père d'Agapit, s'indigne et réclame la mort pour les coupables. Il apprend alors que son fils s'est fait remarquer parmi les plus audacieux contempteurs des dieux !

On se rappelle ces beaux vers de *Polyeucte* :

> Quel Dieu !
>   Tout beau, Pauline il entend vos paroles ;

Et ce n'est pas un dieu, comme vos dieux frivoles,
Insensibles et sourds, impuissants, mutilés,
De bois, de marbre, ou d'or, comme vous les voulez !

Le père Porée s'en est souvenu dans ce passage :

Agapit. — De quelles craintes me parlez-vous? Quels sont ces dieux, Métellus? Des troncs d'arbres taillés, des métaux arrachés aux flancs de la terre, des images de dieux que les mauvaises passions ont enfantés, et qu'a fabriqués une main avide de gain! Ce sont là les dieux que je considérerais comme les auteurs de mon être, des dieux muets, insensibles, sans vie ! Je craindrais le foudre ridicule que votre Jupiter brandit d'une main impuissante; je craindrais cette Hébé dont j'ai foulé aux pieds l'image !...»

Agapit, qui tient ce langage, n'a que quatorze ans.

Au second acte, le gouverneur lui apprend que son père a été condamné à périr pour expier le crime de son fils. Ce père lui-même fait à Agapit les reproches les plus cruels et le traite de parricide. Mais ce n'est qu'une ruse que le jeune chrétien découvre aisément et qui ne doit lui inspirer qu'un médiocre respect pour son père.

Le gouverneur Antiochus est assez bon homme, mais le grand prêtre Métellus est un vrai buveur de sang. Les grands prêtres païens jouent dans les tragédies de collège ce qu'on a appelé depuis les « troisièmes rôles. »

Agapit est soumis à la torture; sa constance, son héroïsme touchent son père qui se fait chrétien et sort en annonçant qu'il va renverser la statue de Jupiter.

Le 5 août, à midi, *Mauritius imperator*, tragédie, avec les *Couronnes*, ballet, « à l'occasion du couronnement prochain de Louis XV. »

C'est une nouvelle représentation de la tragédie du Père Porée.

Le ballet comprend une ouverture, quatre parties et un ballet général.

« On croit, dit le programme, que Bacchus est l'inventeur des couronnes et qu'il se couronna d'abord de lierre après sa conquête des Indes, ensuite de pampres après qu'il eut appris aux hommes à cultiver la vigne. Ce dieu, accompagné de ses satyres, est porté sur un char traîné par des tigres. Les peuples qu'il a subjuguez lui rendent hommage. »

La première partie du ballet est consacrée aux couronnes données à l'habileté dans les combats de l'esprit, et à l'adresse dans les exercices du corps. On y voit successivement des musiciens, des poètes lyriques, tragiques et comiques qui se disputent des couronnes, et des exercices de sauteurs et d'acrobates qui rivalisent de souplesse et d'agilité.

Les couronnes données au service militaire sont le sujet de la seconde partie. Un soldat romain reçoit une couronne de chêne pour avoir sauvé la vie à un de ses concitoyens. Un général romain, qui a secouru une ville assiégée, reçoit, de la reconnaissance des habitants, une couronne de gazon. On décerne à un marin qui a sauté le premier sur le vaisseau ennemi, une couronne navale, ornée de voiles et de petits éperons de navire; et une couronne d'or à un général qui a remporté une grande victoire.

La troisième partie donne des exemples de couronnes données aux vertus royales. Télémaque, dans l'île de Crète, explique les questions proposées par les vieillards dépositaires des lois de Minos et, l'ayant emporté sur ses concurrents, reçoit la couronne royale qu'il a méritée. David, encore berger, met en pièces un lion qui venait de se jeter sur son troupeau ; les bergers des environs, admirant sa valeur, le choisissent pour roi. Titus, après la conquête de la Judée, ne veut pas qu'on le félicite d'une victoire où il a répandu, malgré lui, tant de sang humain ; des Cappadociens lui décernent une couronne d'olivier en témoignage de sa modération. Godefroy de Bouillon, ayant reconquis la Palestine, les croisés de toutes les nations lui défèrent la couronne pour reconnaître son courage et sa piété.

La quatrième partie a pour thème les couronnes données au droit de la naissance. C'est un petit cours de droit politique sur la transmission de la royauté. Le poète nous transporte successivement en Chine, en Espagne, dans la France ancienne et dans la France moderne. En Chine, l'empereur choisit parmi ses enfants son successeur sans avoir égard à l'ordre de la naissance. En Espagne, la couronne, au défaut d'enfants mâles, passe aux filles ou à leurs descendants. C'est en vertu de ce droit que les Espagnols viennent offrir la couronne à Philippe d'Anjou. La loi salique, en France, exclut les filles de la succession à la couronne et appelle tous les fils à succéder. C'est ainsi que les quatre fils de Clovis se partagent le royaume de leur père. Dans la suite des temps, l'aîné seul succéda à la couronne de France. Louis XV monte sur le trône de ses pères. L'Hymen lui apporte le portrait de l'infante. Deux génies, celui de la France et celui de l'Espagne, dressent l'arbre généalogique des deux fiancés.

On sait que le mariage projeté avec une infante d'Espagne fut rompu par le duc de Bourbon qui voulait faire épouser au jeune roi sa sœur, Mlle de Vermandois.

Le ballet général a deux entrées. Les vertus et les

beaux-arts présentent à Louis XV les deux couronnes qu'il mérite et qu'il méritera dans la suite de son règne.

Les habitants des diverses provinces du royaume, Poitevins, Auvergnats, Bretons, Provençaux, Normands, etc., rendent hommage à leur souverain et témoignent, par les danses qui leur sont propres, la joie qu'ils ressentent de son prochain couronnement.

La musique de ce ballet était de Campra, et les danses de Froment.

1723

Le 4 août, *Jonathas Machabée*, tragédie, avec le *Temple de la gloire*, ballet.

Le Père de la Sante est l'auteur de la tragédie, dont le sujet, qui est fort poussé au noir, est la guerre entreprise par Tryphon, général de Syrie, contre Jonathas Machabée, et la fin tragique de ce dernier, égorgé par trahison avec ses deux fils.

Le ballet, de la composition de Froment, et très ingénieux, dit le rédacteur du *Mercure*, « fut dansé par ce qu'il y a de meilleurs maîtres à Paris et par plusieurs enfants de qualité qui se firent admirer et entre lesquels on distingua

MM.

DE LA TRÉMOUILLE,
DE MORTEMART,
DE SOURDIS,
DE RIQUET,
DE PEPOLI,
DE LIVRI,
DELGOROUSKI,
DE BEAUVILLIERS SAINT-AGNAN,
DE FORTISSON,
DE CARCADO, etc. »

Il suffira de reproduire, d'après le programme, le dessein de ce ballet :

« La plupart des hommes aspirent à la gloire. Peu en trouvent le vrai chemin. Plusieurs s'en écartent par de fausses routes. A peine en est-il d'assez courageux pour vaincre les difficultez d'une si pénible carrière ; encore moins d'assez heureux pour arriver au but. C'est tout le plan du ballet dont l'ouverture représente les aspirans au temple de la gloire. La première partie marque les routes qui y conduisent ; la seconde les routes qui en écartent ; la troisième les périls qu'il faut essuyer sur la vraie route ; la quatrième le bonheur dont on jouit au terme. Le ballet général propose pour modèles ceux qui sont admis au temple à ceux qui prétendent y parvenir. »

Le chœur des aspirants au Temple de la gloire termine la pièce par ces vers :

> Mêlez, mêlez vos sons, éclatantes trompettes,
> Aux paisibles accords de la tendre musette,
> Pour célébrer avec nos voix
> La gloire et les vertus du plus chéri des rois.

Si Louis XV ne fut pas plus vertueux, ce ne fut pas faute d'encouragements.

1724

Le 2 août, *Hermenigildus*, tragédie, avec le *Génie françois*, ballet.

C'est une nouvelle représentation de la tragédie du Père Porée. Elle fut jouée par :

Joseph-Michel de Fresnay des Roches.
Pierre-Louis Nicolas de Meulan,
Jean-Gilbert-Albert de Longhac,
Pierre-François de Rippert de Montclar,

François Fosseyeux,
Charles-François-Xavier Couclès d'Espinouse,
Jean-Baptiste Le Franc,
Jacques-André de Richerolles,
Louis-Antoine-Gervais de Saint-Laurent.

Le rédacteur du *Mercure* nous donne une idée de ce ballet dans son article sur la représentation :

« Comme le gracieux et le délicat caractérisent encore plus les fêtes des François que le magnifique, on met cette vérité en son jour par l'opposition des mœurs d'aujourd'hui avec celles des anciens Gaulois. La barbarie et la rudesse régnoient dans les fêtes de nos Pères ; au lieu que l'élégance et la politesse se font remarquer dans les nôtres. Pour donner une idée des unes et des autres, l'auteur de ce ballet fait d'abord venir des officiers gaulois au son des tambours et des trompettes pour célébrer une fête militaire. Ils emmènent des captifs pour les brûler et les immoler au Dieu qui préside aux combats. Un bûcher est dressé ; les captifs y sont attachés et les soldats dansent autour d'eux.

« Le Génie François, suivi des Ris et des Jeux, vient délivrer ces captifs, il adoucit la férocité des Gaulois, et les fait entrer dans la riante fête qu'il forme avec son aimable suite.

« Ce premier ballet sert de prélude à celui qui doit suivre, et fait une espèce de péripétie des premières mœurs de notre nation à celles qui règnent aujourd'hui. Le ballet qui vient ensuite est divisé en quatre parties, qui sont : les fêtes de cour, les fêtes bourgeoises, les fêtes rustiques, les fêtes marines.

« Le ballet général consiste dans une fête du Parnasse qui précède la distribution des prix. Mnémosyne, Apollon et Mercure invitent les élèves du Parnasse à venir disputer les prix de mémoire, d'éloquence et de poésie.

« Chacune de ces divinités est suivie de sa quadrille pour former les danses qui composent la fête, après laquelle les prix fondés par S. M. sont distribués au son des trompettes. »

1725

Le 2 juin, *Euloge ou le danger des richesses*, tragi-comédie, avec les *Cousins*, drame comique, représenté par les petits pensionnaires.

Les deux ouvrages sont du Père du Cerceau, et en vers français. Le second seul est imprimé.

Voici le sujet du premier :

Euloge, simple tailleur de pierres dans la Thébaïde, homme de bien, tant qu'il resta dans sa condition, étant parvenu à une grande fortune par l'intercession d'un saint ermite qui s'était rendu garant pour lui auprès de Dieu, perdit son innocence et ses vertus en devenant grand seigneur. L'ermite, instruit de ses désordres par une vision, où Dieu lui avait demandé compte de l'âme de son frère, pour qui il avait répondu, se transporta à Constantinople, pour tâcher de le faire rentrer en lui-même, et de le ramener à son devoir; mais Euloge, loin de l'écouter, le traita de fou et de visionnaire, et le fit chasser de chez lui avec ignominie, comme un imposteur. Quelque temps après Euloge, disgracié, dépouillé de ses biens, reconnaît sa faute et conjure l'ermite d'intercéder auprès de Dieu pour le retirer de l'abîme où il est plongé. L'ermite se garde bien d'exaucer ce vœu et d'exposer son ami à de nouvelles tentations ; il l'emmène avec lui au désert.

Au troisième acte, il y a festin et réjouissances chez Euloge qui se croit toujours le favori de l'empereur. On lui chante une cantate prophétique dont le sujet est la chute de Phaëton. La musique était de Campra.

La scène se passe à Constantinople, à une époque indéterminée, mais qui n'autorise cependant pas certains anachronismes comme celui-ci.

Un flatteur d'Euloge fait devant lui la peinture satirique de divers personnages de la cour :

> La seule (affaire) qui l'occupe
> Et d'avoir l'œil au guet, de voir d'où vient le vent,
> Pour faire un pas de plus ou de moins en avant ;
> Se cacher, se montrer, refuser ou promettre :
> De la fortune enfin c'est le vrai *thermomètre*.

La couleur locale n'est pas ce qui préoccupe le Père du Cerceau. Ses personnages s'appellent Eugène, Léandre, etc., noms qui n'éveillent aucune idée orientale.

La pièce des *Cousins* n'est pas dépourvue de *vis comica*. Philogène, après avoir fait sa fortune à Paris, revient, à quarante ans, dans sa ville natale, pour y vivre tranquille et y terminer sa carrière. Nous l'y trouvons le jour de son arrivée avec Ariste, son ami, qui émet quelques doutes sur le succès de sa résolution. A Paris, lui dit-il, on peut aisément se livrer à son goût pour la solitude.

> Chacun, comme il lui plaît, y règle son destin,
> Le voisin n'y sait pas ce que fait le voisin.
> Vous voulez vous tenir chez vous sans voir personne,
> Libre à vous de le faire et pas un n'en raisonne,
> Et je ne sache pas au monde de pays
> Où l'on soit, quand on veut, plus reclus qu'à Paris.

Dans une petite ville de province, il n'en est pas de même, et à Philogène disant qu'il fermera sa porte, Ariste répond :

> Et croyez-vous qu'ici cela soit bien facile ?
> Comptez qu'on y sait tout aux deux bouts de la ville ;
> Si tel est au logis, et si tel est sorti,
> Si tel autre a mangé du bouilli, du roti :
> Qu'on ait battu son chien ou grondé sa servante,

L'instant d'après, on sait la chose, on en plaisante.
Vous vous ferez céler, vous? ne le faites pas,
Où vous aller avoir mille gens sur les bras ;
Il n'est petit ni grand qui ne s'en formalise ;
Et comme ces gens-là pensent qu'on les méprise,
Ils disent d'un ton aigre : il fait le glorieux;
Et voilà comme on est dans ces sortes de lieux.

Le défilé commence. Ce sont d'abord les échevins qui viennent féliciter le nouvel arrivant, lui réciter un compliment et lui présenter le vin de ville. Puis arrivent successivement l'Élu, un cousin, qui demande à Philogène d'être le parrain de son enfant, un autre qui le prie d'être témoin du mariage de son fils. Il y a le cousin médecin qui veut le saigner et le purger, le cousin avocat qui veut l'engager dans un procès; il y a le cousin poète, le cousin raisonneur, le cousin entiché de noblesse. Tous ces types sont dessinés vivement et gaiement, et dans un vrai ton de comédie. En voici un, c'est celui du cousin généalogiste :

... Notre bisaïeul commun, nommé Martin,
Par qui j'ai cet honneur d'être votre cousin,
Outre quatre garçons, eut encore six filles,
Qu'il fit toutes entrer dans six bonnes familles.

PHILOGÈNE.

Laissons là ce détail, monsieur, je vous en crois.

ERGASTE.

Je veux vous l'étaler toute une bonne fois,
De six filles adonc, qui toutes provignèrent,
Sortit vingt-sept enfants, dont vingt se marièrent,
Et ces vingt que je dis donnèrent en leur temps
Une postérité de cent dix-huit enfants.
De ceux-ci quatre-vingt seulement eurent race;
Ce qui nous a produit une ample populace

De trois cent six cousins liés des mêmes nœuds,
Tant filles que garçons, dont nous sommes tous deux.

ARISTE.

Voilà bien le plus ample et nombreux cousinage.

ERGASTE.

Nous serions, sans la guerre, encor bien davantage.
Notez que, dans ce compte exact et très réel,
J'ai déduit seulement le côté maternel
De mondit bisaïeul qui fut aussi le vôtre.
Or, du susdit côté, si nous passons à l'autre,
J'entends au paternel...

PHILOGÈNE.

    Eh ! de grâce, monsieur,
Je m'en tiens au côté maternel.

ERGASTE.

      Par malheur,
L'autre a bien moins produit. Tant mâles que femelles,
Cela ne monte pas, et j'en sais des nouvelles,
A plus de cent soixante et quelque dix cousins,
C'est bien peu...

Pour les curieux de vieilles enseignes, il faut citer celle-ci qui paraît décrite de *visu* par le valet de Philogène :

   .... C'est une rare pièce ;
Elle est encore au mur d'un cabaret fameux.
Deux hommes y sont peints, une oie entre les deux ;
L'un veut toucher à l'oie, et l'autre qui le guette
Lui fait signe aussitôt avec une baguette
De laisser là l'oiseau ; voilà l'énigme —
         Bon,

— Mais pour marquer qu'il faut ainsi que de raison,
Payer au cabaret et laisser la monnoie ;
Un écrit mis au bas dit : *Laissez là mon oie*.

On devine le dénouement de la pièce. Harassé, obsédé par les cousins, Philogène fait seller son cheval et reprend, avec son ami et son domestique, le chemin de Paris.

Le 1ᵉʳ août, même année, *Télégone reconnu fils d'Ulysse*, tragédie, avec le *Mariage de Thésée et d'Hippolyte*, ballet, à l'occasion du mariage de Louis XV.

La tragédie est du Père de la Sante. On en trouvera plus loin une analyse.

1726

Le 6 août, *L. J. Brutus*, tragédie, avec l'*Homme instruit par les spectacles* ou le *Théâtre changé en école de vertu*, ballet.

La tragédie, dont c'est une nouvelle représentation, et le ballet sont du Père Porée. Dans ce dernier ouvrage, il a mis en scène son discours : *De Theatro*, dont toute la doctrine est résumée dans cet exposé du programme :

« On ne prétend pas, dans ce ballet, justifier le théâtre des reproches qu'on lui a faits et qu'il n'a que trop souvent mérités, on veut seulement faire voir que sans détruire les spectacles, on peut les changer en instructions aussi utiles qu'agréables. »

Un prologue explicatif fut déclamé par le prince de Lowenstein.

> Le théâtre, ce champ stérile,
> Semé de dangers et d'ennuis,
> Peut même devenir fertile
> Et des fleurs il naîtra des fruits,

On y définit aussi les quatre genres :

En voyant une triste scène,
Qui nous force à verser des pleurs,
Pour le crime on prend de la haine,
On s'attendrit sur les malheurs.

Sur nos déffauts la Comédie
Aime à répandre le mépris,
Et mieux que la philosophie
Corrige l'homme par les ris.

L'Opéra, par ses airs sublimes,
Peut nous exciter à son tour,
Mais il doit chanter les maximes
De la vertu, non de l'amour.

La Danse même a son langage,
Elle instruit par ses mouvemens,
Et semble nous offrir l'image
Du cœur et de ses sentimens etc.

« Ouverture. — Des hommes de différens ages et de différentes conditions paroissent fatiguez des instructions sérieuses que leur donnent des philosophes. Ils demandent à Jupiter du délassement. Ce Dieu leur envoye la Tragédie, la Comédie, le génie de la Danse et le génie de la Musique, pour instruire les hommes en les divertissant.

Première partie. — LA TRAGÉDIE.

« La Tragédie, telle qu'on l'a reçue des Grecs, ne connoit que deux passions, la terreur et la pitié. Son but est d'inspirer à l'homme de l'horreur pour le crime et de la compassion pour les malheureux. Le festin d'Atrée et de Thyeste, les transports d'Oreste agité par les Furies, la descente d'Hercule aux enfers pour en retirer l'ombre d'Alceste, les combats d'Etéocle et de Polynice sont les sujets des quatre entrées de la première partie.

Deuxième partie. — LA COMÉDIE.

« La Comédie instruit l'homme en lui faisant voir le ridicule attaché à plusieurs défauts qui se rencontrent dans la vie civile. Dans les différentes entrées, on voit paroître différentes personnes, qui donnant dans le ridicule, sont en but aux traits de la comédie, des petits maîtres, des joueurs, etc.

Troisième partie, — LE BALLET.

« Le Ballet, qui est une peinture mouvante, peut instruire l'homme en représentant les divers caractères des vertus et des vices, ou en imitant les actions louables et dignes d'imitation. Dans la première entrée de cette partie, Terpsichore forme des jeunes gens à la danse et leur apprend à composer leurs mouvemens et leurs démarches ; dans la seconde, les Lacédémoniens, voulant inspirer à leurs enfans de l'horreur pour l'intempérance, font danser devant eux des esclaves pris de vin. Dans la troisième, de jeunes Thessaliens s'exercent au métier de la guerre, en dansant la Pyrrhique. Enfin, dans la quatrième, un seigneur de village préside à une danse champêtre où les paysans font une espèce d'exercice avec les instrumens de l'agriculture.

Quatrième partie. — L'OPÉRA.

« L'Opéra, qui est une poésie chantante, peut consacrer ses chants à la vertu et célébrer les exploits des héros, sans justifier leurs foiblesses. Alors il deviendra instructif et ne sera plus regardé comme un ouvrage dangereux et propre à séduire le cœur par les maximes d'un amour profane. Dans cette partie, Apollon fait le choix des dieux qui viennent pour être admis dans l'opéra ; il exclut ceux dont le caractère peut avoir quelque chose d'indécent ou de burlesque. Les habitans de l'île de Cythère viennent lui demander une place pour la déesse qu'on révère en leur pays, mais il les refuse et ne veut point d'une divinité qui profane les vers et les chants.

« Le Génie de la France, qui paroît accompagné de la Renommée, finit cette quatrième partie. Il vient présenter aux François le portrait de leur roy, et les invite par une espèce de cantate à lui rendre hommage par leurs concerts. »

La cantate est médiocre :

> Loin de lui la folle yvresse
> Qui fait aux rois tout vouloir !
> Pour user de son pouvoir,
> Il consulte sa tendresse...

Et le chœur :

> Célébrons dans nos jeux
> Un roy que la sagesse
> Garde dès sa jeunesse.
> Célébrons dans nos jeux
> Un roy qui veut nous rendre heureux.

La sagesse, c'est le cardinal de Fleury.

« L'exécution de ce ballet, dit le *Mercure*, fut aussi heureuse que l'invention en étoit ingénieuse, et fit beaucoup d'honneur à MM. Laval et Malterre aîné qui s'étoient chargez de la composition des danses. »

1727

Le 5 juin. *Les Incommodités de la Grandeur*, par Du Cerceau. Nouvelle représentation.

Le 5 août. *Jonathas Machabée*, tragédie, avec l'*Ambition*, ballet.

La tragédie avait été précédemment représentée. Quant au ballet, le programme nous en expose ainsi le dessein et la division :

« Comme on choisit pour sujet de la tragédie la mort du grand Jonathas Machabée, sacrifié aux desseins ambitieux de Tryphon, général de Syrie, on s'est autorisé par là à faire danser le *Ballet de l'Ambition* pour servir d'intermède à cette pièce tragique avec laquelle il a une liaison naturelle. On y représente l'Ambition sous quatre rapports différents qui représentent ce qu'il y a d'essentiel dans cette passion. On y peint : 1º ses déguisemens, 2º ses attentats, 3º ses succès, 4º ses désastres. Ainsi l'ambition masquée, l'ambition ouvertement criminelle, l'ambition triomphante, l'ambition confondue fournissent les quatre parties du ballet, chacune de ces parties étant composée de quatre entrées. »

On voit défiler dans ces quatre parties du ballet une foule de personnages historiques qui se sont fait une belle réputation d'ambitieux : Mahomet, César, Pompée, Sylla, Alexandre, Bajazet, Séjan, etc. Une scène qui pouvait avoir quelque originalité, et qui est une vraie scène de féerie, montrait un tyran anonyme de l'Inde, faisant piler ses captifs dans un immense mortier. Bacchus, après avoir triomphé de ce monstre, faisait revivre ses malheureuses victimes sous la forme de Pygmées.

1728

Le 5 mars. *Sephœbus Myrsa, filius Abasis regis Persidis*, tragédie, avec *le Génie françois exilé du théâtre latin*, intermède en trois actes et en vers libres, musique de Campra.

La tragédie est du Père Porée. Elle a, en effet, des intermèdes en vers français, mais ce ne sont point ceux dont il est question dans ce programme. Ces intermèdes, qui sont imprimés, se rapportent au sujet même de la pièce. Ce sont des monologues et des chœurs chantés par les principaux personnages du drame.

Séphébus, fils du roi de Perse, revient vainqueur d'une grande guerre ; il est entouré de l'amour des soldats et du peuple. Un courtisan perfide et ambitieux, Barsanès, profite de ce mouvement pour exciter la jalousie du monarque et le pousser à faire périr son fils. Séphébus étant écarté, il espère pouvoir placer son propre fils sur le trône de Perse. Trompé par de faux rapports, le roi ordonne à ce Barsanès de s'assurer de Séphébus ; mais le traître, feignant d'avoir mal compris l'ordre royal, empoisonne le prince. Désespoir du père qui reconnaît trop tard son erreur et le crime de Barsanès. Il le fait venir avec son fils, et lui ordonne de faire boire aussi du poison à ce jeune homme. En vain, le malheureux père offre-t-il de mourir pour expier son crime. Le roi refuse ce sacrifice et le fait assister aux derniers moments de son fils empoisonné.

La morale est dans ces vers du dernier intermède :

Pères ambitieux, voyez dans quels abîmes
    Vous précipitez vos enfans,
En voulant les porter aux rangs les plus sublimes
    Par des efforts illégitimes.
Vous espérez les voir heureux et triomphans ;
De votre ambition déplorables victimes,
Vos projets insensés les rendent malheureux ;
    Le poids accablant de vos crimes
    Retombe et sur vous et sur eux.

Le 11 mai. *Le Point d'honneur*, drame comique, par le Père **Du Cerceau**. C'est une nouvelle représentation de cet ouvrage.

Août. — *Sennacherib*, tragédie, avec *les Vœux de la France*, ballet.

La tragédie et le ballet sont du Père Porée ; la tragédie est imprimée dans ses œuvres.

Ce Sennacherib, vaincu dans la guerre qu'il avait déclarée aux Hébreux, espère se rendre ses dieux propices par un sacrifice. Le grand prêtre, organe de la divinité, lui demande d'immoler deux de ses fils. Ceux-ci sont amenés au temple sous un prétexte spécieux; mais, prévenus à temps, ils arrachent le fer du sacrificateur et en frappent leur père.

Il faut rendre à l'auteur cette justice qu'il a fait de son mieux pour atténuer l'horreur du parricide qui forme le dénouement de sa pièce. D'abord, Sennacherib est peu intéressant. Quand le grand prêtre lui demande la tête de ses deux fils, il ne résiste que mollement et se résigne avec beaucoup de facilité. L'amour paternel ne parle pas très haut chez lui. En outre, on apprend que c'est au milieu de l'obscurité, des vapeurs de l'encens, qu'une lutte s'est engagée et que les jeunes gens ont tué leur père, presque sans s'en apercevoir. Enfin, ils ne profitent pas de leur crime; accablés de remords, ils s'exilent, laissant la couronne à leur jeune frère.

Nous avons les noms des acteurs de la tragédie. Ce sont :

PIERRE DE LA BICHE, de Paris,
JOSEPH-BARTHÉLEMY MORIN, de Rouen,
NICOLAS ROBINET, de Paris,
CHARLES DE MONTLINOT, de Paris,
ANTOINE GALLET, de Valence,
NICOLAS-RENÉ VERDREVAL, de Paris,
HENRI LE COURS, de Montpellier.
CHARLES FOURRIER, de Saint-Domingue.

Passons au programme du ballet : *Les Vœux de la France* :

« La situation que présente ce puissant empire lui offre (à la France) quatre principaux objets de ses vœux, scavoir:
1º La conservation de la religion.
2º La continuation de la paix.
3º L'augmentation de l'abondance.
4º L'accroissement de la famille royale.

PREMIÈRE PARTIE.

« 1ʳᵉ entrée. — *L'Insensibilité.* — La Religion, placée sur une élévation, se présente aux hommes pour recevoir les respects qui lui sont dûs. Ils détournent la vue, ou ne la regardent qu'avec indifférence ; elle les réveille et les rend ainsi sensibles à ses intérêts.

« 2ᵉ entrée. — *Le Libertinage.* — Plusieurs jeunes gens qui s'étoient rangez autour de la Religion, courent à la Volupté qui leur présente des chaînes couvertes de fleurs ; ils se laissent enchaîner ; les fleurs tombent, ils s'aperçoivent de leur esclavage ; ils en rougissent ; ils s'adressent à la Religion qui brise leurs fers.

« 3ᵉ entrée. — *L'Erreur.* — L'Erreur, accompagnée du Mensonge et de l'Hypocrisie, met un bandeau sur les yeux de tous ceux qui l'approchent. On les voit tous errer au hazard et prêts à tomber dans des précipices affreux ; la Vérité et la Simplicité leur arrachent le bandeau fatal et les sauvent des précipices qui sont sous leurs pieds.

« 4ᵉ entrée. — *L'Impiété.* — L'Impiété, suivie de l'Orgueil et de la Curiosité, veut détrôner la Religion ; elle se couvre d'un bouclier d'où partent des éclairs et des foudres ; les plus opiniâtres sont écrasés.

DEUXIÈME PARTIE.

« 1ʳᵉ entrée. — Des soldats des différens partis veulent en venir aux mains. La Paix les sépare et les contraint de mettre armes bas.

« 2ᵉ entrée. — Des matelots de divers peuples se menacent de leurs rames : on les met d'accord ; ils poursuivent leur route.

« 3ᵉ entrée. — Les plénipotentiaires de divers Etats de l'Europe, tenant une épée d'une main et une branche d'olivier de l'autre, viennent rendre hommage à la Paix. La Prudence et la Persuasion leur apportent des articles qu'ils signent.

« 4ᵉ entrée. — Des peuples divers dansent autour des articles signez qu'on a attachez à une colonne, et se donnent la main en signe d'alliance.

TROISIÈME PARTIE.

« 1ʳᵉ entrée. — *La Circulation des espèces.* — Des avares renferment leur or et leur argent dans les coffres-forts ; des génies les ouvrent malgré eux, et distribuent les espèces à plusieurs ouvriers.

« 2ᵉ entrée. — *Provision de blé.* — Des moissonneurs, batteurs en grange, fariniers, etc., font des provisions de blé ou de farine.

« 3ᵉ entrée. — *Provision de vin.* — Des vendangeurs et hotteurs font vendange, foulent le vin dans les cuves, traînent des tonneaux, etc.

« 4ᵉ entrée. — *L'Extension du commerce.* — Des marchands françois vont trafiquer dans l'Asie, l'Afrique et l'Amérique. Trois ports de ces trois parties du monde s'ouvrent à leur approche. L'échange des marchandises se fait avec des Asiatiques, des Africains et des Américains.

QUATRIÈME PARTIE.

« 1ʳᵉ entrée. — Le Génie de la France fait préparer un berceau ; les Vertus royales prennent soin de l'orner et les Ris voltigent autour.

« 2ᵉ entrée. — Les Douze signes du zodiaque se disputent l'honneur de présider à la naissance de l'enfant royal qui fait l'attente des peuples. Le signe du Lion l'emporte sur les autres.

« 3ᵉ entrée. — Les Heures du jour et de la nuit se disputent à leur tour à qui présidera à cette naissance. Celle qui l'emporte va se placer près du berceau.

« 4ᵉ entrée. — Des personnes de différents états, conditions et professions viennent danser autour du berceau.

Ballet général.

« Les Provinces de France rendent grâces au ciel de voir leurs vœux exaucez en partie, et se flattent qu'ils seront bientôt entièrement comblez. »

Le *Mercure* ajoute que « le Père Porée, auteur de cet ouvrage, et dont l'heureux génie est si connu, fit terminer ce grand et magnifique spectacle, par un éloge du roi en vers de sa composition. »

1730

Le 2 août, à midi, *Mauritius Imperator*, tragédie, avec le *Ridicule des hommes*, ballet.

C'est une nouvelle représentation de la tragédie du Père Porée.

Le ballet représente le ridicule des hommes :
1° Dans leurs caractères ;
2° Dans leurs entreprises ;
3° Dans leurs déguisements ;
4° Dans leurs amusements.

« Minerve descend du ciel avec plusieurs génies sérieux pour corriger les défauts des hommes ; elle n'y réussit presque point, ce qui l'oblige à céder la place à Momus. Ce dernier contrefait le ridicule de plusieurs personnes qui commencent à se corriger. Ce premier succès enhardit le dieu de la censure et lui fait former le dessein de donner le ridicule des hommes en spectacle. »

Après ce prologue, le ballet nous présente le caractère de l'homme trop épris de lui-même dans la fable de Naraju, celui du soupçonneur dans Denys le tyran, et celui du présomptueux dans Midas. Parmi les entreprises ridicules, le ballet met en scène celle de Pyrrhus, roi d'Épire, qui forme le projet de construire un pont d'environ dix-sept lieues sur la mer Adriatique, ce qui est évidemment au-dessus de la science des ingénieurs. La Débauche cachée est peinte par ce trait d'histoire des Etruriens, paraissant accompagnés des vertus pendant le jour. L'Abstinence et la Tempérance leur servent un repas frugal, sur le modèle de celui du fameux Curius ; mais à peine la nuit est-elle arrivée que les faux Curius font une bacchanale dans laquelle les vices dansent à la place des autres.

Le goût de la parure, la curiosité frivole et les idées chimériques forment les entrées de la dernière partie. Nous y remarquons une scène où les Athéniens qui s'étaient assemblés pour entendre discourir leurs plus célèbres orateurs sur des affaires importantes, les quittent pour aller voir des joueurs de gobelet. L'ouvrage se termine par la réconciliation de Minerve avec Momus, célébrée par un ballet général.

1731

Le 1ᵉʳ août, *Regulus*, tragédie, avec l'*Empire de la mode*, ballet.

La tragédie est du Père de la Sante, professeur de rhétorique, et qui passa pour un des bons poètes latins de son temps. Il n'a point laissé de pièces de théâtre imprimées.

Les danses du ballet sont de la composition de Blondy et Malterre aîné, de l'Opéra. En voici l'ouverture :

« L'auteur suppose que l'Usage est fils du Temps et de la Coutume ; que la Mode, princesse naturellement ambitieuse, fille du Caprice et de la Fantaisie, entreprit de détrôner l'Usage et de faire tomber son royaume en quenouille. Elle a des soldats lestes et vêtus à la moderne qui surprennent les vieilles bandes du roi légitime. Ils les enchaînent et les forcent à rendre hommage à l'usurpatrice assise sur un trône et tenant le monde sous ses pieds. »

L'établissement de l'empire de la mode fait l'objet de la première partie. La mode s'établit par l'exemple des grands, par l'envie de cacher ce qu'on est, et par l'ambition de paraître plus qu'on n'est. De là, naît l'invention de la perruque. Le barbier de Midas imagine cette coiffure pour cacher les oreilles de son maître. Plusieurs maîtres perruquiers font sur ce modèle des perruques dont se parent les courtisans et transmettent cette mode aux siècles suivants. De là aussi l'invention du fard. Plusieurs sauvages se peignent le visage pour ne point laisser paraître les mouvements de leur âme. Ils sortent des bois, de leurs retraites, et viennent livrer aux marchands romains le fard, la céruse, la pommade, le vermillon, que ceux-ci mettent à la mode parmi les dames romaines, lesquelles s'en servent « pour réparer des ans l'irréparable outrage. »

L'empire de la mode s'étendant sur toutes les conditions, sur toutes les nations et sur tous les âges, tel est le sujet de la seconde partie du ballet. Il suffira d'y signaler une entrée de la déesse Manie, sœur de la Nouveauté, qui paraît sur un char traîné par des singes. Ce char n'est d'abord suivi que par des enfants et de jeunes aventuriers. Bientôt après, des hommes d'un âge mûr se joignent à ce cortège. Enfin, de graves vieillards se mettent eux-mêmes de la partie. Tous affectent les airs, la démarche, la contenance, les grimaces de cette cour bizarre, et deviennent plus singes que les singes eux-mêmes.

Les entraînements de la mode sont figurés par un combat en champ clos de deux partis de gentilshomme bourguignons, qui obéissent à la mode barbare établie parmi eux de prouver, l'épée à la main, la justice de sa cause. Dans une autre entrée, les divinités des jeux, des festins, du luxe et de la volupté, confédérées avec la mode, engagent de jeunes seigneurs dans de folles dépenses qu'ils ne peuvent soutenir. Pendant qu'ils sont occupés de leurs plaisirs, des huissiers envoyés par leurs créanciers, saisissent tout ce qu'ils trouvent sous la main, poursuivent les débiteurs et vont mettre leurs terres en décret. Il n'était pas mauvais de montrer de bonne heure à des fils de famille le spectre de l'huissier.

La quatrième partie offre, dans différents tableaux, la destruction de l'empire de la mode qui peut arriver par une mode nouvelle, par la rigueur des lois, ou par le seul effet du temps. Les deux dernières entrées de cette partie pouvaient donner matière à un spectacle agréable.

« Henri IV voulant multiplier les espèces de monnaies qui devenoient rares en France, avoit porté un édit par lequel il permettoit aux seuls filoux de porter des étoffes d'or et d'argent. Une troupe de filoux, ayant saisi les premiers exemplaires imprimez de l'édit, viennent déguisez en colporteurs, et distribuent des copies de cette loi à de jeunes Seigneurs rassemblez dans un bal. Ceux-cy aiment mieux changer d'habits avec les prétendus colporteurs que de passer pour filoux. Après ce changement, les fourbes font une danse grotesque où ils se divertissent aux dépens de leurs dupes.

« Saturne, dieu du Temps, invoqué par de jeunes élèves de Mars qui lui demandent les meilleures armes qu'il ait vu mettre en œuvre pour la guerre, leur fait apporter par ses séïdes différentes sortes d'armes à la vieille mode. On les essaie en sa présence pour l'attaque d'une place, mais ce Dieu les proscrit d'un coup de faulx et ne laisse aux jeunes guerriers que l'armure nouvelle du dernier siècle; il menace même d'en abolir bientôt l'usage. »

Le ballet final montre la Mode abandonnée par les nations qui l'avaient suivie avec tant d'empressement, et l'Usage rétabli sur son trône.

1732

Le mercredi, 6 août, *Sennacherib*, tragédie, avec l'*Histoire de la danse*, ballet.

Nouvelle représentation de la tragédie du Père Porée, lequel fut aussi, probablement, l'auteur du ballet.

Ce ballet est un de ceux qui provoquèrent les critiques des rédacteurs des *Nouvelles ecclésiastiques*[1]. Une rapide analyse fera voir jusqu'à quel point ces critiques étaient justifiées.

Après un prologue où la naissance de la danse est représentée par des bergers formant des pas naïfs sur des airs champêtres, on passe en revue les quatre âges de ce divertissement.

1er *âge de la Danse.* — EGYPTE.

« *Danse astronomique.* — Des astronomes égyptiens, après avoir rendu hommage au soleil, observent le cours des astres et leurs éclipses avec des tubes, ce qui est exprimé par des danses.

« *Danse magique.* — Des magiciens invoquent les ombres des morts.

« *Danse idolâtrique.* — Dans cette danse, les habitants des villes et des champs adorent les divinitez de leurs païs sous la figure de divers animaux.

2e *âge de la Danse.* — GRÈCE.

« *Danse politique et militaire.* — Licurgue établit une danse politique dans Lacédémone, pour concilier tous les membres de l'Etat; les citoyens de différents âges et de différentes conditions se mêlent ensemble. Les Lacédémoniens avoient déjà introduit chez eux la danse militaire pour se représenter l'image des combats comme un jeu.

« *Danse de fête solennelle.* — La danse faisoit une des

---

[1]. Voir l'introduction.

principales fêtes des Thébains; on représente dans cette entrée les orgies; on en retranche toute image de licence, à la fureur près.

« *Danse théâtrale.* — Les poëtes athéniens introduisirent la danse dans leurs pièces; on donne dans cette entrée l'idée d'une scène tragique et d'une scène comique dans le goût d'Euripide et d'Aristophane.

3ᵉ *âge de la Danse.* — ROME.

« *Danse triomphale.* — Les Saliens, prêtres de Mars, furent admis dans les marches du triomphe; c'est cette danse guerrière que l'on exprime dans cette première entrée.

« *Danse italique.* — Les Pantomimes, sérieux et comiques, furent inventez sous Auguste; on en donne icy une légère idée; pour rendre cette danse plus intelligible aux spectateurs, on a choisi les caractères comiques qui leur sont les plus connus.

« *Danse d'animaux.* — On prend pour modèles de cette danse, les Sybarites, peuples de la basse Italie, qui eurent tant de passion pour la danse qu'ils y firent entrer leurs chevaux et d'autres animaux.

4ᵉ *âge de la Danse.* — NATIONS MODERNES.

« *Bal de Cérémonie.* — Un prince donne un bal aux seigneurs de sa cour, ou à des étrangers de distinction arrivez de divers pays.

« *Bal de spectacle.* — La France qui a reçu de l'Italie les ballets avec machines, a beaucoup enchéri sur elle dans ce genre de spectacle. C'est ce qu'on représente dans cette entrée.

« *Bal bourgeois.* — Des bourgeois et des artisans forment une espèce de mascarades, où chacun est admis sans distinction.

« *Danse des Académies littéraires.* — Les danses ont été introduites dans plusieurs Académies littéraires. On y représente des ballets nouveaux ou historiques, pour relever la solennité d'un spectacle établi et souvent fondé par les Rois, pour distribuer avec éclat des prix à la jeunesse qu'on élève dans l'étude des Belles-Lettres.

« Apollon, Minerve et Mercure, distribuent des couronnes de laurier aux élèves qui se sont distinguez dans les exercices littéraires.

« La jeunesse couronnée exprime par la danse le plaisir qu'elle ressent des prix glorieux qu'elle a remportés. »

Il nous paraît difficile de trouver un spectacle plus inoffensif et mieux approprié à la jeunesse.

1733

Le 5 août, *Jonathas Machabée*, tragédie, avec l'*Envie*, ballet.

La tragédie avait été déjà représentée.

Le ballet envisage l'Envie sous quatre rapports qui fournissent les quatre parties du ballet.

La première découvre les principales sources d'où naît l'envie, petitesses de génie, basse rivalité, naturel malfaisant. La seconde peint les noirs complots qu'elle trame contre la fortune, la réputation et la vie des hommes. La troisième fait voir les supplices qu'elle endure par l'aveu secret qu'elle est contrainte de faire de son infériorité, et par l'hommage qu'elle est forcée de rendre au vrai mérite. La quatrième montre les avantages que la sagesse peut retirer de l'envie, en redoublant de vertu pour confondre les envieux.

Il faut s'en tenir à cet exposé qui ne donne point l'envie d'entrer dans les détails de ce cours de morale dansée.

1734

Le 9 février, deux heures et demie de l'après-midi, *Carmen heroicum*, en l'honneur de Stanislas, élu roi de Pologne, par les élèves de rhétorique, avec *Pater nimio erga filium amore excæcatus* (Un père aveuglé par son amour excessif pour son fils), drame comique, par le Père Porée.

Nous reproduisons la physionomie du programme.

D. O. M.

IN STANISLAUM REGEM

A POLONIS ELECTUM

CARMEN HEROICUM

In Scholâ Rhetorices compofitum recitabunt,

IN REGIO LUDOVICI MAGNI COLLEGIO

Die Martis nonâ menfis Februarii, anno 1734, horâ pofl meridiem fefqui-secundâ

SELECTI RHETORES

Honoratus-Camillus-Leonorius de Grimaldy de Monaco,	*Parifinus.*
Stephanus Maynon d'Invau,	*Parifinus.*

Christianus-Guillelmus de Lamoignon de Malesherbes,	*Parifinus.*
Ludovicus-Cæsar de Girangy,	*Parifinus.*
Alexander-Franciscus d'Argouges,	*Parifinus.*
Dominicus Gand,	*Theodovillæus.*

CARMINI HEROICO
SUBJICIETUR DRAMA COMICUM
CUJUS ARGUMENTUM
PATER NIMIO ERGA FILIUM AMORE EXCÆCATUS
PERSONAS AGENT
RHETORES SUPRA MEMORATI

Ce fut le 11 septembre de l'année précédente que Stanislas fut élu roi de Pologne. Au mois de février 1734, alors que l'on célébrait son avènement, il était assiégé par les Russes dans la forteresse de Dantzig, d'où quelques mois plus tard il sortait en fugitif.

Nous n'avons point les vers qui furent récités en son honneur, mais nous avons la comédie du Père Porée, qui pourrait porter le titre de : l'*École des Pères*.

Patricius a deux fils, Eugène et Philotas. Le premier, le cadet, est un garçon rangé, studieux, plein de déférence et de tendresse pour son père. Celui-ci cependant, sans avoir rien à lui reprocher et emporté par une injustifiable prétention, ne peut le souffrir et le traite avec la plus grande dureté. Philotas est, au contraire, paresseux, hypocrite ; il n'aime point son père et ne cache même point qu'il attend sa mort avec quelque impatience pour entrer en possession de sa fortune. Cependant Patricius, qui est un père assez mâchoire, se laisse prendre à quelques semblants de tendresse et accorde à Philotas toutes ses préférences. Un de ses amis essaye de le détromper ; mais il croit que l'on complote contre son fils bien-aimé pour le détacher de lui. Il se décide, toutefois, à tenter une épreuve pour confondre les accusateurs de Philotas. Il feint un voyage. Un serviteur, qui est complice de sa ruse, vient annoncer qu'aux portes de Paris il a fait une chute de cheval et a été transporté mourant dans une maison voisine. Caché, il assiste à l'effet que produit cette nouvelle ; il voit Eugène désespéré et perdant connaissance ; il voit, au contraire, Philotas indifférent et envoyant chercher un serrurier pour forcer le secrétaire paternel. Philotas est détrompé et rend son affection à Eugène.

La pièce est précédée d'un prologue en vers français qui en explique le but et la moralité. On y lit ces vers qui furent récités par un des acteurs :

> Pour tracer un portrait fidèle
> D'un de ces pères insensés,
> Nous ne manquons point de modèle ;
> Paris nous en fournit assez.
>
> Mais quoi ! Nous sied-il bien de peindre
> Ceux qui doivent former nos mœurs ?
> Ils n'auront pas lieu de se plaindre,
> Nous serons nos propres censeurs.
>
> Dans l'amour d'un père bizarre
> Si plus d'un père se peut voir,
> D'un fils ingrat le cœur barbare
> Pour les ingrats est un miroir.
>
> Si quelqu'un s'avisoit de dire

> Que nos jeux sont hors de saison,
> Qu'il sçache qu'on peut toujours rire
> Quand les ris servent de leçon...

L'auteur sentait bien ce qu'il y avait de singulier à faire donner une leçon aux pères par les fils, et l'on trouvera peut-être que son explication n'explique pas grand'chose.

Un passage contient une critique des enfants gâtés et de la mollesse de l'éducation qui, au XVIIIe siècle, avait remplacé la sévérité du siècle précédent :

« Les parents, dit le raisonneur de la pièce, soignent le corps de leurs enfants plus que l'esprit et l'esprit plus que les mœurs. Dès ses plus tendres années, l'enfant est habitué à un genre de vie mou et efféminé... A peine se tient-il sur ses pieds, à peine balbutie-t-il quelques mots qu'on lui apprend à dire des douceurs, à rire gentiment, à chanter agréablement, à beaucoup questionner et à beaucoup entendre. J'en passe. Cependant il n'entend jamais parler de vertu. Et nous nous étonnons que les jeunes gens soient aujourd'hui plus vicieux à douze ans qu'ils ne l'étoient autrefois à vingt ans! La faute en est, non pas à la maturité plus grande de leur esprit, mais au détestable tour de leur éducation... Et ce n'est pas tant la faute des mères que celle des pères, qui sont plus complaisants, et quelquefois plus foibles que les mères elles-mêmes. »

Le 27 mars, *Tigrane*, tragédie latine, et *Isaac*, tragédie française en musique, en trois actes et un prologue, par Fabiot Aunillon.

Cette indication nous est fournie par le catalogue Soleinne. L'abbé Fabiot Aunillon n'était point jésuite, mais chanoine et grand vicaire d'Évreux.

Cette tragédie d'*Isaac* est évidemment celle qui fut représentée la même année 1734, sur le théâtre du collège de Châlons-sur-Marne, sous le double titre de :

Isaac ou le Sacrifice d'Abraham, et qui provoqua une censure aussi sévère que peu justifiée de la part des *Nouvelles ecclésiastiques*[1]. C'est, toutefois, grâce à cette censure que nous en connaissons quelques vers :

« Le sujet de la pièce, lisoit-on dans le programme, est assez connu. On y suppose qu'Ismaël, qui, selon la tradition des Hébreux, abandonna le culte du vrai Dieu, s'étoit réfugié sur la montagne que le Seigneur avoit marquée à Abraham pour le sacrifice. »

Le rédacteur des *Nouvelles*, après avoir cité ce début, ajoute :

« Mais ce n'est pas là tout ce que les Jésuites ont supposé dans cette histoire sainte. Ils en ont fait, à leur ordinaire, un vrai roman ; en sorte que, dans une matière toute destinée par le Saint-Esprit à édifier et à instruire, on a remarqué un grand fond d'irréligion, un goût tout profane, et des expressions mêmes que des oreilles chrétiennes ne peuvent entendre sans horreur. »

Voici le passage qui scandalise surtout le rédacteur des *Nouvelles*. C'est Ismaël qui parle :

Innocent jusqu'ici, je me lasse de l'être,
Puisque ce Dieu s'obstine à me persécuter.
Son courroux est injuste, il faut le mériter.
Quoi! je pourrois bénir une main qui m'opprime!
Non, non! pour la braver n'épargnons pas le crime.
Oui, je suivrai des dieux la souveraine loi;
Si le ciel me poursuit, l'enfer sera pour moi!

Il est certain que ces vers ne sont pas orthodoxes; mais aussi ne donne-t-on pas Ismaël comme un exemple; et s'il fallait ne montrer aux jeunes gens que des personnages vertueux, ce n'est pas seulement la tragédie, mais encore l'histoire tout entière qu'il faudrait proscrire.

1. Lettre du 15 novembre 1734.

« Mais, ajoute le rédacteur des *Nouvelles*, ce qui a scandalisé les personnes les moins religieuses, c'est le portrait que ces religieux font d'Abraham lui-même, représenté comme un père chagrin, embarrassé, misérable, le plus malheureux de tous les pères, au désespoir de se voir contraint d'obéir à Dieu en lui immolant son fils. »

C'est pousser bien loin le rigorisme que de défendre à Abraham de se plaindre au moment où Dieu lui ordonne de sacrifier son fils. Et quand il s'écrie :

Des pères malheureux pourquoi suis-je un modèle ?

ou bien :

Misérable Abraham, contre un fils sans défense
Pourrai-je prononcer cette horrible sentence ?

il exprime un sentiment bien naturel, que Dieu lui-même ne condamna pas, puisqu'en définitive le sacrifice ne fut pas consommé.

Cela n'empêche pas l'austère janséniste de dire que « les jésuites non seulement altèrent des circonstances peu considérables, mais encore corrompent par d'indignes fictions le fond même de l'Histoire sainte ; qu'ils se jouent de la vérité du texte sacré et de la foi du Père des Croyants. » On peut juger de la sincérité de ces vertueuses indignations.

Le 4 août, *Hermenigildus martyr*, tragédie, avec les *Tableaux allégoriques de la vie humaine*, ballet moral.

La tragédie, déjà représentée, et le ballet sont du Père Porée. Les danses sont de Malterre, de l'Opéra.

On prétend, dans ce ballet, instruire, par l'allégorie, les hommes qui sont rebelles aux leçons de la philosophie.

La vie humaine, par ses altérations, est une suite de saisons; par ses illusions elle est un songe; par ses écueils et ses naufrages, une navigation; par sa brièveté et son éclat passager, un spectacle et une fête publique. Telles sont les quatre parties du ballet.

Le développement de ces idées peu nouvelles n'offre point de tableau d'une grande originalité. Nous donnerons seulement une idée du personnel dansant dans ce ballet :

Ouverture. — La Folie, Suivants de la Folie, Espagnols, Français et autres nations, Philosophes, le Génie allégorique, les Suivants du Génie allégorique, Turcs, Chinois.

Première partie. — Le Printemps, Zéphirs, Jardiniers, Jeunes gens, Vents brûlants, Moissonneurs, Bergers, Vendangeurs, l'Hiver, Aquilons, Hommes glacés de froid, Cyclopes.

Deuxième partie. — Jeunes gens, Morphée, Songes, Jeux et Ris, Monstres, Paysans, Maître Paysan, Songes agréables, Courtisans, Suisses, Vieillards, Diseurs de bonne aventure, Songes qui bâtissent un palais, le Temps, Génies funèbres.

Troisième partie. — L'Amour aveugle, Génies rameurs, Génies musiciens, Jeunes Gens, Plutus, Hollandais, Sauvages, Européens, Bacchus, Comus, Suivants de Bacchus et de Comus, Matelots.

Quatrième partie. — Bergers, Paysans, Bateleurs, Sabotiers, Plutus, la Jeunesse, la Folie, le Carnaval, Momus, Suivants de Momus, Roi du bal, Seigneurs, Masques divers.

C'est assez joli pour un théâtre de collège.

1735

Le 3 août, à midi, *Télégone reconnu fils d'Ulysse*, tragédie avec le *Ballet de Mars*.

La tragédie et le ballet sont du Père de la Sante. Le *Mercure* en donne un compte rendu très complet. Il parle d'abord de la tragédie :

« Quelque rares que soient aujourd'hui les connoisseurs en ce genre de poésie, cette tragédie, lorsqu'elle fut, selon la coutume, représentée en particulier quelques jours auparavant, eut pour spectateurs un nombre de gens de lettres choisis qui en parurent fort satisfaits. »

Ulysse, dans le cours de ses voyages, avait eu de Circé un fils nommé Télégone. Ce jeune prince étant en âge de voyager, se rendit à Ithaque ; mais à peine eût-il abordé qu'il s'éleva une querelle entre ses compagnons et les sujets d'Ulysse. Dans le tumulte, Télégone tua son père sans le connaître. Tel est le fond la pièce.

L'auteur a supposé que ce Télégone avait été envoyé par Circé pour tirer vengeance de l'abandon et de la perfidie d'Ulysse dont la paternité ne lui a pas été révélée.

Au début de la pièce, Ulysse, poursuivi par de sombres pressentiments, offre un sacrifice aux dieux qui lui conseillent d'être en garde contre la main d'un fils.

Le journaliste ajoute à propos de cette scène :

« Le spectacle de ce sacrifice a paru faire plaisir, et nous remarquerons à ce sujet qu'il seroit à souhaiter que nos tragédies françoises employassent plus souvent ce moyen de faire sur le spectateur des impressions vives et durables. Le Théâtre-François est peut-être trop timide ou trop réservé en ce genre. Nos voisins se font un mérite de soutenir, par les grandes images qu'ils présentent aux yeux, l'impression que causent des situations intéressantes et des sentiments bien développés; et sans doute la Tragédie est plus propre à émouvoir, et par conséquent plus parfaite, lorsqu'elle unit le double enchantement des yeux et des oreilles. »

Ulysse soupçonne le vertueux Télémaque et le fait emprisonner. Télégone le délivre. Un soulèvement populaire a lieu. Ulysse, sous un déguisement, est tué par Télégone qui se rembarque désespéré pour retourner chez Circé, sa mère.

Voici les noms des auteurs de la tragédie :

DE SERELINGES DE BERTIGNI,
MOREL DE GEOFFROY,
FOURNIER DE LA CHATAIGNERAYE,
AUGRAND,
CHARPENTIER DE BOISGIBAULT,
DE POIRESSON DE CHAMARANDE,
COMMYNS,
DESVIEUX,
DE COURGY.

La tragédie était précédée d'un prologue en vers français, où un Grec, un Romain et un Français se disputent la prééminence du théâtre. Ce prologue fut récité par les élèves Augrand, de Chamarande et de Boisgibault. Il y eut aussi un prologue français au ballet, récité par l'élève Commyns.

Le journaliste s'occupe ensuite du ballet :

« Le spectacle en a paru singulier par la beauté du coup-d'œil et par le grand nombre d'acteurs et de spectateurs. C'est peut-être le seul qui puisse maintenant donner quelque idée de la magnificence des ballets que l'on donnoit pendant la jeunesse du feu roy. La nombreuse et brillante assemblée qui a décoré celui-ci de sa présence, en a loué également le dessein et l'exécution. Le sujet a paru propre au temps. On avoit entrepris de tracer une ébauche de ce qui concerne l'art militaire, et voici la division générale de cette vaste matière :

« Les causes et les préparatifs qui précèdent la guerre ;

« Les expéditions et les dangers qui les accompagnent ;

« Les malheurs ou les heureux succès qui en sont les suites ;

« Enfin la paix qui la termine.

« Pour l'exécution, on applaudit surtout à la vérité et à la gaieté des images de la deuxième entrée de la première partie, où des officiers faisoient des levées et des recrues de soldats choisis dans les diverses professions du peuple. On fut surpris de la justesse et du concert avec lequel une jeunesse nombreuse, et qui n'a pu se discipliner que par la patience et par l'usage, faisoit l'exercice de la pique et du mousquet. On vit avec plaisir deux troupes composées de ces soldats si bien aguerris, se livrer une bataille, où il parut assez de confusion pour faire une image aussi vraye qu'elle peut l'être sur le théâtre, et assez d'ordre pour amuser agréablement le spectateur.

« Tout alloit à merveille lorsqu'une grosse pluye dissipa l'assemblée et interrompit le spectacle dont il ne restoit plus qu'un tiers à représenter. Cet accident est toujours à craindre en pareille occasion, parce que le théâtre est élevé au fond d'une grande cour qui n'est recouverte que d'une simple toile. Tout le monde se retira fort content de ce qu'il avait vu et plein de regret pour ce que le mauvais temps l'empêchoit de voir.

« Le samedy suivant, on reprit dans une salle qu'on avoit préparée exprès, quelques-unes des danses que l'orage avoit obligé de supprimer. M. *Jelyot* chanta ensuite des vers à la louange du roi avec tout l'agrément et le succès possibles. La musique, composée par M. Chérin, fut trouvée de bon goût, et l'on termina la séance par la distribution de prix. »

Les danses étaient de la composition de Malterre aîné, de l'Opéra.

Les acteurs étudiants qui dansèrent dans ce ballet furent :

Cholet,
De Chavanne,
De la Valette,
Cornet,
De Stainville,
De Bazin,
Desvieux,
De Noreil,
De Polignac,
De Rohan de Tournon,
De Courgy,
De Larie,
Morin,
Dervillé,
Douet de Rochefort,
Tessier de Septenville,
De la Combe,
D'Egmon. de Bisache,
Le Blond,
D'Entreygues,
Damoiseau,
Du Bignon,
De Montconseil.

Cette liste est intéressante ; les noms historiques y sont nombreux. Mais il faudrait y ajouter, pour avoir tout le personnel dansant dans ce ballet, un nombre à peu près égal de danseurs de l'Opéra.

A la seconde représentation, on récita un nouveau prologue du Père de la Sante, faisant allusion à l'orage qui avait troublé le précédent spectacle.

> En vérité, c'est bien dommage :
> Nous étions tous en si beau train.
> Faut-il qu'un malheureux orage
> De nos jeux ait troublé la fin ?

. . . .
La respectable compagnie
Que nous offre ce doux moment,
De celle qui nous fut ravie,
Nous forme un beau remplacement.

Qu'ici le talent pour la danse
Se signale. Amis, jusqu'au bout,
Ranimons-nous par la présence
D'un prélat éminent en tout...

Ce vers baroque désignait le cardinal de Polignac, l'auteur de l'*Anti-Lucrèce*, spectateur très assidu des spectacles de Louis-le-Grand, et qui, dans cette circonstance, avait un neveu parmi les acteurs.

1736

Le 3 août, *Mauritius Imperator*, tragédie, avec l'*Ecole de Minerve* ou *de la Sagesse*, ballet.

Nouvelle représentation de la tragédie du Père Porée. Les danses du ballet sont de la composition de Malterre aîné, de l'Opéra.

« Le Génie de la folie, porté sur un char bizarre, vient, avec ses suivants, prendre possession de l'empire du monde. Des personnes de tout âge, surtout des jeunes gens, accourent avec ce Génie et commencent à suivre ses lois. Minerve descend de l'Olympe avec une troupe de Génies célestes, chasse le Génie de la folie et ouvre une école pour l'instruction des hommes. »

Elle enseigne, dans les quatre parties du ballet, à cultiver ses talents, à régler ses désirs, à profiter des occasions et à éviter les écueils.

Nous indiquerons seulement, d'après le programme, comment Minerve apprend à régler l'amour du Plaisir

« De jeunes François, à l'exemple des Lacédémoniens, évitent les attraits de la volupté qui amollit les hommes, et s'adonnent à des divertissements qui contribuent à la santé du corps et le rendent plus agile. — Jeunes François et Génies de la volupté qui viennent pour percer les jeunes François de leurs traits et les charger de chaînes. — Jeunes François qui, après avoir désarmé les Génies de la volupté et les avoir enchaînés, se servent de leurs armes contre divers animaux. — Autres jeunes François qui ont changé en raquettes les arcs des Génies de la volupté, et leur ont arraché les ailes pour en faire des volants. »

Conseils excellents, mais d'une application pratique assez difficile.

1737

Le 7 août, à midi, *Régulus*, tragédie, avec *la Curiosité*, ballet moral.

Nouvelle représentation de la tragédie du Père de la Sante et du ballet.

Le programme porte qu' « il sera fait une répétition publique de la tragédie, le dimanche 4 du même mois, à 3 heures précises. » C'est à ces répétitions que les gourmets de poésie latine se donnaient rendez-vous.

1738

Le 6 août, à 1 heure précise après midi, *Sennacherib*, tragédie avec le *Portrait de la nation française*, ballet moral.

La tragédie, précédemment représentée, est du Père Porée.

Le programme porte qu' « on donnera une première représentation de cette tragédie sur le théâtre intérieur du collège, le dimanche 3 août, à 3 heures après midi. »

Les danses du ballet sont de Malterre aîné, de l'Opéra.

1739

Le 5 août, à midi, *Jonathas Machabée*, tragédie, avec l'*Origine des jeux*, ballet.

Nouvelle représentation de la tragédie du Père de La Sante. Elle fut précédée d'un prologue. On y voit :

Un tyran, pour lui-même un objet de terreur,
Pendant que son captif triomphe en son malheur,
Bien sûr que dans le sein d'un Dieu souverain juge
Le vrai mérite trouve un azyle, un refuge,
Et que, sans recourir aux titres fastueux,
Le plus grand des héros est le plus vertueux.

Une situation essentiellement tragique se présente au troisième acte. Le général syrien Tryphon prétend user de clémence en ne faisant périr qu'un seul des deux fils de Jonathas. Il annonce cette résolution au malheureux en lui laissant le soin de désigner celui de ses enfants qui sera livré à la mort.

Il est presque inutile d'ajouter que ce tyran profite de l'indécision bien naturelle de Jonathas, pour faire égorger les deux enfants et le père ensuite.

« La première représentation publique de cette tragédie se fit, dit le *Mercure*, le dimanche 2 aoust, sur le théâtre intérieur ; elle fut fort applaudie par un grand nombre de connoisseurs. La deuxième représentation eut lieu sur le théâtre de la grande cour, devant une assemblée de près de 4,000 personnes. Ceux des spectateurs qui n'étoient placés qu'aux derniers rangs et ne se trouvoient pas à portée d'entendre les vers, sembloient les lire dans le geste et l'action animée des acteurs. »

Ces acteurs étaient :

>De Coligny,
>Faventines,
>De Rieux,
>Martineau de Soleinne,
>De Melesse,
>Girard de Chonais,
>Cottet,
>De Montgenet,
>Fredy,
>Pellerin,
>Couchonneau.

Le *Ballet des Jeux*, qui a déjà paru dans notre répertoire, avait été rajeuni pour cette représentation. Une entrée représentait « des jeux militaires, inventés par Mars et Bellone pour amuser les soldats des quatre nations belliqueuses qui ont pris part à la dernière guerre; ces jeux servent d'accompagnement à la publication de la paix; les guerriers, au lieu d'armes, prennent des branches d'olivier et suivent le char du Héros pacifique, auteur de leur repos. » Le *Mercure* dit, à propos de cette entrée, que « chacun reconnut notre monarque dans ce Héros pacifique, et que l'on trouva dans la publication feinte une image naïve de la vraye publication. »

C'est une allusion au traité déjà ancien conclu à Vienne (31 octobre 1735). Les quatre puissances belliqueuses sont la France, l'Autriche, l'Espagne et la Savoie.

Le journaliste fait l'éloge d'une autre entrée : « La manière dont on représenta sur le sol du théâtre, un grand échiquier peint, avec les évolutions que firent les jeunes guerriers vêtus en pièces, et de petits enfants vêtus en pions, parut des plus ingénieuses. » Les habitués de l'Opéra se souviendront sans doute d'avoir vu cette mise en scène sur ce théâtre, il y a une vingtaine d'années.

Les danses avaient été réglées par Malterre, de l'Opéra.

Les élèves dansants dans le ballet furent :

>De la Combe,
>De Rieux,
>Couchonneau,
>De Saint-Aignan,
>Hermont,
>De Sens de Morson,
>De Mongiraud,
>De Farcy des Granges,
>De Bussy,
>Regnard de Morinville,
>Des Touches,
>De Tournay d'Oisy,
>De Bronod,
>Drouart,
>De Blenac,
>D'Ocsy.
>De Radelyffe,
>De Beaumont,
>De Rohan,
>Colignon,
>De Palis de Luyères,
>De Kerolain,
>De Radelyffe,
>Kenedy,
>Chabanon.

On signala parmi les spectateurs le comte de la Marche, fils unique du prince de Conty.

1740

Les Talents inutiles, comédie, par l'abbé Radonvilliers, représentée, d'après les *Anecdotes dramatiques*, pendant cette année 1740, au collège Louis-le-Grand.

On ne dit pas qu'elle ait été imprimée.

L'abbé Radonvilliers, élève lui-même du collège Louis-le-Grand, ami du Père Porée, passa quelques années dans la compagnie. Il en sortit pour suivre à Rome, comme secrétaire d'ambassade, le cardinal de la Rochefoucauld. Il fut sous-précepteur des enfants de France, et succéda à Marivaux comme membre de l'Académie française.

Le 16 février, *Misoponus, sive Otiosus*, drame comique.

La date de la représentation de cet ouvrage du Père Porée nous est fournie par un passage même du dialogue.

C'est une des meilleures pièces du recueil des comédies du Père Porée.

Misoponus est un fils de famille à qui son père a laissé une charge de magistrature, mais qui, trop ami du repos, se refuse à entrer dans une carrière de travail. Il est entouré de jeunes oisifs avec lesquels il se propose de fonder une *Académie des oisifs*, à l'exemple de l'*Academia degli Oziosi*, qui existe en Italie. L'élaboration des statuts et l'admission des membres de cette Académie donnent lieu à quelques scènes fort plaisantes et ayant un caractère vraiment comique.

A quelle place un dénoûment vertueux serait-il de mise, si ce n'est dans une pièce de collège? Disons donc que Misoponus, rappelé à de meilleurs sentiments par les conseils d'un ancien condisciple, se résout à se mettre au travail et reprend la charge qu'il avait voulu vendre.

Voici la traduction d'une scène entre Misoponus et son valet :

Misoponus. — Prends cette lettre, Ergaste, et joins-la aux lettres déjà répondues.

Ergaste. — Je ne connais point de lettres auxquelles vous ayez répondu. Vous parlez, il est vrai, souvent de répondre ; mais vous n'écrivez pas une lettre.

Misoponus. — J'en écrirai aujourd'hui, certainement.

Ergaste. — Vous avez beaucoup de réponses en retard.

Misoponus. — Voyons ; à qui ?

Ergaste. — Jetez un coup d'œil sur cette corbeille.

Misoponus. — D'où, je te le demande, m'est venue cette abondante moisson de lettres.

Ergaste. — De la diligence des autres et de votre négligence.

Misoponus. — Je ne sais quel homme inoccupé a inventé cette inutile et ridicule coutume de la correspondance. Croit-on que les hommes s'aiment et s'estiment davantage parce qu'ils s'accablent, dans leurs lettres, de verbeux témoignages de déférence et de tendresse ?

Ergaste. — Sans doute, il a fait un fâcheux présent à la société celui qui, au moyen des lettres, a rendu les amis absents en quelque sorte présents, et a permis à des personnes éloignées les unes des autres de converser entre elles ; mais, rassurez-vous : le nombre des amis qui vous écrivent diminue de jour en jour, et, avant peu, je gage que personne ne vous écrira plus.

Misoponus. — Puisse-t-il en être ainsi ! Mais, en attendant, il faut faire quelques réponses, et puisque je me suis levé aujourd'hui de meilleure heure et qu'aucun de mes amis n'est encore venu, prenons une plume et du papier.

Ergaste. — Voici le papier, l'encre et la plume. Vous avez là de la cire et votre cachet.

Misoponus. — Donne-moi la cire et le cachet; maintenant allume la bougie.

Ergaste. — J'allumerai s'il est nécessaire.

Misoponus. — Comment! s'il est nécessaire?... Dépêche-toi.

Ergaste. — Ce n'est pas à moi, c'est à vous qu'il faut dire de se dépêcher. J'obéis.

Misoponus (*prenant les lettres*). — Il faut savoir à qui je répondrai d'abord, puis à qui je répondrai ensuite, enfin à qui je répondrai en dernier lieu. En toute chose, il faut procéder avec ordre. On doit, à mon avis, tenir compte des dates, et, comme en matière d'argent, ce sont les plus anciens créanciers qu'il faut d'abord satisfaire.

Ergaste. — Voici la bougie allumée. Avez-vous écrit quelque chose?

Misoponus. — Je ne vais pas si vite en besogne: je veux procéder par ordre.

Ergaste. — C'est agir prudemment; mais je crains que vous ne trouviez pas par qui commencer.

Misoponus. — Voici des lettres datées du mois de janvier 1739... de janvier, de janvier, de mars, de février, de janvier, d'avril, de mars... 1739; en voici de 1738. Ces lettres sont trop anciennes, qu'en penses-tu?

Ergaste. — Je pense qu'en effet ces lettres sont bien vieilles.

Misoponus. — Ceux même qui les ont écrites les ont oubliées.

Ergaste. — Ce n'est pas mon avis.

Misoponus. — Ah! je tombe sur de plus récentes. C'est à

celles-ci qu'il faut répondre, si toutefois elles méritent une réponse.

Ergaste. — Sans doute, elles n'en méritent point.

Misoponus. — Qu'en sais-tu?... Est-ce que tu les as lues?

Ergaste. — Jamais. Et cependant vous les laissez ordinairement ouvertes sur la table et exposées aux regards de chacun. Ce que j'en dis m'est inspiré par ma connaissance de vos habitudes.

Misoponus. — Tu les connais mal. Voici des lettres datées du 1er octobre 1739. C'est Evagoras, avocat général au Parlement, qui m'écrit. Que me veut-il? Il m'invite à aller le voir à sa maison de campagne près de Rheims, où nous discuterons à loisir quelques points de droit civil. Mais cette invitation était pour les vacances de l'automne dernier. Ces vacances sont passées depuis longtemps, et je n'irai certainement pas à Rheims. Qu'en dis-tu?

Ergaste. — Je pense, en effet, que vous n'irez pas l'année dernière.

Misoponus. — Je n'ai donc rien à répondre?

Ergaste. — Absolument rien.

Misoponus. — Que me veut cette lettre avec sa cire noire, emblème de deuil? Je reconnais le cachet de Démocrate, un bon ami qui est devenu mon parent en épousant une de mes cousines. Il m'annonce la mort de cette cousine, qui a été pour lui une compagne bien chère, une épouse excellente. Hélas! quelle perte! une tendre épouse, une compagne chérie!

Ergaste. — La perte est d'autant plus grande que c'est un lien que l'on dit fort rare. Il faut donc écrire quelques mots de consolation à cet époux privé d'une épouse aussi chère.

Misoponus. — Oh! une épouse, si chère qu'elle soit, est assez pleurée pendant un mois ou deux. Au troisième mois, le deuil a disparu du cœur; il n'existe plus que dans les habits. Or, voici quatre mois que Démocrate est vœuf de sa chère épouse. Il n'a plus besoin de consolation, et je n'ai pas besoin d'écrire. N'est-ce pas ton avis ?

Ergaste. — Je pense absolument comme vous.

Misoponus. — En écrivant, je raviverais une blessure déjà fermée.

Ergaste. — C'est évident.

Misoponus. — Donc, je n'écris pas.

Ergaste. — N'écrivez pas,

Misoponus. — Tu sais bien qu'il n'y a rien, dans toutes ces lettres, qui exige une réponse.

Ergaste. — J'en conviens. Mais que ferez-vous de cette lettre que je vois depuis plusieurs jours dans ce cahier de musique ?

Misoponus. — Apporte-la-moi. C'est une lettre d'Eusebia, ma grand'mère, que j'aime tendrement, et qui m'a souvent fait du bien.

Ergaste. — Et qui peut vous en faire encore.

Misoponus. — Il ne faut pas la négliger, et je ne peux me dispenser de lui écrire.

Ergaste. — Il est heureux que vous trouviez enfin une lettre qui mérite réponse.

Misoponus. — Je me mets à l'écrire. Quel jour sommes-nous ?

Ergaste. — Le 16 février.

Misoponus. — Quel jour part le courrier qui emportera ma réponse ?

Ergaste. — Attendez que je consulte l'almanach. Le courrier part deux fois par semaine, le mardi et le samedi.

Misoponus. — Le mardi et le samedi ? Le mardi est passé, le samedi n'est pas encore arrivé. Il ne servirait à rien d'écrire à l'avance. J'écrirai samedi.

Ergaste. — C'est juste ; je n'avais pas pensé à cela.

Misoponus. — Tu me rappelleras cette lettre samedi dans le cas où je l'oublierais.

Ergaste. — Je n'y manquerai pas ! O paresse ! ô paresse !

Le 3 août. *Herménigildus*, tragédie, avec le *Monde démasqué*, ballet moral.

La tragédie, déjà plusieurs fois représentée, est du Père Porée. Elle fut jouée par :

> Cayrel,
> De Coligny,
> Du Plessis Pégasse,
> De Soleinne,
> De Rieux,
> Bourdon,
> De Vildé,
> De Morinville,
> De Fins,
> Du Felix.

Nous avons indiqué, à la première représentation de cette tragédie, l'événement qui en a fourni la matière. C'est la révolte d'Herménigilde contre son père, roi des Goths. Le fils est catholique, le père est arien, de là la querelle qui se termine par la défaite et la mort d'Herménigilde.

Les Nouvelles ecclésiastiques[1], avec beaucoup de perfidie, comme on en jugera, font, à propos de cette représentation, la critique des doctrines soutenues par un des personnages de la tragédie.

Après avoir cité les auteurs qui ont raconté la vie d'Herménigilde, le rédacteur des *Nouvelles* ajoute :

1. Lettre du 5 septembre 1740.

« On n'y trouvera point l'espèce d'épisode que les Jésuites paroissent avoir affecté d'y introduire en faisant traiter pour et contre, par leurs acteurs, une question sur laquelle personne n'ignore que leur Société est légitimement suspecte depuis son origine. « On examine, dit le programme, en
« rendant compte du 3ᵉ acte, si la profession d'une religion
« étrangère doit enlever du trône le fils aîné de la maison
« royale. Agilphe est pour l'affirmative et l'emporte sur
« Sigeric qui tient la négative. »

« Les Jésuites auroient dû, pour plus d'une raison, s'abstenir de traiter une pareille matière et éviter surtout de la mettre sous les yeux de jeunes catholiques françois dont l'éducation est confiée à leurs soins, car il n'y a pas d'apparence qu'ils aient en même temps développé les principes inébranlables sur lesquels une si importante question doit être décidée autrement qu'elle ne paroît l'être en cet endroit de leur tragédie. »

On voit là cette tactique qui consistait à représenter les Jésuites comme des ennemis de la royauté. Aussi néglige-t-on de signaler le passage de la tragédie que nous avons cité, et où l'un des personnages de la pièce soutient cette thèse que l'autorité des rois même impies, doit être respectée.

L'article des *Nouvelles* conclut ainsi :

« La tragédie dont il s'agit est donc, comme on voit, assortie au génie, à l'esprit et aux vues de ces RR. PP. Ils y ont fait danser, pour y servir d'intermède, un ballet qu'ils appellent *moral*, dans lequel se trouve un Gille et un Scaramouche, et où les danseurs de l'Opéra ont figuré à l'ordinaire parmi la jeunesse chrétienne que l'on exerce à ces spectacles profanes. »

Ce ballet moral avait pour dessein « de montrer le faux qui règne dans le monde et qui est le principe de presque tous les vices, afin de le détruire en le faisant connoître. »

Les danses étaient réglées par Malterre aîné, de l'Opéra.

Nous voyons dans le compte rendu, très sommaire du *Mercure,* que « l'entrée de Momus devenu maître à danser piqua beaucoup par la vivacité et la singularité du jeu. » C'est sans doute cette scène qui a scandalisé le rédacteur des *Nouvelles.*

Voici les noms des élèves danseurs :

> De Chabanon,
> Destouches,
> De Rohan,
> De Crussol,
> De Saint-Chartre,
> De Morinville,
> De Chateldon,
> De La Garaye,
> Laujon,
> Veyrier,
> La Martelière,
> De Fins,
> De Beaumont,
> De Rochemore,
> De Casecotel,
> De Colignon,
> De Palis,
> Douet,
> Du Mouchet,
> De Kerolain,
> De Tainténiac,
> De Kennedy,
> De Vonalsten.

On a remarqué, dans cette liste, le nom de l'aimable et spirituel librettiste et chansonnier Laujon.

Parmi les spectateurs, le *Mercure* signale « le comte de la Marche, le cardinal de Polignac, le Nonce, plusieurs princes, des prélats et autres personnes de dis tinction » moins rigoristes apparemment que le rédacteur des *Nouvelles ecclésiastiques.*

1744

Le 30 janvier. *Eléazar martyre israélite*, tragédie, avec le *Fils Indocile*, pièce comique.

Le 2 août. *Télégone reconnu fils d'Ulysse*, tragédie, avec le *Prince instruit par la Sagesse*, ballet.

La tragédie est du Père de La Sante ; elle avait été déjà donnée.

« Les aventures de Télémaque en ballet, dit le *Mercure*, servirent d'intermèdes naturels à la tragédie de *Télégone*, son frère. Le sujet de ce spectacle, annoncé encore sous le titre du *Prince instruit par la Sagesse*, sembloit commander et permettre tout à la fois de le dédier à Mgr le Dauphin.

« C'est, lisons-nous dans cette dédicace, un précis des excellentes maximes qu'un des plus heureux génies de la France prit autrefois soin d'écrire pour votre auguste aïeul, et dont nous voyons déjà en vous, Monseigneur, la pratique ébauchée avec un succès qui fonde toute les espérances, etc. »

Cette dédicace est signée par « les élèves du collège de Louis-le-Grand. »

On représente dans le ballet :

1° Les aventures qui instruisent Télémaque dans l'art de vaincre ses passions ;

2° Celles qui le forment au grand art de régner ;

3° Celles qui lui enseignent la manière de soutenir l'adversité ;

4° Celles qui lui indiquent la conduite qu'il doit tenir dans la prospérité.

Ce sont les divers épisodes du roman de Télémaque.

Minerve y joue un grand rôle sous son double aspect de déesse et de Mentor.

Les pas et les figures étaient de Malterre aîné.

L'éloge du roi qui termina, selon l'usage, la représentation, fut prononcé par Félix Foy de Rochefort.

On signale encore, parmi les spectateurs, le comte de la Marche, le Nonce et le cardinal de Polignac, très assidu, comme on voit, à ce spectacle.

1742

Le 7 août. *La Poésie*, ballet, danses par Malterre aîné.

Nous ne connaissons point la tragédie qui accompagna ce ballet. Le spectacle de 1743 a également échappé à nos recherches.

1744

Le 5 août. *Sésostris*, tragédie, avec *les Merveilles de l'Art*, ballet.

La tragédie est du Père de Baudory, qui succéda au Père Porée dans la chaire de rhétorique à Louis-le-Grand. On ne trouve dans ses œuvres aucune pièce de théâtre.

Nous voyons, dans cette tragédie, Sésostris rentrant incognito dans ses États, après une longue absence. Il veut éprouver l'affection de son fils qu'il a le projet d'associer au trône. Caché sous un faux nom, il reconnaît les rares vertus de ce fils et déjoue les tentatives d'un usurpateur. « Outre l'élégance de l'expression, la force des vers, la noblesse, l'élévation de la pensée, on y remarqua, dit *le Mercure*, une tendresse de sentimens, qui a contribué plus que toute autre chose, au succès qu'elle a eu. »

Elle fut représentée par les élèves :

De Palacia,
Du Perou,
De Kersailo,
Patri,
Fargès,
Seguy.

Le ballet contient des parties ingénieuses et des tableaux intéressants. Nous en reproduirons le programme.

Il est divisé en quatre parties :

1° L'art imite les beautés de la nature ;
2° L'art corrige les défauts de la nature ;
3° L'art force les obstacles de la nature ;
4° L'art surpasse les efforts de la nature.

Ouverture :

« Des hommes, nouvellement sortis des mains de Prométhée, aperçoivent avec étonnement ce vaste univers qu'ils viennent habiter. La nature arrive sur un trône de gazon et environnée de divinités champêtres ; elle s'offre d'abord à leurs regards et fixe leur admiration. L'Art vient à son tour disputer à sa rivale l'hommage des mortels, et c'est par le spectacle pompeux de ses merveilles qu'il prétend s'assurer la victoire.

Première partie.

« 1re entrée. — Sémiramis rassemble sur la cime de ses palais les beautés naïves du Printemps. Les prestiges de l'Art font paroître tout à coup des prairies émaillées. L'Hyver et ses frimats viennent détruire les fleurs naissantes ; mais on se sert de ces fleurs pour les enchaîner eux-mêmes, et l'Hyver est tout surpris de se voir métamorphosé en Printemps.

« 2ᵉ. Salmonée fait briller aux yeux de ses courtisans des feux avant-coureurs d'un nouveau foudre. L'Elide retentit des éclats d'un tonnerre artificiel ; l'orage crève ; la flamme serpente au milieu des airs et attire au nouveau Jupiter les respects et l'admiration des peuples.

« 3ᵉ. La Peinture, pour donner une idée des beautés gracieuses, représente, par l'assortiment de ses couleurs, Mgr le Dauphin ; la Sculpture, pour exprimer les beautés nobles, fait naître sous le ciseau les traits de notre auguste monarque. La Renommée se charge de faire voir à toute l'Europe ces deux chefs-d'œuvre de l'Art.

Deuxième partie.

« 1ʳᵉ entrée. — Des vieillards à qui l'âge a dépouillé la tête et affaibli la vue, se trouvent exposés aux insultes d'une jeunesse folâtre. Des merciers viennent à propos présenter aux vieillards des yeux artificiels qui, en leur épurant la vue, font disparoître les rieurs. Pour achever de les rajeunir, l'Art leur fournit encore des chevelures étrangères et des miroirs pour contempler leurs grâces naissantes.

« 2ᵉ. Eschyles, Aristophane transportent sur la scène les passions et les ridicules des hommes.

« 3ᵉ. Des malades paroissent en tremblant et expriment, par la différence de leurs attitudes, celle de leurs maux. Ils invoquent la mort. Les Parques se présentent. Esculape et sa suite arrivent sur la scène, forcent la troupe infernale d'abandonner sa proie, et appliquent aux malades rassurés la vertu toute puissante de leur art.

Troisième partie.

« 1ʳᵉ entrée. Jason, à la tête de ses braves, sort pour la conquête de la Toison d'Or. L'art des matelots seconde leur courage. Ils enchaînent Neptune et les Tritons opposés ; ils emprisonnent les Vents et les forcent de concourir eux-mêmes à l'expédition.

« 2ᵉ. Cérès et ses laboureurs, Bacchus et ses vendangeurs forcent la terre à leur livrer ses trésors. Plutus paroît à son tour et fait briller le précieux métal qu'il vient d'arracher aux entrailles de la terre. Les vignerons et les laboureurs, charmés de son éclat, offrent en échange leurs richesses.

« 3ᵉ. Dédale construit la fameux labyrinthe; on lui donne pour prison l'édifice merveilleux, son propre ouvrage. Son art l'y accompagne et lui trace, pour s'enfuir, une route encore plus merveilleuse. Pendant qu'on insulte à sa disgrâce, il s'élève dans les airs et disparoît.

Quatrième partie.

« 1ʳᵉ entrée. — Des peuples déjà défendus par la situation des lieux, ajoutent les ouvrages de l'Art à ceux de la Nature. Des bastions s'élèvent et présentent aux assiégeans une barrière insurmontable. Mais ceux-ci opposent l'art à lui-même. On ouvre la tranchée, on fait les approches, on emporte successivement les dehors de la place qui se voit enfin réduite à battre la chamade.

« 2ᵉ. La Nature, non contente de la voix qui permet aux hommes de communiquer entre eux, ordonne à Vulcain de fondre des caractères parlans qui transmettent aux siècles futurs les noms et les actions des héros. Pour donner un essai et un chef-d'œuvre tout à la fois, il trace en caractères ineffaçables l'auguste nom de notre grand monarque.

« 3ᵉ. Des jeunes gens, n'ayant que la nature pour guide, expriment par des danses naïves, mais irrégulières, les transports d'une joie vive et folâtre. Des maîtres habiles viennent polir ce que la nature n'avoit fait que d'ébaucher, et donnent à ces élèves des grâces naturelles qui doivent d'autant plus à l'Art qu'elles paroissent plus tenir de la Nature.

Ballet général.

« Charmés des merveilles que l'Art vient d'étaler à leurs yeux, les hommes s'empressent à lui rendre l'hommage de leur admiration. Quelques-uns sont d'avis qu'on enchaîne à son char de triomphe la Nature; les plus modérés opinent à unir ensemble l'un et l'autre et se promettent les plus beaux fruits de cette union. »

Les danses sont de la composition de Malterre aîné, de l'Opéra.

1746

Le 11 août. *Sanctus Ludovicus in vinculis*, tragédie, avec *le Portrait de la Jeunesse*, ballet.

La tragédie est du Père Baudory.

Nous n'avons pas retrouvé le spectacle de l'année suivante.

1748

Le 5 mai. *L'École des jeunes militaires,* comédie française, par le Père du Rivet.

Le 15 mai. *Le Retour du Printemps* ou *l'Ouverture de la Campagne*, divertissement en vers libres, musique de Clerembaut père.

Le 7 août, à midi. *Sésostris*, tragédie, avec *le Grand Monarque*, ballet.

La tragédie, déjà représentée, est du Père Baudory. Les danses du ballet avaient été réglées par Dupré, de l'Opéra.

Le programme porte que « la répétition de la tragédie se fera le dimanche, 4ᵉ jour d'aoust, à trois heures après midy. »

L'article du *Mercure* nous donnera une légère idée de ce ballet où, comme le plus souvent, se rencontrent des allusions aux événements contemporains.

Le grand monarque est à la fois :

1° L'amour et les délices de ses peuples ;
2° La terreur et l'admiration de ses ennemis ;
3° Le modèle et l'âme de ses guerriers ;
4° La ressource et la sûreté de ses alliés.

« L'ouverture du ballet se fait par des peuples sans police

et sans lois, errant à l'aventure, au gré de leur instinct Jupiter leur envoye du ciel un monarque, image visible de la divinité ; il paroît sur un trône brillant au milieu des vertus royales qui en rehaussent l'éclat et en assurent les fondemens. Les peuples éblouis reculent en tremblant, mais la clémence et l'affabilité tempèrent la majesté et invitent les sujets à se rapprocher du nouveau maître ; ce respect, trop timide, fait place à l'amour ; les peuples charmés entreprennent d'éterniser la gloire du monarque bien-aimé. La Peinture vient au secours de la reconnaissance. La Vérité broye les couleurs, etc.

Une entrée de la première partie montrait Agésilas, roi de Lacédémone, quittant sans hésiter les délices de sa cour pour calmer les alarmes que causait à ses peuples la guerre déclarée par Artaxercès. Cette scène rappelait le départ du roi pour l'armée, lors de la campagne de 1744. Une autre entrée représentait Théodose, vainqueur des Goths qui, sur le point de partager avec ses peuples les fruits de sa victoire, épuisé par les fatigues de la guerre, tombait malade à Thessalonique. C'était une allusion à la maladie du roi, à Metz, dans cette même campagne.

Un tableau, en l'honneur du maréchal de Saxe, représentait ce guerrier sous les traits de Duguesclin.

Nous avons sur cette représentation une appréciation, malveillante comme à l'ordinaire, des *Nouvelles ecclésiastiques*[1]. Il était difficile de voir, dans le ballet, une attaque à l'autorité royale ; aussi est-ce sur d'autres points que porte la critique du rédacteur :

« Le mercredi 7 août, les Jésuites donnèrent au public leur spectacle ordinaire qui commença à midi et demi et ne finit qu'à 7 heures du soir. Il y avoit une tragédie latine pour la forme seulement, mais le ballet a occupé presque

1. Lettre du 27 novembre 1748.

tout le temps de la scène : et quel ballet? Le sujet en étoit plus que profane et fut exécuté par les meilleurs danseurs et sauteurs de l'Opéra, avec un très petit nombre des pensionnaires du collège, dressés par ces mêmes acteurs. La plupart des danseurs étaient masqués. Tout cela (excepté les masques) était annoncé par le programme. Mais les RR. PP., pour donner aux spectateurs le plaisir de la surprise, y ajoutèrent une farce assez semblable, dit-on, à ce qu'on appelle *l'opéra comique* dans les foires de Saint-Germain et de Saint-Laurent. Aussi en avoient-ils emprunté les *Pantomimes*, personnages bouffons et grotesques, peu scrupuleux en fait d'indécence et d'immodestie. Dans la totalité de cette scandaleuse représentation, les jeunes élèves des Pères de la *Compagnie de Jésus* n'avaient-ils pas de quoi se former de belles idées de tous les spectacles publics? On a débité que l'Opéra avoit prêté des habits à condition que deux jeunes acteurs seroient admis dans ce spectacle pour y faire leur coup d'essai, ce qu'ils firent effectivement. Les décorations étoient toutes neuves et fort belles. A l'égard du théâtre et des amphithéâtres, ils avoient été dressés par des ouvriers à qui on avoit donné pour paiement des billets qu'ils vendoient le plus cher qu'il leur était possible à ceux qui vouloient repaître leurs yeux de toutes ces bouffonneries, si nuisibles à la jeunesse, à qui elles ne peuvent être, d'ailleurs, quoi qu'en disent les Jésuites, d'aucune utilité dans les différents états auxquels on les destine. »

Nous nous sommes expliqué dans l'introduction sur cette circonstance des billets donnés à des ouvriers et vendus par eux. La qualification de ballet « plus que profane » donnée à celui dont nous venons d'indiquer le sujet, montre que le rédacteur des *Nouvelles* n'a parlé que par ouï-dire de la représentation.

1750

Le 5 août, à midi. *David reconnu roi d'Israël*, tragédie, avec *le Temple de la Fortune*, ballet.

Les danses du ballet étaient réglées par Dupré, de l'Opéra.

1751

Le 17 février. *Le Demi-savant*, comédie latine en 3 actes, avec trois intermèdes français, en vers libres.

Le 20 mai. *Le Mort imaginaire*, comédie française en 3 actes, avec *Cyrus, roi des Bergers*, pastorale en musique.

Le 4 août. *Justin premier, empereur de Constantinople*, tragédie avec *le Génie*, ballet.

La tragédie est du Père Geoffroy, professeur de rhétorique ; les danses du ballet furent réglées par Dupré, de l'Opéra.

La scène de la tragédie est à Constantinople dans le palais d'Anastase. L'auteur a peint cet empereur d'après l'histoire, comme un prince impie, cruel, ombrageux. Une sédition dans laquelle, pour calmer le peuple, il s'était dépouillé des marques de sa dignité, l'irrite vivement et réveille ses soupçons contre Justin. Celui-ci, Thrace d'origine et d'une naissance obscure, s'est élevé par degrés aux premières dignités de l'Empire. Son attachement à sa foi et sa générosité lui ont acquis l'amour des citoyens. Quoiqu'innocent, il est sur le point de périr avec Justinien, son neveu, lorsque Anastase, dont des songes affreux avaient jusque-là suspendu la vengeance, est frappé d'un coup de tonnerre.

Ce dénouement historique est changé dans la tragédie. Anastase est frappé mortellement dans un combat, et expire en remettant sa couronne à Justin.

1752

Le 17 mai. *L'Homme d'humeur*, comédie en 3 actes et en vers, suivie des *Dangers de la liberté*, comédie en un acte et en prose, et de *Philomèle*, cantatille.

Le 22 août, à midi précis, *Mauritius martyr*, tragédie, avec le *Pouvoir de la fable*, ballet.
Le programme porte que « la tragédie sera représentée seule, le dimanche, 30 de juillet, à 3 heures après midi. »
Elle avait été précédemment représentée.

1753

Le 6 juin. *David et Jonathas*, tragédie française, suivie de l'*Homme de verre*, comédie française en un acte, et de *Midas*, comédie héroïque en un acte, avec de la musique, par Blainville.
Ce Blainville était un professeur distingué de violoncelle.

1754

Août. *Les Spectacles du Parnasse*, ballet.
Le Père Du Parc, professeur de rhétorique, en était l'auteur.
Une lettre adressée au *Mercure* fait une analyse développée de cet ouvrage qui fut un des derniers et non des moins brillants qui furent donnés sur la scène de Louis-le-Grand.

« Les Dieux, invités par Apollon et rassemblés sur le Parnasse, approuvent le dessein que le dieu du Pinde a formé d'éloigner ses élèves de tous les spectacles qui peuvent nuire à leur innocence. Jupiter fait donc annoncer une fête publique qui réunira les spectacles les plus capables de fixer l'attention des jeunes habitants du Parnasse, c'est-à dire les spectacles gracieux, les spectacles frappans, les spectacles nobles et les spectacles comiques.

« Un peuple nombreux, une multitude de sçavans, de héros, de demi-dieux, viennent se rendre au lieu marqué. Ce lieu est situé au penchant d'une colline. Les Muses y ont dressé un théâtre pour les acteurs et ménagé des places pour l'assemblée. Une partie des élèves d'Apollon a été placée sur des amphithéâtres; d'autres ont été choisis pour acteurs. On donne le signal : la scène s'ouvre. Jupiter se montre au milieu de ses divinités, Apollon au milieu de ses élèves. Tous descendent sur le théâtre et le spectacle commence.

« Parmi les spectacles gracieux, on exécuta une chasse, une pipée, une vendange, et la plupart des jeux qui sont l'amusement ordinaire de la jeunesse. D'abord parut le dieu Pan, qui, pour entretenir l'adresse et l'activité des bergers, ordonne une chasse qu'il préside et couronne les plus adroits et les plus heureux.

« Ensuite Jupiter donne le spectacle d'une vendange, d'où il veut que Bacchus écarte tous les génies malfaisans qui produisent le désordre et la licence.

« Enfin une jeunesse folâtre et vive sort du temple des Muses et va voltiger au milieu des Jeux et des Ris. Apollon, satisfait de ses travaux, approuve ces divertissements; mais bientôt les Génies des Beaux-Arts vont, par son ordre, en arrêter le cours et apprendre à cette jeunesse que les travaux utiles doivent succéder aux plaisirs.

« Dans la 2ᵉ partie, qui avoit pour objet les spectacles singuliers et frappans, on représenta des luttes champêtres; le combat de Darès et d'Entelle. On fit paroître un jeune Anglois qui étonna tout le monde par son adresse. Il marcha sur la corde lâche avec une facilité étonnante et il y fit plusieurs tours d'équilibre les plus beaux qu'on ait vus depuis longtemps. Il paroît qu'on avoit l'intention d'y joindre un feu d'artifice, mais la nécessité d'attendre la nuit fit différer ce spectacle jusqu'à la fin du ballet. Ce feu, de la composition de M. Ruggieri, était magnifique et tout à fait nouveau. C'est une espèce particulière d'artifice dont le Père d'Incarville, célèbre missionnaire, a donné depuis peu la méthode dans un mémoire envoyé de Pékin. Ces feux ont cela de particulier qu'il ne brûlent ni la paille, ni le bois, ni la toile, de sorte qu'on ne fait point difficulté de les exécuter sur le théâtre des Jésuites, malgré les décorations qui sont dessus et la toile qui couvre la cour. Les soleils sont d'un éclat plus vif que ceux de nos artificiers d'Europe; leurs rayons ont plus de largeur et des couleurs plus belles. Quand on représente des arbres, ils ont un effet singulier. On y voit distinctement les branches, les feuilles et les fleurs. Les étincelles qui tombent ressemblent à des boules de feu et on les voit rouler par terre comme des fruits. Cet effet merveilleux, mais ordinaire dans les feux chinois, avoit déterminé les artificiers à dresser au fond du théâtre trois grandes arcades de la hauteur et de la largeur des décorations, toutes trois chargées d'artifices. Dès qu'on y eut mis le feu, on vit avec étonnement des arbres enflammés sortir de terre, s'élever en peu d'instants jusqu'à la toile et former trois berceaux magnifiques. Ce fut par là que finit le feu d'artifice. Tout le monde en fut fort satisfait, d'autant plus que ces sortes de feux sont encore très rares.

« Les spectacles nobles offrirent un triomphe d'Auguste, la querelle de Persée et de Phinée, ensuite un exercice militaire. On remarqua, dans l'ordonnance du triomphe, un goût antique qui exprimoit savamment la marche des anciens triomphateurs. Cette scène finit par un trait de modération et de clémence qui met le comble à la gloire d'Auguste, et dont il est important de montrer souvent des exemples aux jeunes gens qui doivent remplir un jour les premières places de l'État.

« Le combat de Persée et de Phinée fut exécuté par les maîtres de danse. Après cette scène, on vit une troupe de jeunes guerriers de la première distinction s'avancer en bataille, tambour battant et enseignes déployées. M. de Forbin l'aîné, qui marchoit à leur tête, l'épée à la main, et qui représentoit le colonel, fit « border la haye et ouvrir les files à droite et à gauche. » Ensuite M. de Boussu, qui portoit le drapeau, s'étant retiré derrière le bataillon, et M. de Pontamousson, chef de file, ayant fait deux pas en avant, pour être vu plus aisément de toute la troupe qui devoit suivre tous ses mouvements, M. de Forbin, son frère, commanda l'exercice à la prussienne, suivant la méthode qui a été donnée dans l'instruction du 14 mai dernier.

« Après diverses évolutions et exercices, une seconde troupe composée d'enfans beaucoup plus petits, demande à être incorporée dans la première. Pour mériter cette faveur, ils font, en présence des grands, une partie de l'exercice et forment le siège d'une place. Ils en font les approches avec ordre et intrépidité. M. de Carné, l'un d'eux, va bravement planter l'échelle au pied de la muraille, sans être effrayé du feu continuel que font les assiégés et tenant son épée entre les dents, il fait tous ses efforts pour gagner le haut de la muraille; il appelle ses camarades pour le seconder et les anime à le suivre. Un autre, M. de Montboissier, a la hardiesse d'aller attacher un pétard à la porte et la fait sauter. Aussitôt on bat la chamade dans la place et on y arbore le drapeau blanc. M. de Choiseul de Meuse se présente et demande à capituler. M. de Grandville, qui commande le siège, entre en négociations avec lui, et, après plusieurs difficultés de part et d'autre, on se rend à discrétion.

« Les gens de condition ont vu avec ravissement un spectacle si propre à inspirer à leurs enfans du goût pour la guerre. Lacédémone en donna souvent de pareils à la jeunesse, et ce fut à ces spectacles que se formèrent ses héros.

« Les spectacles comiques étoient trois sujets de comédie; l'Enfant gâté, le Vieillard petit-maître et Hercule à la cour d'Omphale.

« Le ballet général fut l'apologie élégante et ingénieuse du spectacle qui venoit d'être représenté. Minerve approuve Apollon du choix des spectacles qu'il vient de faire, et le Génie de la France en annonce un dernier qui va plaire à Minerve sans réserve. On voit paroître l'Emulation qui conduit plusieurs élèves d'Apollon et leur montre les récompenses qu'un Monarque bienfaisant a destinées à leurs travaux et à leur mérite. Ces jeunes rivaux, chargés des bienfaits de leur prince et animés à la vue de son portrait, s'empressent de lui témoigner, par une petite fête, leur joie et leur reconnoissance. »

Une note du journaliste indique que la distribution des prix avait lieu avant la fin du ballet, et qu'elle était suivie d'une danse finale et générale.

De pareils exercices étaient certainement très propres à exciter chez les jeunes gens des idées généreuses de dévouement à la Patrie et au Roi. Mais ces idées n'étaient pas en faveur dans le parti philosophique qui allait bientôt voir couronner par le succès sa longue campagne contre la société.

1755

Le 6 août, à midi précis. *Justin premier, empereur de Constantinople,* tragédie, avec *la Prospérité,* ballet.

Le programme annonce « que la répétition de cette tragédie se fera le dimanche, 1er jour d'août, à 3 heures précises, après midi. »

La tragédie, déjà représentée, est du Père Geoffroy, qui est aussi l'auteur du ballet.

L'article du *Mercure*, le dernier qui soit consacré aux représentations de Louis-le-Grand, consacre quelques lignes aux interprètes de l'ouvrage :

« Le rôle d'Anastase a été parfaitement rendu par M. Le Vasseur. Il mérite d'autant plus d'éloges qu'il n'en avoit été chargé que six jours avant la première représentation. La maladie survenue lors de l'exercice, à M. Guérin, occasionna au nouvel acteur un redoublement de travail et d'applaudissements dont un Père respectable a partagé la joie.

« M. de Quinsonas, fils de M. le premier président du Parlement de Besançon, s'est surpassé dans celui de Justin. MM. de Villefranche et Chalon ont rempli avec force les personnages d'Adraste et de Vitallien. M. Varnier ne s'est pas moins bien acquitté de celui de Mégiste, et MM. Miran et Thévenin ont été également applaudis, l'un dans le rôle de Trasille, et l'autre dans celui de Justinien. »

Les pas du ballet étaient de la composition de Dupré et de Dourdet. « Le talent de M. Rivière, directeur des ballets de la Comédie-Française, brilla surtout dans cette fête qui fut agréablement couronnée par un feu chinois de la composition des sieurs Ruggieri. »

1756

Le 2 juin. *Le Petit Maître*, comédie française, et *le Retour imprévu*, comédie française en un acte.

Il y a, sous ce dernier titre une comédie également en un acte, de Regnard, qui fut donnée au Théâtre Français en 1700.

Le 4 août à midi précis. *La Mort de Siagrius ou l'Etablissement de la monarchie françoise*, tragédie accompagnée d'un ballet où sera tracé *le Tableau de la Gloire*, d'après l'histoire de la même monarchie.

« La tragédie se représentera seule, dans une salle, le dimanche 1er jour d'août, à 3 heures après midi.

1757

Le 3 août. *Catilina*, tragédie, avec l'*Invention des Arts*, ballet.

C'était l'année de l'attentat de Damiens. La tragédie, qui avait été réprésentée sur le théâtre intérieur, le dimanche précédent, ne le fut point le 3 août. *Les Nouvelles ecclésiastiques* (1) commentent cet incident avec leur bienveillance ordinaire :

« Les personnes réfléchissantes pourront trouver de quoi s'exercer dans le choix que les RR. PP. ont fait cette année

1. Lettre du 25 septembre 1757.

du sujet de leur grande tragédie annuelle. C'est *Catilina* et sa *conjuration*, si fameuse dans l'histoire romaine, qu'ils ont jugé à propos de représenter, sur leur théâtre, *le dimanche dernier jour de juillet, dans la salle ordinaire des pièces, à trois heures précises*, ainsi que porte le programme. Mais à la grande représentation, ou plutôt au grand spectacle du mercredi, troisième jour d'août, qui commence *à midi précis*, il n'a presque pas été question de la tragédie latine. En faveur des dames qui n'entendent pas le latin, ou pour quelque autre raison que nous ne pénétrons pas, on s'est borné au ballet qui occupa amplement toute la séance. Le sujet de ce ballet était l'origine ou l'invention des arts.

« A l'égard de la pièce latine, nous prions le lecteur de se souvenir de certaines *réflexions* fort applaudies dans le temps, où l'auteur disoit, en parlant de l'horrible attentat du 5 janvier : « Je ne crois pas que ce soient les Jésuites, mais je le crains. » Les Jésuites n'ont pas ignoré les autres soupçons répandus à cette occasion sur leur compte. Dans ces circonstances, peut-on s'empêcher de taxer d'impudence ceux de leur collège de Paris d'avoir choisi pour sujet de leur tragédie la conjuration de Catilina? »

Il fallait être bien « janséniste » pour trouver un rapprochement entre Catilina, conspirant contre la République, et Damiens frappant le roi de France. Les Jésuites n'avaient pu le prévoir.

Le moment approchait où cette guerre sans pitié allait porter ses fruits.

1758

Le 10 mai. *Chrisalde*, comédie française en 3 actes, avec *l'Antiquaire*, comédie française en un acte.

Le 2 août. *Astyanax*, tragédie française en 5 actes, avec chœurs, musique de Duché.

Nous empruntons ces indications ainsi que les suivantes au catalogue Soleinne.

1759

Le 1ᵉʳ août. *Régulus*, tragédie française avec entr'actes en ballet, par Lenoir.

1760

Le 6 août. *Placide*, tragédie française en 5 actes.

1761

Le 2 août. *Catilina*, tragédie française.

Nous pensons qu'il s'agit dans ces quatre pièces précédentes, de la partie française de tragédies latines. On a vu fréquemment, dans le cours de ce répertoire, des exemples de cette combinaison d'actes latins et d'intermèdes français.

Ce fut le 6 août 1762 que fut rendu l'arrêt qui prononçait la dissolution de la Société.

APPENDICE

De quelques pièces qui ne portent point de date de représentation. — Tragédies. — Les Pères Caussin, Petau et Cellot. — Comédies. — Les Pères Le Jay, du Cerceau et Porée.

Les Pères Caussin, Petau et Cellot sont contemporains. Le premier naquit en 1580, le second en 1583 et le troisième en 1588. Les deux premiers professèrent la rhétorique au collège de Clermont. Quant au Père Cellot, il fut recteur à Rouen et à la Flèche et provincial de la Province de France. Les tragédies contenues dans les Recueils qu'ils ont laissés furent-elles représentées au collège de Clermont? Il est permis de le supposer, au moins pour la plupart d'entre elles. Nous les passerons donc rapidement en revue afin de combler, dans une certaine mesure, la lacune qui existe dans notre répertoire au commencement du dix-septième siècle.

Le recueil du Père Cellot, publié en 1630, à Paris, contient trois tragédies : *S. Adrianus Martyr*, *Sapor admonitus* et *Chosroes*. Ces trois ouvrages avaient été précédemment publiés dans un recueil en deux volumes, édité à Anvers en 1634, sous le titre de *Selectæ P. P. Societatis Jesu Tragœdiæ*. Le recueil de 1630 contient de plus une tragi-comédie intitulée *Reviviscentes*.

La tragédie d'*Adrien* est dédiée à Henri de Schomberg, comte de Nanteuil, de Durestal, etc. « Voici, dit le poète, votre Adrien qui revient à vous, sous un aspect différent de celui qu'il avait, quand, sous vos auspices, il se reproduisit sur une scène royale. Il plut alors, et par ses ornements extérieurs et grâce à la protection de votre nom. Maintenant, ayant déposé son masque de théâtre, privé des séductions qu'il offrait aux regards et aux oreilles, il se présente seul, nu, tel qu'il sortit des mains de son père. »

Nous ne saurions dire quelle est cette « scène royale » à laquelle le poète fait allusion, à moins que ce ne soit celle du collège de la Flèche, qui portait le titre de « collège royal de Henri le Grand. »

L'Adrien du Père Cellot est un des favoris de l'empereur Galère. Après avoir persécuté les chrétiens, il fut touché de la constance de ses victimes, et en vint à partager leur foi. C'est dans ces dispositions qu'il ouvre la scène en se fortifiant contre les conséquences inévitables de sa conversion. Il fait ouvertement profession de sa religion, brave les prêtres païens et est jeté en prison par ordre de l'empereur.

Sa femme, Nathalie, obtient la permission de le voir dans sa prison, et lui avoue qu'elle aussi, elle est chrétienne. Après diverses péripéties, il est conduit à la mort et jeté dans une fournaise où sa femme se précipite à son tour.

Il y a, dans cette pièce, un certain consul Flavius qui

est amoureux de Nathalie. Il la rencontre sous un travestissement masculin, à la porte de la prison d'Adrien, et ne la reconnaît pas. Elle se donne pour un serviteur qui vient voir Adrien de la part de sa femme.

Le consul profite de l'occasion pour avancer ses affaires. « Que j'envie le destin, dit-il au prétendu esclave, qui t'a fait le serviteur d'une pareille maîtresse ! » Et il ajoute : « Je suis d'une bonne naissance; mon bras s'est distingué par sa valeur; je dois à Vénus une figure agréable. » Le galant consul spéculait sur le veuvage prochain de Nathalie.

La tragédie a des chœurs, chœurs de païens, qui s'étonnent de la facilité avec laquelle les chrétiens renoncent aux douceurs de la vie; chœur de chrétiens, chantant les louanges du Christ et célébrant la constance des martyrs.

Les deux autres pièces du Père Cellot sont tirées de l'histoire de la Perse. Le héros de la première, *Chosroès*, est un roi de Perse qui a bon nombre de crimes sur la conscience. Il a assassiné son père pour s'emparer du trône et il a persécuté les chrétiens. Saint Anastase est au nombre de ses victimes. Conformément aux us dramatiques du temps, c'est l'ombre de ce saint personnage qui ouvre la pièce et annonce que la justice divine va s'appesantir sur le cruel monarque. Et, en effet, après diverses péripéties, celui-ci est assassiné à son tour par un de ses fils qui le fait attacher à un poteau et percer de flèches.

L'idée de la seconde pièce, *Sapor admonitus*, est plus originale. C'est une sorte d'Amphitryon chrétien.

Sapor, roi des Perses, après avoir soumis l'Égypte, revient vers sa capitale, très enflé de ses succès, et s'arrête à quelque distance pour préparer son triomphe.

Pendant qu'il est à la chasse avec son fils aîné, un ange, prenant la figure royale et ayant à ses côtés le plus jeune fils du roi, fait son entrée triomphale dans la ville. Ptolémée, roi d'Égypte, sert d'ornement à ce triomphe, avec d'autres captifs.

Au second acte, Sapor est informé de cet événement, et entre en fureur. Sa rage ne connaît plus de bornes, quand il se voit refuser l'entrée de sa capitale et traiter comme un imposteur. Il veut faire le siège de la ville et la livrer aux flammes. Un captif chrétien, nommé Amyntas, lui fait une éloquente leçon de morale. Il discute vigoureusement sur le pouvoir du Dieu unique, sur sa sévérité envers les superbes. Sapor, indigné, répond qu'il ne doit son royaume qu'à lui-même et qu'aucun Dieu ne peut le lui ravir. Cependant il envoie le satrape Roxane sous un déguisement dans la ville pour savoir ce qui s'y passe. On annonce en même temps l'arrivée d'envoyés égyptiens qui viennent demander la grâce de Ptolémée.

L'ange, le faux Sapor, reparaît au troisième acte. C'est lui qui reçoit les envoyés égyptiens; il leur annonce qu'il rend à Ptolémée son royaume et sa liberté. Roxane, revenu de la ville, rend compte de sa mission. Il a amené, d'après l'ordre du roi, les mages dans une maison voisine, afin qu'ils s'expliquent sur les événements extraordinaires qui s'accomplissent. Le faux Sapor ordonne qu'ils soient livrés aux flammes comme abusant de la crédulité publique et que leur chef, l'archimage, soit chargé de chaînes et amené devant lui.

Au quatrième acte, le vrai Sapor apprend ce qui s'est passé : l'incendie de la maison dans laquelle les mages s'étaient réunis et l'arrestation de leur chef. Il reçoit très mal Ptolémée qui vient le remercier de lui avoir rendu la liberté. Enfin, son fils lui-même lui demande s'il est bien le vrai roi des Perses.

Dans la ville où le cinquième acte nous transporte, on finit par se rendre compte qu'il y a deux Sapor, un vrai et un faux. Les satrapes tiennent conseil. Le faux Sapor, appelé devant eux, est reconnu pour le vrai roi, après plusieurs épreuves, par le fils du roi lui-même. Le vrai Sapor se présente ensuite, on le traite comme un fourbe et on le condamne à mort. Son orgueil commence à fléchir. Le chrétien Amyntas profite de l'occasion pour le sermonner, et lui conseille de s'humilier devant Dieu, qui est le seul dispensateur des couronnes. Sapor prend ce parti et demande pardon à Dieu. Alors l'ange, ayant repris sa forme céleste, se découvre à lui, et après l'avoir admonesté, le remet en possession de son empire, dont Amyntas devint le premier ministre.

Le Père Cellot s'excuse, dans son argument, de n'avoir point donné à sa pièce une forme plus régulière à raison de la complication du sujet, mais il espère que ce défaut lui sera pardonné à cause de l'agréable variété des péripéties.

La dernière pièce de son Recueil est une tragi-comédie dont le sujet est emprunté à Apulée. Elle fut représentée au théâtre de La Flèche. Quelques vers du prologue dans lequel l'auteur s'adresse au public à la manière antique, nous font connaître cette circonstance :

« Donc la scène qui s'ouvre devant vous est en Thessalie. Pourquoi me regardez-vous avec des yeux stupéfaits ? Vous me prenez sans doute pour un de ces sorciers, comme on dit qu'il y en a tant, et qui vous transporte en un clin d'œil de la Flèche en Thessalie. »

Bien qu'elle soit étrangère à notre théâtre, nous dirons quelques mots de cette pièce, afin de compléter ce rapide examen de l'œuvre dramatique du Père Cellot.

En voici le sujet : Sosipater a deux fils, Eumènes d'un premier mariage, Charilaüs d'un second. La mère de ce dernier, Cleostrata, nourrit pour son beau-fils des sentiments peu maternels. Excitée par un serviteur favori, Toxilus, elle entre dans un complot pour le faire mourir. Toxilus, sous un déguisement, se procure du poison que lui vend le médecin Philandre, ami de la famille de Sosipater ; il mêle le poison à une boisson et la serre dans un buffet. Les deux frères arrivent de la chasse fatigués et altérés, et c'est justement Charilaüs qui trouve la boisson empoisonnée et la boit. Désespoir de la mère et désappointement de Toxilus. Mais il ne se tient pas pour battu et accuse Eumènes d'être l'auteur du crime. Sosipater est sur le point de le croire, quand arrive le médecin Philandre qui découvre tout le complot. Se doutant de quelque chose, il a simplement donné à Toxilus un narcotique. Et, en effet, Charilaüs revient à lui. En même temps, un frère de Sosipater, que l'on croyait assassiné par des brigands, est reparu sain et sauf. De là le titre *Reviviscentes*. La pièce finit par une invitation à dîner de Sosipater à tous les personnages.

Les derniers vers sont une sorte de couplet au public :

« Spectateurs, si vos reins ne sont pas fatigués d'une trop longue séance, je vous inviterais aussi volontiers à dîner. Mais je craindrais de n'avoir pas assez de place pour tant de revenants. Cependant, si vous voulez voir les traîtres punis et si vous vous réjouissez de voir la vertu sortir saine

et sauve des embûches qui lui sont tendues, si vous voulez
du bien aux bons et du mal aux méchants, si enfin vous
aimez la médecine, protectrice de l'existence, applaudissez.
Personne n'applaudit? Eh bien! j'applaudirai et la pièce et
moi-même. »

Le Père Petau professa la rhétorique au collège de
Clermont, du 1618 à 1621. Il eut une grande réputation
de science, et ses tragédies sont les moindres de ses
nombreux ouvrages. Elles sont au nombre de trois :
Carthaginienses, *Usthazanes* et *Sisaras*. La première
fut imprimée à La Flèche r 1614, et c'est sur le théâtre
de ce collège qu'elle fut représentée pour la première
fois. Les trois tragédies parurent ensuite dans le Recueil
que nous avons cité plus haut, imprimé à Anvers en
1634. Enfin, elles furent insérées dans les œuvres poétiques du Père Petau, publiées à Paris en 1642.

Il ne faut point chercher dans ses tragédies une action fortement nouée. Il écrivait à une époque où cet
art était encore inconnu. On prenait un sujet dans
l'histoire sainte ou l'histoire profane, on en disposait
les principaux incidents en scènes dialoguées, et l'on
croyait avoir fait une œuvre dramatique. C'est ce qu'a
fait le Père Petau. Aussi ce qu'il faut surtout louer
dans ses tragédies, c'est la fermeté et l'élégance du
style, et le souffle lyrique de certains morceaux.

La fin de la troisième guerre punique est le sujet de
la tragédie *Carthaginienses*. La pièce commence au
moment où un pontife carthaginois traite de la capitulation de la citadelle avec Scipion. Celui-ci refuse d'accorder la vie sauve aux transfuges romains qui se retirent dans le temple d'Esculape avec Asdrubal, sa
femme et ses enfants. Asdrubal se rend ensuite furtivement au camp de Scipion et obtient sa grâce. Mais sa

femme, en apprenant cette humiliation, égorge ses enfants et se jette dans les flammes qui consumaient le temple. Asdrubal se donne à son tour la mort.

Suivant l'usage du temps, c'est une ombre qui ouvre le drame. On ne pouvait mieux faire que de choisir celle de Didon, qui prédit longuement les malheurs dont l'infortunée Carthage est menacée.

Usthazanès est un Persan, favori de ce roi Sapor, déjà mis en scène par le Père Cellot. Il est chrétien; mais, pendant une persécution, il cède à la crainte et renie sa foi. L'évêque Siméon l'y ramène par ses exhortations et tous les deux subissent courageusement la mort. *Sisaras* est ce général du roi Jabin dont Dieu se servit pour punir les méfaits des Israélites. L'expiation ayant duré assez longtemps, la prophétesse Déborah souleva quelques tribus qui, sous la conduite de Barac, détruisirent l'armée de Sisara. Celui-ci, dans sa fuite, se réfugia chez Jahel, femme de Haber, le Cinéen, qui lui donna une perfide hospitalité, et le tua pendant son sommeil en lui enfonçant un clou dans la tête. Tel est le récit du livre des *Juges*, telle est aussi la tragédie qui se termine par la paraphrase du cantique de Déborah, cet admirable chant de triomphe sauvage et impitoyable. Quelle ironie sanglante dans ces strophes:

« Cependant sa mère regardait par la fenêtre; et, parlant de sa chambre, elle criait : Pourquoi son char ne revient-il pas encore? Pourquoi ses chevaux tardent-ils tant?

« Et la plus sage d'entre les femmes de Sisara répondit ainsi à sa belle-mère :

« Sans doute que maintenant on partage le butin, et qu'on choisit pour Sisara la plus belle entre les captives; on choisit d'entre toutes les dépouilles des vêtements de diverses couleurs pour les donner à Sisara, et on lui destine quelque écharpe précieuse brodée à l'aiguille, qu'il puisse porter sur lui comme un ornement. »

Ce n'est pas non plus comme auteur dramatique que le Père Caussin est le plus connu. On sait qu'il fut le confesseur de Louis XIII, et qu'appelé à ce poste par le cardinal de Richelieu, il encourut la disgrâce de ce ministre et fut renvoyé de la cour. Mais avant d'avoir eu ce périlleux honneur, il avait professé la rhétorique et composé des tragédies qui furent publiées à Paris, en 1620, sous le titre de *Tragediæ sacræ*, et avec un frontispice où l'on voit un torrent qui entraîne des sceptres et des couronnes.

Le recueil, dédié au cardinal de Retz, contient quatre tragédies et une pièce en prose qualifiée de *Actio oratoria*. Ce sont : *Solyma*, *Nabuchodonosor*, *Felicitas*, *Theodoricus* et *Hermenigildus*.

La prise de Jérusalem par Nabuchodonosor, la fin tragique du roi Sédécias et de ses deux fils sont le sujet de la première de ces tragédies. Elle commence et finit par les lamentations de Jérémie. Nous n'en citerons que quelques lignes de dialogue. Le plus jeune fils de Sédécias veut se jeter dans la mêlée. Son père le retient : « Où cours-tu, insensé, lui dit-il, peux-tu faire un soldat quand la première barbe n'ombrage pas encore tes joues d'enfant ? — Il ne s'agit pas, répond le jeune homme, d'une lutte de barbe, et ce n'est pas par là non plus que mon frère triompherait. Mais les fils de Sédécias ont du cœur avant d'avoir de la barbe, et chez eux le courage devance le cours trop lent des années. »

Ce vers :

Virtusque segnes urget ætatis moras,

est une traduction anticipée de

La valeur n'attend pas le nombre des années.

La seconde tragédie est une suite de la première. C'est l'histoire de Nabuchodonosor, enivré d'orgueil, et éprouvant à son tour la vengeance céleste. Le premier acte nous le montre avec des allures qui sentent un peu leur capitan : « Il ne me reste plus qu'à fouler en vainqueur les espaces du ciel. Je n'ai plus rien à foudroyer sur la terre. J'ai brisé tout bras sacrilège qui s'est levé contre mon sceptre. La terre au loin tremble sous mon joug et l'univers étonné contemple mes victoires... S'il est un Dieu dans le ciel, qu'il sache qu'il a désormais en moi un rival! J'ai vaincu la terre, je mettrai désormais la main sur les étoiles. Je tiendrai le Levant de la droite et l'Occident de la gauche, et si les habitants des cieux ne m'aiment point, du moins ils me craindront. »

A ce moment, son fils Balthazar revient vainqueur de la guerre, et s'empresse d'organiser de grandes réjouissances. Mais la nuit apporte avec elle des songes affreux au monarque, et comme il est d'usage dans la tragédie de raconter ses rêves, Nabuchodonosor s'y conforme, et c'est aux mages convoqués qu'il fait ses confidences. Ceux-ci se déclarent impuissants à expliquer le songe royal, et sont congédiés comme de vulgaires charlatans. Daniel est plus clairvoyant, il interprète le songe et annonce au roi le châtiment céleste qui va le frapper.

Celui-ci ne tient pas compte de cet [avertissement; il persiste à vouloir se faire adorer comme un Dieu et fait jeter dans la fournaise trois jeunes Hébreux qui refusent de lui rendre les honneurs divins. Enfin l'heure du châtiment arrive. Un ange transforme Nabuchodonosor en taureau. Son fils Balthazar, revenant de la chasse, le trouve en cet état et ne prononçant plus que cette interruption : Heu! heu! heu! par laquelle il répond à toutes les plaintes de son fils. A la fin cependant, il retrouve la parole :

« J'irai, dit-il, errer seul sous les grands chênes. J'irai parmi les rochers recouverts d'une mousse épaisse, déchirant mon corps fatigué aux épines des buissons. Adieu, mes palais, mes pompes royales; adieu, mes courtisans, adieu, Balthasar, mon fils. Dieu puissant, Dieu formidable, tu me frappes d'une main impitoyable. — Voilà les hommes qui m'enchaînent comme une bête féroce, et qui, sous cette forme, refusent de reconnaître leur roi. Mes chiens eux-mêmes, mes chiens que j'ai nourris, aboient contre leur maître et me poursuivent de leurs cruelles morsures. Quel abîme, au fond de la terre ou au fond des eaux, me recevra dans son sein? Hélas! hélas! hélas! »

Il serait curieux de savoir comment cette métamorphose de Nabuchodonosor était représentée sur le théâtre.

Les trois dernières tragédies sont des martyres. Celui de *sainte Félicité* est particulièrement noir. On y voit un grand luxe de tortures et de bourreaux. Félicité a sept enfants qui fournissent une ample matière aux supplices. Dans *Theodoricus*, ce sont deux chrétiens, Boéce et Symmaque, qui sont immolés. Mais la justice divine ne tarde pas à frapper leur bourreau. Son châtiment commence par une hallucination. Il est à table : « Qui donc, s'écrie-t-il, a mis cette tête sanglante dans le plat? — A quoi pensez-vous, mon père, c'est une tête de turbot. — Tu te trompes, je vois la tête sanglante de Symmaque; sa bouche ouverte me menace; qu'on emporte ce monstre : » Il meurt dans ce délire, et, au cinquième acte, nous voyons son âme livrée pour l'éternité aux supplices de l'enfer.

Nous avons, dans le Répertoire, rencontré à l'année 1664 la représentation d'un *Hermenigildus* (on doit aussi au Père Porée une tragédie de ce nom. Voir ci-devant page 264); nous avons supposé qu'il s'agissait de celui du Père Caussin. Nous n'y revenons que pour citer un passage de la Lettre dédicatoire au cardinal de Retz :

« Je me suis souvent demandé, illustre cardinal, quelle était l'arme à l'aide de laquelle l'éloquence pouvait frapper plus sûrement les esprits. Est-ce la poésie, est-ce la prose? Il y a de grands charmes dans les vers, et ce que les anciens ont justement appelé des hameçons puissants. Mais le discours, dans sa forme élevée et soigneusement polie, exerce aussi un grand empire sur les âmes. L'éloquence est, en effet, comme un fleuve qui, dégagé des entraves du mètre, coule plus librement, et agit avec d'autant plus de vigueur que l'art s'y fait moins sentir. Ayant récemment discuté sur ce point avec Pierre Mathieu, qui a apporté dans l'étude de l'histoire toutes les lumières d'un grand esprit [1], je trouvai en lui un partisan décidé de la prose. Et comme j'hésitais alors à faire monter sur le quadrige poétique mon Hermenigilde qui avait jusqu'alors cheminé pédestrement, je me laissai convaincre, et je le laissai, sous vos auspices, échapper de mes mains dans l'état où il se trouvait. Je ne doute pas que ce roi martyr, déjà grand et recommandable par lui-même, et fort de votre approbation, ne puisse se présenter avec confiance au public. »

1. Pierre Matthieu, poète et historien, fut historiographe d'Henri IV. Il a laissé, entre autres ouvrages, *les Tablettes de la Vie et de la Mort*, qui sont un recueil de deux cent-soixante-quatorze quatrains moraux. C'est cet ouvrage que cite Gorgibus dans le *Sganarelle* de Molière :

> Lisez-moi, comme il faut, au lieu de ces sornettes,
> Les quatrains de Pibrac et les doctes tablettes
> Du conseiller Matthieu ; l'ouvrage est de valeur,
> Et plein de beaux dictons à réciter par cœur.

Il était intéressant de montrer dans le Père Caussin un des précurseurs du théâtre en prose.

Nous avons aussi, dans nos trois principaux auteurs de comédie, les Pères Le Jay, du Cerceau et Porée, à signaler quelques ouvrages intéressants qui ont été publiés sans date de représentation.

On a vu que le Père le Jay, dans sa longue carrière de professeur, — il occupa la chaire de rhétorique pendant dix-neuf ans, — avait touché à tous les genres, tragédie, comédie ou drame comique et ballet. Il nous reste à parler d'un genre que nous pourrions appeler du nom de « pièce philosophique » et dont il a donné, dans ses œuvres, deux échantillons, choisis, dit-il, entre beaucoup d'autres.

Le premier est intitulé *Vota* et est inspiré par la satire X de Juvénal. C'est même beaucoup plus une satire qu'une véritable pièce de théâtre. On y trouve des portraits spirituellement tracés, mais aucune action. C'est, pour ainsi dire, une pièce à tiroirs. Elle est en un acte et en prose.

Mercure est chargé de recevoir les vœux des mortels et de les transmettre à Jupiter. Il est peu satisfait de cette mission et se plaint de n'entendre que des vœux déraisonnables. Cependant il donne audience à un certain nombre d'humains mécontents qui viennent frapper à la porte du temple.

On voit donc successivement passer devant lui :

Un ambitieux qui aspire à la domination universelle et qui promet de débarrasser Jupiter de tous les soucis que lui causent les affaires terrestres ;

Un avare, déjà fort riche, et qui voudrait avoir encore plus d'argent ;

Un poète qui se plaint d'être méconnu, malgré son vaste génie, et qui demande à Jupiter de faire en sorte que les lecteurs pensent de ses œuvres autant de bien qu'il en pense lui-même ;

Un esclave mal nourri mais souvent battu, dont l'ambition est, non pas de devenir libre, mais d'être le maître pendant quelques jours à la maison, pour montrer à son maître comment on doit se conduire avec ses serviteurs ;

Un vieillard qui voudrait recommencer la vie, mais qui renonce à rajeunir quand Mercure lui dit qu'il faudra laisser son argent à ses héritiers ;

Un enfant qui se plaint de la servitude du collège et qui demande à arriver tout de suite à la liberté de l'adolescence ;

Un paysan qui, bien que très heureux dans son village, se croit fait pour briller à la ville ;

Enfin un hypocrite qui se donne pour l'ami de la vertu et qui cache sous des dehors humains et désintéressés, des sentiments de haine et d'ambition.

Avec ce bagage, Mercure part et remonte au ciel pour exprimer à son tour le vœu que Jupiter le relève de ses fonctions.

Pour donner une idée plus complète de ce genre, nous traduirons la scène du poète.

CLYTUS. — Celui qui se présente devant toi, ô sagace Mercure, ne doit pas t'être inconnu. Il est de ceux dont l'existence n'a pu échapper ni aux hommes ni aux dieux.

MERCURE. — Fais, cependant, comme si je ne te connaissais pas, et dis-moi ton nom.

CLYTUS. — Je suis Clytus, le suivant assidu des Muses, et le compagnon favori d'Apollon.

MERCURE. — Mes complimens ! Mais que viens-tu faire auprès de moi, et que demandes-tu ?

Clytus. — Ne crois pas que je sois un de ceux qui, pour satisfaire leur ambition ou leur avarice, fatiguent les dieux de leurs prières.

Mercure. — C'est l'acte d'un homme sage.

Clytus. — Je n'aspire pas à la richesse, je suis content de ce que je possède.

Mercure. — Cette modération est digne de louanges.

Clytus. — Quant aux dons de l'esprit, je n'en suis pas dépourvu, grâces aux dieux, et je n'ai rien à souhaiter sous ce rapport. Je ne sais personne qui ait des vues plus fines que moi sur toutes choses. Je fais des vers à rendre Virgile jaloux. Mon style est si fleuri, si châtié, si poli, que Térence, Horace, et Cicéron lui-même, s'ils revenaient au monde, n'hésiteraient pas à y reconnaître le leur même.

Mercure. — Heureux homme à qui les dieux ont départi de si grandes faveurs !

Clytus. — Il est vrai que j'ai éprouvé la bienveillance des dieux. Aussi n'aurais-je rien à demander si j'avais été traité de même par les hommes.

Mercure. — Se peut-il qu'il y en ait qui ne fassent point leurs plus chères délices d'un esprit aussi favorisé des dieux !

Clytus. — Que n'en soit-il ainsi ! Mais j'éprouve outre mesure l'injustice du genre humain.

Mercure. — Voyons, de quoi te plains-tu ?

Clytus. — Je me plains avec raison, ô juste Mercure, que le sentiment des hommes sur mon compte ne soit pas d'accord avec celui des dieux, et que je n'aie point, ici-bas, la place qui m'est due.

Mercure. — C'est, en effet, bien mal agir !

Clytus. — Si j'écris et si je mets un livre au jour, les hommes s'en emparent avidement, il le critiquent, le maltraitent, le déchirent et le couvrent de leurs noires ratures.

MERCURE. — C'est affreux !

CLYTUS. — Je vois bien ce qui les pousse à agir de la sorte. Mon livre les éblouit de son éclat, et fait rentrer dans l'ombre tous les autres écrivains.

MERCURE. — Ce doit être, du moins, une consolation pour toi de penser que tu seras estimé après ta mort.

CLYTUS. — En attendant, Mercure, je voudrais que tu demandasses à Jupiter de corriger le mauvais goût des lecteurs, et de leur inspirer les sentiments d'admiration qu'ils doivent avoir pour mes ouvrages.

MERCURE. — Ne sais-tu pas que le public est un animal à mille et mille têtes.

CLYTUS. — Je m'en aperçois assez, puisque toutes ces têtes sont conjurées pour la perte de la mienne. Est-il supportable qu'à peine il se trouve quelques rares gens de goût qui estiment en moi les dons précieux dont le ciel m'a comblé ?

MERCURE. — En vérité, c'est une injustice criante.

CLYTUS. — Vois ce qui vient de m'arriver. J'avais fait paraître un ouvrage élégant et soigné, tel qu'on aurait pu jurer qu'il sortait des mains des Muses elles-mêmes. J'espérais qu'aussitôt qu'il serait publié, il serait lu avec avidité et que ce fruit de mes veilles me vaudrait la faveur et les applaudissements du public. Mais il en arriva tout autrement. C'est en vain qu'il fut exposé à l'étalage du libraire. Il fut négligé, et s'il tomba aux mains de quelques lecteurs, je n'en fus que plus malheureux.

MERCURE. — Je plains ton sort, et je déplore l'ignorance ou le mauvais goût de la multitude. Mais je me demande si tu ne pourrais essayer avec plus de bonheur d'un autre métier. La carrière des lettres est glissante et l'art que tu exerces offre des chances bien diverses.

CLYTUS. — Que dis-tu là ? Tu ne me connais donc pas, ô Mercure ; tu ne sais donc pas que mon génie est fait pour les lettres, et pas pour autre chose ? Non, je ne peux suivre ton conseil. Voici un passage d'un poème auquel je n'ai pas encore mis la dernière main, mais où tu reconnaîtras la griffe du lion. Il a pour sujet le Cheval de Troie, et il est divisé, à l'exemple d'Homère, en vingt-quatre livres.

MERCURE. — Il n'est pas nécessaire ; garde ton poème. J'entends des murmures à la porte. Ce sont des gens qui attendent leur tour. Je ne peux t'écouter plus longtemps. Adieu, je m'occuperai de ton affaire.

CLYTUS. — Rappelle-toi que je ne veux qu'une chose : C'est que Jupiter prenne soin de réformer les faux jugements des hommes sur mes ouvrages, et me fasse rendre, avec usure, les louanges qui me sont injustement refusées.

MERCURE. — C'est fait.

CLYTUS. — Si mes vœux sont exaucés, je n'oublierai ni toi ni Jupiter dans mes vers.

La seconde dissertation dramatique du Père Le Jay est aussi en un acte et en prose. Elle a pour titre : *Revocata Virtutem inter et Fortunam concordia* (La concorde rétablie entre la Vertu et la Fortune).

La Vertu est assiégée des plaintes des mortels, ou plutôt des morts, car la scène se passe parmi les ombres, qui accusent la Fortune de les avoir injustement trahis. Elle admet Cicéron, Pompée, César, Caton, Alexandre et Annibal à faire entendre leurs doléances, et leur promet de plaider leur cause auprès de la Fortune. Celle-ci arrive et se justifie des reproches qui lui sont adressés. Elle fait comparaître successivement les personnages que nous venons d'énumérer. Elle montre à Alexandre les faveurs inouïes dont elle l'a comblé. Si la fortune l'a abandonné, c'est qu'il a fait des guerres injustes, qu'il a voulu qu'on l'adorât comme le fils de Jupiter ; elle lui rappelle enfin la mort de Clytus. — A Annibal, elle rappelle Capoue ; à Caton son inflexible orgueil. — César et Pompée se chargent eux-mêmes, dans une discussion, de raconter leurs fautes, et cette ambition démesurée qui a été la cause de leur perte. A Cicéron, elle objecte sa mauvaise langue, ses épigrammes contre César qu'il avait appelé un jour le Père de la Patrie. Elle entend aussi un philosophe et un poète. Puis résumant le débat avec la Vertu, elle la force de reconnaître que les hommes ont succombé, non par son caprice, mais par leurs propres fautes. Enfin, comme exemple de l'accord de la Fortune et de la Vertu, on offre au spectateur le règne glorieux et prospère de Louis le Grand.

Bien que ces petits ouvrages aient plutôt le caractère d'exercices littéraires que de pièce de théâtre, nous ne pouvons douter qu'ils n'aient été représentés : L'auteur, dans sa préface, exprime en effet l'espoir qu'ils retrouveront à la lecture la faveur qui les accueillit lorsqu'ils parurent sur la scène.

On n'a du Père du Cerceau qu'une pièce latine, *Filius Prodigus* qu'il traduisit lui-même en français.

Ses autres pièces françaises imprimées sont :

Les Incommodités de la grandeur,

L'Ecole des Pères,

Esope au collège ;

Les Cousins.

On cite comme lui appartenant encore les ouvrages suivants qui ne sont pas imprimés :

Euloge ou *le Danger des richesses,*

Le Point d'honneur,

Le Riche imaginaire,

La Défaite du solécisme,

Le Philosophe à la mode.

Quelques-uns de ces ouvrages, qui eurent tous pour acteurs les petits pensionnaires de Louis-le-Grand, ont été analysés dans le Répertoire. Il nous reste à faire connaître les autres.

« Ce sujet, dit le Père du Cerceau, à propos de *l'Enfant prodigue*, m'a toujours paru si propre à être mis sur le théâtre, que j'ai été souvent surpris qu'on ne l'y eût pas encore traité. Mais je me suis imaginé que ce qui avoit pu empêcher bien des gens de l'entreprendre est la difficulté qu'il y avoit de l'ajuster aux règles du théâtre. » Le Père du Cerceau ne doute point qu'il n'ait réussi à vaincre cet obstacle. Il se justifie très longuement du reproche qu'on pourrait lui faire de la duplicité de son action, parce que la reconnaissance étant opérée au deuxième acte, le troisième acte est employé à la reconciliation des deux frères. « A l'égard de l'unité de jour, ajoute-t-il, elle est si régulièrement observée que l'action a pu se passer en aussi peu de temps qu'il en faut pour la représenter, quelque peu d'intervalle que l'on mette entre les actes. L'unité de lieu n'y est pas moins étroitement gardée, puisque tout se passe au bout d'une petite avenue qui joint la maison du Père. » Nous sommes donc très rigoureusement dans les règles.

Il n'est pas nécessaire de s'étendre sur un sujet aussi connu. Il suffira de dire que l'action commence au moment où le fils prodigue, réduit à la plus profonde misère, se rapproche de la maison paternelle, pour chercher un pardon qu'il n'ose cependant espérer.

Voici quelques vers de son entrée au deuxième acte :

Après avoir traîné si longtemps ma misère,
Je découvre à la fin la maison de mon père.
Je reconnois ces lieux si beaux et si charmants
Où je coulai jadis mes plus heureux moments;
Ces collines, ces bois, ces rives fortunées

> Qui firent le plaisir de mes jeunes années ;
> Mais qui, dans ce retour, lorsque je les revois,
> N'ont plus rien que de triste et d'affligeant pour moi.
> Tout m'accuse, tout semble ici d'intelligence,
> Pour reprocher mon crime et demander vengeance.
> Chargé d'affronts, errant, et de tous lieux banni,
> J'ose le dire, hélas ! je suis assez puni.
> Dans ma prospérité que d'amis à ma suite !
> Au bruit de ma disgrâce ils ont tous pris la fuite ;
> De mes bienfaits passés, nul ne s'est souvenu,
> En riant de mon sort ils m'ont tous méconnu ;
> Les traîtres, les ingrats, auteurs de ma ruine,
> M'insulter !... Une longue et cruelle famine
> Vient encor de surcroît affliger le pays,
> Et pour sauver ces jours malheureux et maudits,
> Oubliant mon honneur, oubliant ma naissance,
> A quelle extrémité me réduit l'indigence ?
> A garder des pourceaux !...

Ces vers sont faciles mais sans éclat. Le Père Du Cerceau réussissait mieux la partie du comique que dans celle du sentiment.

Dans l'*Ecole des Pères*, l'auteur a discuté cette vieille question de savoir si l'indulgence vaut mieux que la sévérité pour l'éducation des jeunes gens. Oronte est le père indulgent à l'excès. Son ami, le père plus attentif, lui conseille d'imiter sa manière,

> Et de le retenir un peu par la lisière.

Oronte répond à cela qu'il a mis son fils au collège et qu'il croit avoir assez fait pour l'éducation de son fils.

ARISTE.

> Nous sommes donc bien loin d'être d'accord ensemble ;
> Mon fils, comme le vôtre et tous nos jeunes gens,
> A fait, tant bien que mal, au collège son temps.

Sur sa conduite alors j'étois assez tranquille,
Et le regardois là comme dans un asile ;
Veillé, soigné, prêché du matin jusqu'au soir,
Il ne se pouvoit pas qu'il ne fît son devoir.
... Sur ce qui me touche, ou les mœurs ou l'étude,
Jamais, durant ce temps, je n'eus d'inquiétude,
Je pouvois de ces soins me fier sur autrui :
Mais, diantre, ce n'est plus même chose aujourd'hui.
Je suis chargé de tout : il faut, quoique je fasse,
Que de vingt surveillants je remplisse la place.

ORONTE.

Un père aura toujours son fils à son côté ?

ARISTE.

Non pas : pour une honnête et sage liberté,
On la lui doit ; mais même en lui lâchant la bride,
Il est bon que de loin il l'observe et le guide.
Mon fils est avec moi libre autant qu'il convient,
Mais je veux, après tout, savoir ce qu'il devient.
Car on ne compte point les fautes du collège ;
Tout s'efface en sortant, c'en est le privilège ;
Mais dès que dans le monde un jeune homme est entré,
Soit en bien, soit en mal, tout est enregistré.
On fait son horoscope et de son caractère,
On forme un jugement dont on ne revient guère.
Combien de jeunes gens au collège accomplis,
En sont sortis savants, civilisés, polis,
Qui, malheureusement, donnant ensuite à gauche,
Livrés à la crapule, au luxe, à la débauche,
De ce bien que dix ans à peine avoient produit
En trois mois bien souvent ont perdu tout le fruit ?
Décriés à ce point qu'avec de la naissance,
De l'esprit, des amis, des biens en abondance,
Et tout ce qui pouvoit les élever très haut,
Ils n'ont pu cependant s'établir comme il faut.

C'est ce qui arrive à Néophile, le fils du père si indulgent. Il tourne mal, il fait des dettes chez le traiteur ;

il passe ses nuits dans les cafés ; il a des batailles avec le guet. Au parterre de la comédie, il insulte grossièrement un gentilhomme qu'il ne connaît pas, et qu'il retrouve quelques moments après chez son père. Ce gentilhomme est le père d'une jeune fille charmante et riche qu'il destinait à Néophile sur le bruit de son ancienne réputation. Ce beau projet se trouve rompu. Cependant, on nous laisse espérer le retour au bien du jeune homme, plus étourdi que pervers.

A l'imitation de Boursault, qui avait fait un *Ésope à la cour* et un *Ésope à la ville*, le Père Du Cerceau a lait un *Ésope au collège*.

Cet Ésope est l'esclave d'un magistrat de Samos qui, charmé de son esprit judicieux, lui confie la direction de l'école. Les enfants commencent par se moquer de la tournure bizarre de leur nouveau maître. Mais, peu à peu, celui-ci s'empare de leur attention et de leur confiance. Au moyen de fables, il leur donne des leçons attachantes et leur forme le caractère. Bref, il réussit si bien, qu'un envoyé de Crésus, qui se trouvait en visite à Samos, emmène Ésope pour en faire un des conseillers de son souverain. Et, comme le premier maître d'Ésope exprime la crainte qu'à cause de sa difformité il ne soit pas bien reçu à la cour, Megabisus, le Lydien, lui répond :

A Crésus, à sa cour, rendez plus de justice,
Et souffrez sur ce point que je vous éclaircisse.
A la cour, comme ailleurs, le bon air ne nuit point,
Mais à d'autres talens il est bon qu'il soit joint ;
Et l'homme le mieux fait et le plus agréable,
Quand il est sans mérite y devient méprisable.
Ce qui plaît à la cour et que j'y vois prisé,
C'est un génie heureux, fier, naturel, aisé,
Un bon sens dominant et qui, sans se méprendre,

Sache bien démêler le parti qu'on doit prendre ;
Un discernement sûr, un jugement exquis.
Pour tout dire en un mot, qui sait dans ce pays
Et parler quand il faut, et quand il faut se taire,
Quelque mal fait qu'il soit est toujours sûr de plaire.

Puisqu'il s'agit d'Ésope, nous ne saurions nous dispenser de citer au moins une des fables qu'il débite. Celle qu'on va lire s'adresse à l'envoyé de Crésus :

> J'ai lu quelque part qu'un chartier
> Passoit dans tout son voisinage
> Pour un prodige du métier.
> Il n'étoit point de si profond bourbier
> Dont il ne se tirât toujours avec courage.
> Advint que par hazard le seigneur du village
> Pour mener son carrosse eut besoin d'un cocher.
> Il ne crut pas devoir l'aller plus loin chercher,
> Il appelle notre homme et lui dit : Viens ça, Blaise,
> Renonce à la charrette, un bien plus noble emploi
> Va t'attacher auprès de moi.
> Je te fais mon cocher, en seras-tu bien aise ?
> Blaise accepte l'honneur, rend grâce à son patron,
> Prend les rênes en main, hazarde l'aventure.
> Mais pour son coup d'essai, le nouveau Phaëton,
> Versa son maître et brisa la voiture.

Le recueil des comédies ou *Fabulæ dramaticæ*, comme leur éditeur les appelle, comprend cinq ouvrages :

Pæzophilus, sive Aleator (le Joueur) *drama comicum;*

Pater amore vel odio erga liberos excæcatus, (un Père aveuglé par la haine ou l'amour à l'égard de ses enfants), *fabula;*

Misoponus sive Otiosus (le Paresseux), *drama comicum;*

Liberi in deligendo vitæ instituto coacti (les Enfants contraints dans le choix de leur état), *fabula ;*

Philedonus, sive juvenis voluptarius a liberiore vita revocatus (Philedonus ou le Jeune homme voluptueux, détourné d'une vie trop dissipée).

Nous avons donné place, dans notre Répertoire, à la seconde et à la troisième de ces pièces. Il nous reste à dire quelques mots des trois autres.

Le Joueur a été l'objet d'une étude de M. Saint-Marc Girardin, placée en tête de la traduction de cette pièce, dans le *Théâtre européen*. Nous ne pouvons mieux faire que de céder ici la parole à ce critique délicat :

« On connaît, dit-il, le *Joueur* de Regnard ; on sait combien l'intrigue, sans être forte, a ce qu'il faut pour mettre en relief la passion du jeu. Le joueur est entre son amour pour le jeu et son amour pour Angélique ; quand il a perdu, il est très amoureux ; gagne-t-il, il oublie sa maîtresse. Cette situation est piquante et gaie. Le Père Porée n'a pas pu mettre son joueur entre l'amour de sa maîtresse et l'amour du brelan ; le théâtre des Jésuites n'admet point de femmes, et même, ce qu'il faut remarquer, c'est l'habileté avec laquelle ils ont su se passer de ce grand ressort dramatique. Pour remplacer l'amour, ils ont appelé à leur aide d'autres passions, et des passions également douces et tendres, ne voulant pas renoncer à émouvoir et à toucher... Dans son *Joueur*, Porée a pensé que le pathétique devait aussi avoir sa place. Le *Joueur* de Regnard est toujours comique ; mais quand nous le lisons, il nous vient quelquefois à l'esprit que dans un drame fondé sur la passion du jeu, il devrait y avoir quelque mot de douleur et d'effroi. Le Père Porée a su, dans sa comédie, faire la part à l'élément tragique, et il l'a faite avec discrétion. Rien de romanesque, rien d'inattendu, rien qui sente les coups de théâtre. Après nous avoir montré le joueur, tantôt ravi de joie, tantôt désespéré, selon les chances ; après nous avoir fait rire à ses dépens, il amène près de ce joueur en train de se ruiner un joueur déjà ruiné. »

« L'idée de cette scène est simple et naturelle. Pézophile, le joueur, a reçu de son père de l'argent pour acheter un régiment; Atychès vient lui offrir son fils, jeune homme de la plus haute espérance, du plus heureux caractère. Quoique d'une famille noble, il veut l'engager comme simple soldat. « Pourquoi voulez-vous qu'il soit simple soldat? — J'ai éprouvé des malheurs. — Lesquels? — » Peu à peu la confiance arrive avec une expression admirablement suivie. Atychès laisse tomber ces mots : « J'ai été ruiné par le jeu. » Toute cette scène est grande et belle et donne à la pièce une intention morale qui n'est pas assez marquée dans le *Joueur* de Regnard.

Ce n'est cependant pas la scène que nous choisirons pour donner une idée de la pièce du Père Porée. Elle a le défaut d'être inutile à l'action, puisque le spectacle d'Atychès, ruiné par le jeu, ne produit aucun effet sur Pézophile. Celle qu'on va lire nous paraît d'un excellent comique. C'est le joueur sur le fait.

Parménon, le serviteur de Pézophile, a profité d'un jour de bonne fortune pour se faire payer ses gages, depuis longtemps arriérés. Mais il a joué et a tout perdu. Il est seul en scène :

« Ouf! me voilà seul; personne qui me voie, personne qui m'entende. Du courage! (Il ôte son vêtement, dépose son chapeau, se crible de coups de poing et veut s'arracher les cheveux et les oreilles). Ah! Parménon, scélérat de Parménon, tu as perdu cent écus et tu vis encore! Mais je vais à l'instant cesser de vivre, je vais me pendre. Fermons d'abord les portes et tirons les verrous, de crainte qu'un importun ne nous dérange ou ne nous appelle mal à propos. (Il ferme les portes.) Maintenant... qui m'appelle?... On y va!... Personne. Maintenant, il faut choisir une solive d'où mon corps puisse pendre commodément. (Il passe en revue les solives pour en choisir une). Celle-ci, si je ne me trompe, est un peu trop basse... celle-là paraît trop haute... mais cette

troisième fera mon affaire ; car m'y suspendant, je pendra
à une hauteur convenable du sol... Mais n'est-ce pas désho-
norer mes parents et mes alliés... Ils s'affligeront... Qu'ils
s'affligent... (Il ôte sa perruque et sa fraise). Pour moi, rien
ne m'affligera plus... D'ailleurs, je ne serai pas le premier
de la race des Parménon qui ait fini sa carrière par la corde.
(Il regarde s'il n'y a pas dans les boiseries quelque clou
proéminent). Malheureux ! je cherche un clou dans ces boiseries et je n'en trouve pas. J'en vois bien un petit, mais il
est incapable de supporter une masse comme la mienne, et
s'il allait me laisser tomber à terre, quelle chute ! J'en serais
tout meurtri... Ah ! je découvre un gros clou auquel je me
pendrai sans danger... Eh ! eh ! la porte a crié. (Il court à la
porte). Je me suis trompé. Mes oreilles tintent. Il ne me reste
plus qu'à trouver une corde. (Il fouille dans sa bourse pour y
trouver de l'argent). O tête imprévoyante et sans cervelle ! De
mes cent écus je n'ai pas gardé un sou pour acheter une
corde !... Allons, ceinture, viens à mon secours. (Il dénoue sa
ceinture). Serrons le nœud coulant qui serrera la gorge, ser-
rons-le bien. (Il saisit avec les dents un côté de la ceinture et
serre le nœud). Ouf... ouf... ouf... nous y voilà, tout est déjà
prêt... Je vais donc mourir intestat ? Parbleu ! je n'ai que
ma bonne renommée à laisser après moi. Mais une échelle
me manque encore : une chaise en fera l'office. (Il s'efforce
de monter sur une chaise, en partant tantôt du pied droit,
tantôt du pied gauche, puis obliquement). Sont-ce mes pieds
qui tremblent ou ceux du fauteuil ? Allons, Parménon, du
courage. Tu trembles, lâche, tu trembles ! Allons hâte-toi et
meurs en héros. »

A ce moment, Pézophile arrive et enfonce violemment
la porte. Parménon se cache derrière le fauteuil.

« Pézophile. — La porte cède à mes efforts. Elle s'ouvre
enfin. N'y a-t-il personne ? Ah ! personne. Personne. Laissons
éclater librement la fureur que j'ai trop longtemps compri-
mée. Je suis à la torture... je suis sur la roue... Les Furies
jettent leurs serpents dans mon sein. (Il mord son chapeau,
puis, se laissant tomber dans un fauteuil, il médite un
instant). O fortune perfide ! ton sourire n'était qu'une

amorce, tu me caressais pour m'entraîner dans l'abîme. (Il se lève). Mais tu accuses la fortune, misérable! quand tu devrais n'accuser que toi seul! Ai-je bien pu me livrer encore à ce jeu que j'avais abjuré tant de fois? (Il lève les bras et fixe la terre). Oser trahir ainsi la foi jurée à ton oncle! (Il change de pose dans une violente agitation). Quoi! ses bienfaits n'ont pu t'arrêter; tu n'as pu en faire un meilleur usage? Langue parjure! main criminelle! tête dévouée aux Furies! (Il retombe sur son fauteuil). J'ai tout perdu et je vis encore! Non, non, ces murs serviront ma fureur! Je briserai cette tête insensée. (Grinçant des dents et égaré, il enfonce son chapeau sur sa tête et se précipite sur le fauteuil derrière lequel Parménon se cache).

PARMÉNON (élevant la tête et les bras derrière le fauteuil). — O mon maître! ayez pitié de vous et de moi.

PÉZOPHILE (écartant le fauteuil avec fureur). — Pourquoi te caches-tu là, traître? C'est donc toi qui avais fermé la porte? C'est toi qui as prétendu me repousser de ma maison?

PARMÉNON (tremblant). — Pardonnez.

PÉZOPHILE. — Je te pardonne, mais à une condition. Rends-moi l'argent que je t'ai donné.

PARMÉNON. — Ne redemandez pas ce que...

PÉZOPHILE. — Au lieu de cent écus, je te promets de t'en rendre mille.

PARMÉNON. — Impossible.

PÉZOPHILE. — Tu me les refuserais, pendard! Par l'enfer! (Il saisit Parménon au collet).

PARMÉNON. — Ah! ah! vous m'étranglez.

PÉZOPHILE. — Tu me les donneras, mort ou vif.

PARMÉNON. — Hélas! ni mort, ni vif; je ne puis vous les donner.

PÉZOPHILE. — Et pourquoi donc, parjure?

PARMÉNON. — Parce que je les ai perdus.

PÉZOPHILE. — Parce que ?...

PARMÉNON. — Parce que je les ai perdus, hélas! Faut-il le dire deux fois?

PÉZOPHILE. — Oses-tu bien te jouer encore de moi?

PARMÉNON. — Hélas! j'ai trop joué.

PÉZOPHILE. — Tu mens encore.

PARMÉNON. — Plût au ciel!

PÉZOPHILE. — Tu les as perdus? mais où? quand? comment?

PARMÉNON. — Il n'y a qu'un instant, là où vous êtes, avec David, Géta et Pseudole.

PÉZOPHILE. — Comment, misérable! Risquer au jeu cent écus?

PARMÉNON. — J'ai eu tort, je l'avoue.

PÉZOPHILE. — Perdre en une seule heure tes gages de trois années!

PARMÉNON. — La force de l'exemple est grande; le mauvais exemple m'a perdu.

PÉZOPHILE. — Malheureux que je suis! avec ces cent écus je pouvais ramener la fortune. C'est toi, parricide, qui, d'un seul coup, ruines ton avenir et le mien.

PARMÉNON. — J'en suis au désespoir.

PÉZOPHILE. — Mais la mort va bientôt me venger[1]. (Il tire son épée)...

Il ne se tue pas. Complètement ruiné, ayant vendu ses maisons de ville, ses biens de campagne et son régi-

1. Traduction de M. Gourmez, dans *le Théâtre européen*.

ment, déshérité par son oncle, il ne récrimine pas, il accepte son sort et nous laisse espérer qu'il se corrigera.

La pièce que nous désignerons sous le titre abrégé de *Liberi coacti*, est une leçon donnée aux pères de famille qui forcent la vocation de leurs enfants. Elle est précédée d'un prologue en vers français qui en indique le but et l'esprit. Nous en citerons quelques vers :

> Souvent une force étrangère
> Captive notre liberté,
> Et l'on est par le choix d'un père
> Ce qu'on n'auroit jamais été.
>
> Encor si ce choix étoit sage,
> Mais, hélas ! que consulte-t-on ?
> Le hazard, l'intérêt, l'usage,
> Et presque jamais la raison.
>
> Ainsi voit-on l'enfant timide,
> Qui sur les Lis devroit s'asseoir,
> Forcé par un ordre homicide
> Porter la main à l'encensoir.
>
> Ainsi l'on voit croupir sans gloire
> Dans le crime, ou dans le repos,
> Le magistrat que la victoire
> Eût compté parmi ses héros.
>
> Pères cruels et parricides,
> Suspendez un coupable effort.
> Songez que vous êtes nos guides,
> Non les maîtres de notre sort.
>
> Tels sont les avis salutaires
> Que nous allons donner ici,
> Est-ce à nous d'instruire nos pères ?
> Ils s'instruiront et nous aussi.

Il y avait, on en conviendra, quelque hardiesse à faire donner des leçons aux pères par les enfants. Voyons comment elles leur sont administrées.

Le Père, Thémistus, a deux fils, Antinoüs, l'aîné, dont il veut faire un magistrat; Agathocle, le second, qu'il destine à l'état ecclésiastique. Ils ont, l'un et l'autre, de la répugnance pour la condition qui leur est offerte. Antinoüs veut être militaire et Agathocle magistrat.

On représente volontiers les jésuites comme uniquement préoccupés du soin d'attirer dans leur ordre les jeunes gens qu'ils élèvent. Dans la pièce qui nous occupe, jouée sur le théâtre, l'auteur, un jésuite, encourage au contraire la résistance du jeune homme auquel on veut faire prendre l'habit religieux. Il a, de plus, mis en scène un personnage odieux, véritable Tartufe (*homo vafer et subdolus*), qui cache des desseins cupides et pervers, sous les apparences de la plus haute piété.

Voici le langage dont se sert ce personnage pour engager Agathocle à déférer à la volonté paternelle.

Théobulus. — Que Dieu vous donne, mon enfant, un cœur de cire et qui se façonne aisément à la vertu! Ah! vous ne savez pas, non, vous ne savez pas combien de périls nous entourent, nous qui naviguons dans les eaux troublées du siècle. Nous gravissons un chemin aride où il n'est que trop facile de se blesser; nous marchons sur une glace glissante, où l'on a bien de la peine à se tenir debout; nous avançons au milieu des flammes, où il est bien rare qu'on ne se brûle pas. Il faut fuir la foule profane, Agathocle, il faut chercher un asile au pied des autels. Est-ce que votre cœur ne vous y entraîne pas spontanément?

Agathocle. — Je n'ai point de répugnance pour les autels; je m'y réfugie aux heures difficiles, mais je crains de m'engager. La sainteté de la vie, la pureté des mœurs qu'exige cet état, sont des conditions difficiles à remplir et qui m'effrayent.

Le jeune homme, toutefois, plus faible que son frère, se résigne à son sort ; son père lui envoie un tailleur qui vient lui prendre mesure de ses nouveaux vêtements. Pour l'encourager, celui-ci lui fait une description alléchante du costume qu'il va lui préparer.

« Je ferai en sorte que, par l'élégance de votre costume, vous puissiez lutter même avec nos petits-maîtres. Vous aurez une soutane descendant jusqu'aux talons, mais que vous mettrez rarement, une ou deux fois par an, pour la montre seulement. En temps ordinaire, vous porterez une robe plus courte, noire, mais d'une coupe distinguée et avantageuse, non pas avec des manches étroites, comme des fourreaux, mais, au contraire, laissant les poignets et les bras libres, non pas boutonnée sévèrement du haut en bas, mais ouverte sur la poitrine et montrant agréablement la blancheur de la chemise. Vous y joindrez un manteau, non pas ample et sérieux, mais étroit et léger, commodément rejeté de la poitrine sur les épaules et tombant avec grâce sur le dos. Un chapeau galant, brillant, qui n'aura point de larges bords arrondis ou retombant tristement, mais un côté relevé et une piquante hardiesse, vous servira de coiffure. Un rabat éclatant, de la toile la plus fine et bien empesé, tombera du cou sur le sommet de la poitrine... A cette toilette élégante, vous ajouterez tous les raffinements en usage : vous prendrez grand soin de votre chevelure habilement taillée ; vous ne ménagerez ni la poudre, ni les pommades. Vous l'habituerez à dégager les tempes et à montrer une oreille fine et rose. Si vos cheveux ne se prêtent pas à cette culture, vous porterez une perruque blonde, frisée, courte et qui sera, par cela même, de meilleur goût. »

Cette peinture, faite d'après nature, du costume des abbés mondains est très piquante, et très à sa place.

La pièce finit bien. Un frère de Thémistus, qui joue le même rôle que Cléante dans le *Tartufe*, dévoile les menées insidieuses de Théobulus, et les deux jeunes gens, réconciliés avec leur père, sont libres de choisir l'état qui leur convient.

Dans la dernière de ses comédies, *Juvenis voluptarius*, le Père Porée nous fait assister au retour au bien d'un jeune homme lancé dans une vie dissipée. C'est la mort d'un de ses amis qu'il avait entraîné à partager ses folies, qui produit sur son cœur cette impression salutaire et le fait rentrer dans le chemin du devoir.

FIN.

TABLE DES MATIÈRES

Préface..

Introduction :

I. — Le Théatre universitaire avant les Jésuites.

> Mystère représenté par des écoliers en 1119. — Les quatre grandes fêtes des écoliers au moyen âge. — Les excès dont elles étaient l'occasion. — Premières prohibitions en 1275. — Les écoliers associés aux clercs de la Basoche. — Nouvelles prohibitions en 1315. — Elles sont renouvelées en 1462 et en 1488. — Elles visent principalement les comédies satiriques. — Législation draconienne contre cet abus. — La licence renaît sous Louis XII.— Les Écoliers associés aux Enfants sans soucy. — Sévérité de François Ier. — On joue la sœur du Roi au collège de Navarre.— Les acteurs sont emprisonnés.— Les pièces de Jodelle et de Grévin sont jouées sur les théâtres des collèges de Boncourt et de Beauvais. — La tragédie latine.— Sentiment de Montaigne sur cet exercice. — Tableau d'une représentation dans un collège par l'auteur de *Francion*.

II. — Les Commencements du Collège de Clermont...   16

> Fondation de Duprat, évêque de Clermont, en 1560. — Résistances du Parlement. — Le collège s'ouvre en 1564. — Il prend tout de suite une grande importance.—

Tragédie jouée en 1579. — Fermeture du collège après l'attentat de Jean Chatel en 1594. — Il est ouvert de nouveau en 1618. — Le plan d'études ou *Ratio studiorum*. — Ses prescriptions en matière de théâtre. — Tempéraments apportés à ces prescriptions. — A quelle époque le collège de Clermont prit le nom de collège Louis-le-Grand. — Importance littéraire du collège aux xvii° et xviii° siècles.

III. — LA TRAGÉDIE... 23

Les tragédies imprimées et les tragédies manuscrites. — Celles-ci sont les plus nombreuses. — Le premier recueil paraît en Italie en 1587. — Idée générale de la tragédie latine des Jésuites. — Les Pères Caussin, Petau et Cellot, au commencement du xvii° siècle. — Les Pères La Rue, Le Jay et Porée portent la tragédie à son plus haut point de perfection. — Préceptes donnés pour la composition de la tragédie, par les Pères Jouvency et Le Jay. — La tragédie en cinq actes et la tragédie en trois actes. — De la tragédie française et des intermèdes français dans les tragédies latines. — Les sujets des tragédies.

IV. — LE BALLET.. 31

Les commencements du ballet au collège de Clermont. — De l'importance de la danse dans l'éducation, au xvii° siècle. — Les ballets de cour. — L'Académie de danse fondée par le roi. — Les théoriciens du ballet. — Le Père Mambrun. — Le Père Menestrier. — Le Père Le Jay. — Le Père Jouvency. — Préceptes généraux. — Analyse du traité *De Choreis dramaticis* du Père Le Jay. — L'allégorie dans le ballet, et des divers genres d'allégorie. — « Il faut mourir, » sujet de ballet. — La mise en scène, les décors, les costumes, les accessoires. — Nombreux personnel nécessaire pour l'exécution des ballets. — De la liaison du ballet avec la tragédie. — Ballets de circonstance. — Des auteurs des ballets. — Les danseurs de l'Opéra dansant sur le théâtre de Louis-le-Grand. — La musique et la déclamation dans les ballets — Les compositeurs.

V. — LA COMÉDIE... 59

Remarques du Père Jouvency sur la comédie. — La comédie proprement dite se présente rarement. — Elle prend le nom de drame comique, de tragi-comédie, etc. — Les auteurs comiques : les Pères Le Jay, Porée et Du Cerceau. — La Pastorale.

TABLE DES MATIÈRES.

VI. — La Scène et le Décor.................................. 63

Emplacement de la scène du grand et du petit théâtre. — Théâtre intérieur. — Loret fait l'éloge de la décoration. — Le décor en 1732 et en 1748. — Les machines. — Sainte Suzanne avec des mouches.

VII. — Les Acteurs 69

Les trois troupes du théâtre de Louis-le-Grand. — Conseils du Père Jouvency relatifs à la déclamation. Exercices préparatoires. — Conseils sur le geste et l'attitude. — Le Père Porée metteur en scène. — Témoignages de la reconnaissance des auteurs pour leurs interprètes. — Appréciations des journalistes. — Les élèves répétant sur le théâtre de l'Opéra. — Les élèves donnant des représentations à la cour. — Molière et Dancourt élèves des Jésuites. — Les comédiens du Roi et les comédiens du Pape.

VIII. — Le Public... 79

Empressement du public aux représentations. — Les dames y sont admises. — Louis XIV y assiste plusieurs fois. — Autres grands personnages signalés par Loret. — Y avait-il des places payées ? — La collation. — Loret est régalé à plusieurs reprises. — Chute de Madame, mère du régent, à une représentation. — Anecdote rapportée par Collé. — Le public couvert de poudre à poudrer jetée par une fenêtre. — Entendait-on la tragédie latine ? — Le programme expliquait la pièce scène par scène. — De même pour le ballet.

IX. — Le But moral et pédagogique du théâtre des Jésuites 91

Le théâtre considéré comme une école de mœurs. — Le Père La Rue et Corneille. — Un prologue du Père Commire. — La théorie de la tragédie sans amour par le Père Le Jay. — Le « Temple de la Tragédie », par le Père Marsy. — Discours du Père Porée *De Theatro*. — Le théâtre considéré comme une école de bonnes manières. — Objections contre la théorie des Jésuites. — La « lettre d'un théologien illustre » et ses réfutations. — Opinion de Bossuet sur les Jésuites dans la question du théâtre. — Mandement de l'évêque d'Arras en 1698. — Sentiments de Rollin, de Le Batteux contre le théâtre. — Critiques des rédacteurs des *Nouvelles ecclésiastiques*. — Discours du recteur de l'Université prenant possession du Collège en 1762.

RÉPERTOIRE DU THÉATRE DU COLLÈGE LOUIS-LE-
GRAND... 113

APPENDICE... 335

De quelques pièces qui ne portent point de date de représentation. — Tragédies. — Les Pères Caussin, Petau et Cellot. — Comédies. — Les Pères Le Jay, du Cerceau et Porée.

IMPRIMERIE D. BARDIN, A SAINT-GERMAIN.

www.ingramcontent.com/pod-product-compliance
Lightning Source LLC
Chambersburg PA
CBHW060558170426
43201CB00009B/816